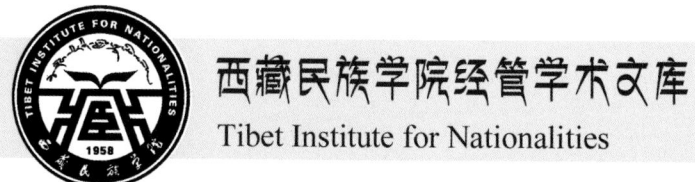

西藏民族学院经管学术文库
Tibet Institute for Nationalities

西藏特色经济发展问题研究

张志恒 杨西平 尹雯 著

厦门大学出版社 国家一级出版社
XIAMEN UNIVERSITY PRESS 全国百佳图书出版单位

目　录

导　论 ··· 1
　一、研究背景 ··· 1
　二、研究意义 ··· 4
　三、内容方法 ··· 5
　四、重要结论 ··· 6

第一章　西藏农牧特色经济发展问题研究 ························· 11
　第一节　发展基础 ·· 11
　　一、理论基础 ··· 11
　　二、发展意义 ··· 22
　第二节　发展分析 ·· 23
　　一、成就机遇 ··· 23
　　二、比较优势 ··· 29
　第三节　对策建议 ·· 40
　　一、立优广销 ··· 41
　　二、提标壮基 ··· 45

第二章　西藏绿色矿业经济发展问题研究 ························· 51
　第一节　发展基础 ·· 51
　　一、理论基础 ··· 51
　　二、发展意义 ··· 60
　第二节　发展分析 ·· 61
　　一、发展成就 ··· 61
　　二、SWOT分析 ·· 64
　第三节　发展对策 ·· 71
　　一、发展重点 ··· 71

二、对策建议 ………………………………………………… 73

第三章　西藏特色旅游经济发展问题研究 …………………… 81
　第一节　发展基础 …………………………………………… 81
　　一、理论基础 ………………………………………………… 82
　　二、发展概况 ………………………………………………… 88
　第二节　发展分析 …………………………………………… 93
　　一、利益诉求 ………………………………………………… 93
　　二、利益冲突 ………………………………………………… 97
　第三节　对策建议 …………………………………………… 98
　　一、强化职责 ………………………………………………… 99
　　二、合理分配 ………………………………………………… 103

第四章　西藏上市公司发展战略选择问题研究 ……………… 105
　第一节　理论基础 …………………………………………… 105
　　一、理论综述 ………………………………………………… 106
　　二、战略选择 ………………………………………………… 112
　第二节　周期分析 …………………………………………… 115
　　一、公司概况 ………………………………………………… 115
　　二、发展分析 ………………………………………………… 120
　第三节　对策建议 …………………………………………… 122
　　一、战略原则 ………………………………………………… 123
　　二、发展战略 ………………………………………………… 123

第五章　西藏农牧区消费者行为问题研究 …………………… 125
　第一节　理论基础 …………………………………………… 125
　　一、研究综述 ………………………………………………… 126
　　二、国内研究 ………………………………………………… 129
　第二节　调查分析 …………………………………………… 132
　　一、问卷调查 ………………………………………………… 132
　　二、定点访谈 ………………………………………………… 139
　　三、决定机制 ………………………………………………… 144
　　四、对策建议 ………………………………………………… 149

第六章　拉萨市非公有制经济发展调查研究 …… 152

第一节　调研概况 …… 153
一、调研思路 …… 153
二、研究方法 …… 153

第二节　发展分析 …… 154
一、发展现状 …… 154
二、问题和机遇 …… 159

第三节　对策建议 …… 164
一、发展战略 …… 164
二、对策措施 …… 187

参考文献 …… 195
后　记 …… 196

导 论

西藏自治区(以下简称西藏)作为我国唯一一个贫困连成片的省级行政区域,拥有特殊的区位优势、特殊的人文条件、特殊的发展状态、特殊的政策环境和特殊的战略地位,西藏特色经济就是依托上述禀赋优势形成的一系列经济部门的统称。自和平解放以来,西藏特色经济领域不断拓展,经济贡献不断提高,与此同时,由于受特殊的地理位置、独特的生态环境、薄弱的发展基础,再加上技术储备不足、技术人才较少、资金相对匮乏以及体制机制等的约束,西藏特色经济与国内其他经济发达地区相比、与西藏特色经济具备的发展优势相比,还存在实力弱、层次低、效益差等诸多问题。这些问题与全面贯彻落实十八大以及十八届二中、三中、四中全会精神要求,与西藏各族人民群众日益增长的对特色经济发展需要,与西藏全面建成小康社会宏伟目标对特色经济发展客观要求之间仍然存在不小差距。为此,如何进一步因地制宜、总结成绩,加快推进符合"中国特色、西藏特点"要求的西藏特色经济更快更好地发展,形成有利于促进小康西藏、平安西藏、和谐西藏、生态西藏建设的特色经济发展新模式、新格局,已成为西藏各级党委、政府亟待解决的重要问题,对于推动西藏经济跨越式发展和实现社会长治久安具有重要意义。正是基于上述考虑,本研究拟从西藏农牧特色经济、西藏绿色矿业经济、西藏特色旅游经济、西藏上市公司发展战略选择、西藏农牧区消费者行为以及拉萨市非公有制经济发展调查研究等入手,全面总结上述特色经济领域取得的显著成就、存在的主要问题,运用规范与实证相结合的分析方法解析西藏特色经济在上述领域的比较优势,并为进一步促进这些特色经济领域加快发展提出对策建议。

一、研究背景

理论界对特色经济发展研究重点包括两大领域:一是结合区域经济发展

实际,从发展战略角度探讨特色经济重要性和必要性;二是通过试验方式对特色经济发展进行对比分析,为特色经济发展选择提供理论依据。20世纪80年代以来,特色经济发展成为国内学者关注的重要领域,很多学者对其进行了深入讨论,逐步形成了一系列符合"中国特色"要求的特色经济发展理论。与此同时,关于西藏特点经济发展的理论研究也方兴未艾,初步形成了符合"中国特色、西藏特点"要求的特色经济理论框架。本研究关于西藏特色经济发展的理论研究将基于以下理论背景与现实背景。

(一)理论背景

国内对特色经济发展问题的研究始于20世纪80年代,很多学者立足我国特色经济发展实践,深入研究了特色经济发展贡献度,提出了很多促进特色经济发展的对策建议。本研究在业已形成的国内外关于特色经济发展理论成果的基础上,开展了此项研究,并认为国内学界始于20世纪80年代关于特色经济发展的优秀理论成果正是基于全国视角展开的,而从地区出发,尤其是从具有特殊自然资源、特殊经济发展状态和特殊人文环境的民族地区出发的理论研究稍显薄弱。这一方面不利于理顺包括西藏在内的民族地区特色经济发展重要性和相互关系问题,另一方面也不能充分发挥特色经济在促进西藏经济跨越式发展和社会进步中的优势和潜力。因此随着特色经济对西藏整体经济发展贡献不断深入增强,从推动民族地区经济发展理论、充分发挥民族地区特色经济贡献能力、充分挖掘民族地区特色经济发展潜力、协调民族地区特色经济关系角度展开理论分析,就显得非常必要。本研究正是基于上述意图展开的,并希望通过这一努力,为西藏特色经济繁荣昌盛略尽绵薄之力。

(二)现实背景

本研究认为,西藏特色经济发展研究除了上述理论背景之外,还要基于以下特殊区情:

1.特殊的区位优势

西藏位于我国西南边陲青藏高原西南部,土地总面积120余万平方公里,约占全国国土面积的1/8,北与新疆维吾尔自治区、青海省毗邻,东与四川省相接,东南与云南省相连,西南与克什米尔地区、印度、尼泊尔接壤,国境线长达4 000余公里,是我国西南边疆的重要门户。西藏自然资源丰富,具有不可估量的开发前景和得天独厚的发展优势,这些均构成西藏特色经济健康发展不可替代的区位优势。

2.特殊的人文条件

西藏拥有丰富的、以藏民族文化为核心的独特民族人文资源。主要表现在：一是佛教文化、苯教文化、东巴教文化、伊斯兰文化、基督教文化、儒道文化等不同文化在西藏交汇,形成了兼收并蓄、博大精深的文化底蕴,其中最具有代表性的是宗教文化和民族文化,丰富多彩的文化底蕴使其具有多领域、多层次、全方位开发价值；二是富有民族特色的藏历节日和宗教庆典,古老的城镇、村庄,农牧民的传统生产和生活方式,纯朴的风俗习惯和风土人情具有巨大的参与、体验价值；三是以世界文化遗产布达拉宫、大昭寺、扎什伦布寺、哲蚌寺、色拉寺、甘丹寺等为代表的寺庙,以历史名城拉萨、日喀则、江孜、昌都等为中心具有浓郁藏族风情的城市群共同构成了西藏特殊的人文条件,为文化产业发展提供了独特的资源依托。长期以来,由于文化产业基础设施相对落后,资源利用率不高,使上述雄厚的人文条件转化为文化经济的优势尚未充分展现出来。

3.特殊的发展状态

伴随着青藏铁路胜利通车,拉萨至日喀则铁路、墨脱公路等重大交通枢纽工程的相继建成,林芝米林、阿里昆莎、日喀则机场顺利通航,进藏干线公路实现了路面黑色化,县通油路、乡镇和行政村通公路水平显著提高,连接城乡的综合交通运输体系逐步完善。地区生产总值连续保持两位数增长速度,地方财政一般预算收入大幅度增加,基础设施建设加速推进,这些巨大成就不仅凝聚了西藏特色经济发展贡献,也为西藏特色经济健康成长奠定了坚实的物质基础,包括农牧特色经济、绿色矿业经济、特色旅游经济、上市公司、牧区消费者行为以及拉萨市非公有制经济在内的西藏特色经济获得了提升档次、加快发展的物质基础。

4.特殊的政策环境

作为我国五大民族自治区之一,西藏实现了从落后走向进步,从封闭走向开放,从贫穷走向富裕的巨大跨越。60多年来包括特色经济在内的西藏各行各业取得的辉煌成就,离不开党中央、国务院的亲切关怀,离不开全国各族人民的无私援助,也离不开西藏各级党委、政府的坚强领导,更离不开党中央、国务院、中央各部委、兄弟省市为促进西藏发展出台的众多优惠政策。为加快西藏现代化,自20世纪80年代以来党中央先后召开了五次西藏工作会议,专门部署西藏工作,为包括特色经济在内的西藏发展确定了指导方针,全面推动了援藏工作,促进了西藏全面进步。

5.特殊的战略地位

西藏是我国重要的国家安全屏障、重要的生态安全屏障、重要的战略资源储备基地、重要的高原特色农产品基地、重要的中华民族特色文化保护地、重要的世界旅游目的地。这一战略定位不仅是党中央对西藏战略地位的准确判断,更是对西藏未来发展方向的科学定位,也为西藏特色经济制订了宏伟蓝图。

在上述理论与现实背景下,本研究拟通过对西藏农牧特色经济、西藏绿色矿业经济、西藏特色旅游经济、西藏上市公司战略选择、西藏农牧区消费者行为以及拉萨市非公有制经济发展调查研究等特色经济领域进行研究,试图从理论上揭示西藏特色经济发展的特殊性、必要性,并为进一步促进西藏特色经济加快发展提出相关对策建议。本研究认为,西藏特色经济一定要坚持科学发展、可持续发展,坚持一般与特殊相统一,坚持政府主导和市场配置相协调,立足西藏特殊区情,立足党中央、国务院对西藏的特殊定位,在彰显特色、做足优势上做文章,求突破,摒弃单纯求规模、提速度的传统理念,坚决制止发展中的一刀切和一窝蜂,以加快西藏特色经济体制机制改革为推手,切实加快产业结构调整,实现西藏特色经济快速健康协调发展,夯实西藏实现经济跨越式发展和社会长治久安的特色经济基础。

二、研究意义

概括地讲,西藏特色经济研究意义主要包括理论意义和实践意义两个方面。

(一)理论意义

本研究借鉴国内学者基于全国视角开展特色经济问题研究形成的优秀理论成果,运用规范分析与实证分析相结合的研究方法,探讨了西藏特色经济发展的特殊性,提出充分发挥特色、挖掘潜力,促进西藏特色经济加快发展的对策建议,对于丰富民族地区特色经济发展理论,将西藏特色经济理论研究纳入规范经济学体系是有帮助的。

(二)实践意义

本研究通过概括农牧特色经济、绿色矿业经济、特色旅游经济、上市公司发展战略选择、农牧区消费者行为以及拉萨市非公有制经济等西藏特色经济发展实践,总结发展规律,估计特色经济发展贡献,提出了进一步加快西藏特色经济发展的对策建议,对于有关部门制定特色经济促进政策有支持作用。

三、内容方法

由于本研究主要选择西藏特色经济几个重要领域展开分析论证,在研究方法上有其特殊性,为此就研究内容、研究方法两方面作必要说明。

(一)研究内容

1. 基本思路

本研究以西藏特色经济发展为研究主线,选择西藏农牧特色经济、西藏绿色矿业经济、西藏特色旅游经济、西藏上市公司发展战略选择、西藏牧区消费者行为以及拉萨市非公有制经济发展调查研究等六个方面为研究对象,在全面梳理学界关于上述领域优秀研究成果的基础上,通过运用经济学、管理学、统计学和社会学的研究方法,总结西藏特色经济在上述领域的发展特征,尝试对构建符合"中国特色、西藏特点"要求的特色经济发展体系提出相应的对策建议。

2. 主要内容

导论,主要介绍本研究的选题背景、研究意义、研究内容、研究方法、主要观点、创新不足等。

第一章,主要介绍西藏农牧特色经济的理论基础、发展意义、成就机遇、比较优势,进而提出对策建议。

第二章,主要介绍西藏绿色矿业经济发展的理论基础、发展意义、发展成就、发展优势、发展劣势和发展机遇,进而提出发展重点和对策建议。

第三章,主要介绍西藏特色旅游经济发展的理论基础、发展概况、利益相关者利益诉求和冲突,并提出进一步促进西藏特色旅游经济加快发展的对策建议。

第四章,主要介绍西藏上市公司战略选择的理论基础、西藏主要上市公司概况和发展路径,最后提出西藏上市公司科学进行战略选择的对策建议。

第五章,主要介绍西藏农牧区消费者消费行为研究的理论基础,结合调查问卷和基层访谈,分析西藏农牧区消费者消费行为基本特征、决定机制、存在问题,进而提出扩大西藏农牧区消费者消费规模和消费质量的对策建议。

第六章,通过调查研究,总结拉萨市非公有制经济发展取得的成就、发展经验、存在问题,并根据发展战略基本要求,提出进一步促进拉萨市非公有制经济加快发展的指导思想、产业布局、区域布局以及对策建议。

(二)研究方法

本研究以辩证唯物主义和历史唯物主义为指导,以经济学、统计学、计量经济学等相关理论为基础,坚持实证分析与规范分析相结合、定性分析与定量分析相结合、比较分析与联系实际相结合,综合使用了文献综合法、统计分析法、实证研究法、规范分析法和比较分析法。

1. 文献综合法

本研究通过收集与本研究密切相关的国内外文献、经济发展数据,并对资料进行理论归纳、整理、甄别、筛选,从而使分析既能客观反映前人研究成就,又能准确把握西藏特色经济发展特殊性。

2. 统计分析法

本研究在分析论证西藏特色经济发展实践和贡献时主要通过绘制统计图表,剖析西藏特色经济发展现状,并在此基础上全面总结特色经济发展的基本特征。

3. 实证研究法

本研究对西藏特色经济发展进行实证研究,并在此基础上提出促进西藏特色经济发展的基本观点。

4. 规范分析法

本研究在对策建议理论分析中,主要利用规范分析法,简要解读西藏特色经济发展过程中存在的主要问题,并据此提出相应的对策建议。

四、重要结论

如上文所述,本研究主要选取西藏特色经济领域内的农牧特色经济、绿色矿业经济、特色旅游经济、上市公司战略选择、农牧区消费者行为以及拉萨市非公有制经济发展等领域展开研究,为保持各章节结论相对独立性和针对性,拟分六部分简述本研究的主要结论。

(一)西藏农牧特色经济发展问题研究

研究表明,西藏农牧特色经济发展实践充分证明,农牧特色经济发展表现出强烈的政府外生推动性,本研究认为这种政府外生推动模式在西藏市场化过程中不仅是必要的,而且是有效的。同时由于这种外生推动性决定了西藏农牧特色经济发展是一种帕雷托改进模式,这种模式不仅有利于西藏农牧民增收,而且能较好地推进西藏区域经济加快发展。

研究表明,西藏农牧特色经济发展一方面促进了经济发展与社会进步,另一方面,经济增长以及观念更新又反过来为西藏农牧特色经济发展提供了丰富的物质基础和巨大的发展空间。

(二)西藏绿色矿业经济发展问题研究

研究表明,西藏是我国重要的生态安全屏障,经济发展应首先考虑对生态环境的保护,因此西藏矿业经济发展必须强调生态、环保、绿色、低碳,这将构成西藏绿色矿业经济发展的底线。目前西藏矿业经济尚处在起步阶段,矿产资源优势尚未充分全面转化为经济优势,因此,在未来一段时期内西藏矿业经济发展应该在全面保护生态环境的前提下,充分挖掘资源优势,走绿色、集约化矿业发展之路,使绿色矿业成为西藏经济发展的支柱。

研究表明,基于西藏经济发展特殊性,即典型的中央财政支持与政府主导型发展模式,西藏绿色矿业经济发展必须依靠党中央、国务院及西藏各级政府的大力支持。首先,政府要履行好资源统筹管理职责,在矿业发展中,始终坚持生态保护优先理念,科学制定绿色矿业中长期发展规划,建立规范的矿业资源开发前市场准入制度及环境评价指标体系。其次,充分发挥政府调控职能,综合利用财政、税收、金融等手段,限制非绿色矿业经济发展,鼓励矿产行业推行绿色会计核算,坚决制止忽视生态效益的短视行为,切实将生态效益作为政府部门及领导干部业绩考核的强制性指标。最后,结合西藏城镇化发展战略,将西藏主要矿业集聚地建成西藏农牧民就地入城、就地就业的现代化、专业化小城镇,使农牧民尤其是本地农牧民成为西藏绿色矿业经济发展最大的受益者,在绿色矿业经济发展中实现矿业经济发展与农牧民增收相统一。

(三)西藏特色旅游经济发展问题研究

研究表明,特色旅游经济作为西藏国民经济发展重要领域,已经和必将继续为实现西藏经济跨越式发展和社会长治久安发挥不可替代的作用,成为西藏全面建成小康社会的重要经济保障。虽然西藏旅游资源十分丰富,但由于旅游经济尚处在起步阶段,各级政府和社会各界在处理旅游经济利益相关者之间的利益冲突时,还存在着这样那样的不足,以致不同利益主体之间的利益冲突越来越成为西藏旅游经济可持续发展不可忽视的制约因素。为此一定要认清西藏旅游经济可持续发展的战略机遇和潜在挑战,增强大局意识、忧患意识,将旅游经济发展置于提高西藏农牧民生产生活水平、缩小西藏与其他省区差距、建成小康社会的高度,提高认识,攻坚克难,紧抓落实,切实推进西藏旅游经济科学发展、优先发展、健康发展、全面发展,提高旅游经济整体竞争力,实现旅游经济更快更好发展。

研究表明,未来相当一段时期,西藏各级政府和社会各界一定要紧抓西部大开发契机,将中央的关心和各兄弟省区的支援转化为西藏旅游经济可持续发展的强大动力,协调平衡好各利益相关者的利益诉求,在改善西藏各族人民群众生活条件方面求突破,在强区富民、建设世界旅游目的地方面做文章,在构建以人为本的旅游利益相关者和谐利益分配机制方面下工夫。强化社会责任、社会义务,切实将西藏旅游经济各利益相关者利益统筹纳入旅游经济发展战略,不断夯实旅游经济可持续发展基础。

(四)西藏上市公司发展战略选择问题研究

研究表明,上市公司对于西藏经济发展具有重要意义,对于实现西藏各族人民群众共同富裕有重要影响。为此,各级政府和社会各界一定要认清企业发展面临的机遇和挑战,将西藏上市公司战略选择和发展问题置于事关民生改善、事关缩小区域差距、事关西藏全面建成小康社会、事关西藏和谐稳定大局的高度,攻坚克难,乘势而上,推进西藏上市公司科学发展、健康发展、全面发展。

研究表明,企业生命周期理论对于揭示西藏上市公司战略选择特殊性具有很强的解释力,而要实现西藏上市公司快速发展、健康发展,就必须从实际出发,科学运用包括企业生命周期在内的优秀企业治理理论,深入调查研究,掌握西藏上市公司成长特殊性,立足上市公司生命周期不同阶段,提出适宜西藏上市公司快速成长的战略措施。

（五）西藏农牧区消费者行为问题研究

研究表明，西藏农牧区人口占总人口的80%以上，蕴含着巨大的消费潜力。改革开放以来，伴随着西藏经济飞速发展，农牧区居民消费领域不断拓展，消费数量不断增加，消费层次不断提高，农牧民从消费增长中获得了巨大实惠。但与此同时，不可忽视的事实是受自然环境、思想观念、交通因素等因素约束，西藏农牧区消费基础设施还比较落后，商品流通环境还亟待进一步改进，农牧民收入不稳定还有待进一步深入解决，这些因素制约着农牧区居民消费潜力的释放，而要解决好这些制约农牧区消费能力释放的问题，就需要西藏各级政府、各类企业和社会组织齐抓共管、相互配合，切实落实好宏观调控决策，加快推进新型农牧区建设，共同促进农牧民生活改善，保障农牧民切身利益，为农牧区营造安全、放心、实惠、便捷的消费环境。

（六）拉萨市非公有制经济发展调查研究

调研显示，作为拉萨市社会主义市场经济重要组成部分的非公有制经济，是拉萨市实现跨越式发展和长治久安的重要物质基础，是加快拉萨市转变经济发展方式的重要活力源泉，是拉萨市走符合"中国特色、西藏特点"要求发展路子最富活力、最具潜力、最有创造力的强大基石。因此，进一步加快发展拉萨市非公有制经济，是在科学发展轨道上实现跨越式发展的必然要求，是在解决民生就业问题中实现富民强市的必然要求，是在加强党的建设过程中实现长治久安的必然要求。通过调研认为，拉萨市要发挥好首府城市的首位度作用，特别是要在科学发展中实现中国梦的过程中发挥好带头引领作用，潜力在非公有制经济，希望在非公有制经济，关键突破口也在非公有制经济，这是拉萨市各级党委政府、社会各界都必须坚持的重要理念。

调研表明，改革开放以来，特别是"十一五"以来，在党中央、国务院、西藏自治区党委政府、拉萨市委市政府发展非公有制经济一系列方针政策指引下，拉萨市各级统战部门和工商联组织充分发挥桥梁纽带作用，立足首位度，围绕"首善之区"建设，服务大发展、引领大潮流、实现大跨越，着力在非公有制经济实力壮大上下功夫，在强市富民求发展上出实招，在产业优化促升级上做文章，使非公有制经济组织和代表人士在繁荣城乡经济、缩小区域差距、改善民生福祉、维护和谐稳定等方面发挥了重要作用，做出了突出贡献，取得了显著成效。

调研认为,拉萨市非公有制经济发展应该立足首位度,挖掘发展优势,确定切实可行的发展目标,科学指导拉萨市非公有制经济发展。到2015年年底基本建立起在西藏具有引领作用,适合拉萨市非公有制经济发展要求的综合素质提高和核心竞争力增强的发展环境。非公有制经济增加值、上缴税收在2010年基础上翻一番以上,力争年均增长15%以上,实现财政收入35亿元左右;非公有制经济组织发展到5万户以上,上市公司新增3家以上;吸纳社会就业超过17万人;非公有制经济总量占西藏自治区的70%以上。到2020年拉萨市要构建起完善的保障非公有制经济发展的政策体系,彻底解决制约非公有制经济发展的体制机制问题,全面建成优质、高效的非公有制经济发展环境;确保非公有制经济在拉萨国民经济中所占比重显著增加,增长质量显著提高;非公有制经济组织达到6.3万户以上,上市公司新增5家以上;吸纳社会就业人员超过21万人;实现财政收入53亿元以上。

第一章

西藏农牧特色经济发展问题研究

农牧特色经济是西藏特色经济的重要组成部分,研究农牧特色经济对于西藏经济跨越式发展和社会长治久安意义重大。为此本章将立足西藏农牧特色经济资源优势,从西藏农牧特色经济界定入手,采用规范分析法全面总结民主改革以来西藏农牧特色经济发展历程、取得的成就、面临的机遇和挑战,全面介绍西藏农牧特色经济发展现状,全面梳理以比较优势理论为代表的优秀理论成果,采用实证分析法解读西藏农牧特色经济发展比较优势,有针对性地提出促进西藏农牧特色经济健康发展的对策建议。

第一节 发展基础

农牧特色经济是根植于西藏特殊自然经济社会环境的经济领域,本节在全面回顾国内外比较优势理论的基础上,从界定西藏农牧特色经济内涵入手,阐述在西藏大力发展农牧特色经济的重要性、发展历程、取得的成就、面临的机遇和挑战,为进一步采用实证分析法揭示西藏农牧特色经济比较优势做好铺垫,并为进一步有针对性地提出促进西藏农牧特色经济加快发展的对策建议打下良好基础。

一、理论基础

国内外学界关于农牧特色经济理论的研究颇多,也形成了许多优秀研究文献。结合西藏农牧特色经济发展实际和研究需要，本研究选择相对成熟的比较优势理论作为解读西藏农牧特色经济发展的基本工具。

(一)国外研究

比较优势理论是一种将国际贸易活动归因于不同国家或地区之间商品比较成本差异的贸易理论，是自由贸易的重要基石。严格地讲，绝对优势理论只不过是比较优势的特例，本研究认为广义比较优势理论发展到今天，应该是包括亚当·斯密创立的绝对优势理论，大卫·李嘉图创立并经约翰·斯图亚特、穆勒等发展完善的比较优势理论，以及赫克歇尔、俄林共同创立的要素禀赋理论等众多经典理论在内的体系庞大、内容复杂的理论框架。由赫克歇尔与俄林创立的要素禀赋理论本质上是把国与国之间、地区与地区之间商品成本比较优势归因于不同国家或地区之间存在的要素禀赋差异，因而要素禀赋理论又称为要素禀赋比较优势理论。该理论从形成以来主要用于解读国际贸易问题，随着经济发展，近年来更多地被用于解释发展中国家内部不同地区间的经济发展问题。

1. 绝对优势理论

国外学界对比较优势理论的研究始于20世纪六七十年代，且多集中于比较优势测度方法和实证分析。最早出现的是绝对优势理论，该理论由英国古典政治经济学家亚当·斯密在1776年提出，他认为一个国家或地区的优势可以分成两大类：一类是自然优势，主要是超乎人力之外的气候、土地、矿产和其他处于相对固定状态的资源优势；另一类是获得性优势，主要是指由于工业发展所获得的经济条件，如资金、技术等。一个国家或地区在生产和输出某种商品上具有自然优势或获得性优势，也就具有了成本优势，从而能在激烈的竞争中占有一席之地。

该理论的核心思想是：一个国家或地区都应该利用各自优势参与分工，从事专业化生产，生产那些自己最具绝对优势的产品，尽可能扩大生产规模，通过区域贸易用自己的优势产品交换自己的劣势产品，这种专业分工和贸易活动会使各国或地区的资源都能得到有效使用，产品产出会大幅增加，最终使贸易各方均受益，这一过程完全符合国际分工贸易理论的趋利避害思想。按照绝对优势理论，两个国家或者地区之间发生贸易往来的必要条件是每个国家或地区至少要有一种产品其单位生产成本低于其他国家或地区，否则，这个国家或地区将无法参与分工与贸易。显然,这一理论无法解释当某一国家或地区在各种产品生产上均具优势,而另一国家或地区都居于劣势时,两国或地区仍可以开展贸易的问题,如发达国家或地区与发展中国家或地区的贸易。

毫无疑问,上述关于绝对优势理论的基本观点是在剔除其他不可替代因素的前提下,仅从产品成本比较角度提出的,这一比较在商品经济早期和单纯成本比较状态下是成立的,但当经济发展、污染增加、生态恶化,消费者对特殊消费品的评价和判断已经不单纯取决于成本高低,而更多考虑功能、低碳、环保、绿色和无污染时,绝对优势理论的前提和基础必将发生动摇,也就是说当抛开对降低产品成本的追求,进而寻求赋予在商品上的垄断性、环保、低碳、无污染品质时,绝对优势理论将被赋予新的内涵,也就是基于功能的不可替代性产生的绝对优势。就本研究所涉及的西藏农牧特色产品而言,已有成果(杨西平,2012)表明,如果单纯从成本高低角度考察,西藏部分农牧特色产品成本绝对无法与内地某些低成本农牧特色产品相比,但如果考虑到西藏农牧特色产品高原生态环境的无法复制性,西藏农牧特色产业在绿色、环保、功能上的完全垄断性和在绝对优势上的无可比拟性,基于特殊研究需要,对于绝对优势理论从功能上、品质上的拓展和突破,在目前不仅是现实的,而且是必要的。

2. 比较优势理论

该理论由大卫·李嘉图在绝对优势理论基础上首倡,强调地域分工基础并不限于生产成本的绝对差别,只要不同国家或地区之间存在生产成本相对差别,就会使不同国家或地区在不同产品生产上具有比较优势,从而使地域分工成为可能。每个国家或地区都集中生产并向其他国家或地区输出自身具有比较优势的产品,从其他国家或地区输入自身具有比较劣势的产品,每个国家或地区都能从这种区域分工中获得比较利益,这样会使每个国家或地区的资源都得到有效利用。这种思想一直被视为确定地域分工关系的规范,正如保罗·萨缪尔森所说:比较成本学说是国际分工和国际贸易不可动摇的基础。

毋庸置疑,比较优势理论的提出颠覆了绝对优势理论的垄断性学术地位,大大推动了理论发展和学术进步,为加快区域贸易提供了坚实的理论依据。但结合本研究,我们不难发现,人们在利用比较优势理论分析一国国内不同区域的贸易和分工时,往往存在这样一种有趣现象,即比较优势理论主要基于成本高低,这在商品化程度高的区域是富有解读力的,但对于经济发展水平相对较低的西藏而言,比较优势理论很可能因为西藏农牧特色产品的特殊性而在适用性上大打折扣,这恰恰为绝对优势理论的运用提供了广阔空间,由此决定本研究对于比较优势理论的使用基于广义层面。

3.要素禀赋理论

瑞典经济学家赫克歇尔在比较成本学说基础上,提出了资源禀赋学说,后经俄林进一步发展,形成了赫克歇尔—俄林资源禀赋学说。该学说认为,不同商品生产需要不同的生产要素比例,而不同国家或地区拥有不同的生产要素,如果各国或地区生产并出口那些能密集使用自身丰富生产要素的商品,并进口那些需要密集使用自身稀缺生产要素的商品,必然会有比较利益产生。因此,那些密集使用本国或地区充裕生产要素的生产部门,就具有贸易上的相对优势。

综上所述,要素禀赋理论大大推动了分工与贸易的发展,为某一国家和地区集中力量生产自身具有要素禀赋的产品,进而为参与分工协作提供了理论依据。实践证明,该理论对于发展中国家的不发达地区参与分工协作提供了基础。本研究认为该理论对于西藏农牧特色经济具有较强的解释力,尤其是对像虫草、贝母等这些对自然条件有特殊要求的农牧特色产品的解释效果更好,这一点和绝对优势理论有异曲同工之妙。

4.规模经济理论

规模经济理论由保罗·克鲁格曼于1979年提出,该理论成功地将规模报酬递增理论和垄断竞争原理引入贸易分析,成为现代贸易理论的代表。规模报酬递增也称为规模经济,分为内部规模经济和外部规模经济。内部规模经济是指随着企业内部生产规模不断扩大,所获得的单位产品平均成本下降或生产效率提高。存在内部规模经济的企业可以通过扩大生产规模以降低生产成本,进而获得比较优势。如果某国或某地区的某产业规模很大,生产该产品的平均效率就会比较高,则产品平均成本就比较低,因而就具有比较优势。外部规模经济是指单个厂商由相关产业其他厂商市场规模扩大所获得的生产成本节约或生产效率提高。存在外部规模经济的产业可通过行业合理集中获得外部经济,节约交易成本,提高生产效率,进而获得比较成本优势。当一个国家或地区具备了发达的基础设施、公共服务时,该国或该地区企业便会获得外部规模经济效益,从而降低平均生产成本。

显而易见,规模经济理论大大丰富了现代贸易理论,该理论将贸易与行业发展联系在一起,使理论界对于分工协作的认识从单个企业或产品上升到行业分工和区域发展层面。对于西藏农牧特色经济而言,由于特殊区情,内外部规模经济可能都不具备,这对西藏农牧特色经济加快发展非常不利。

5. 成本区位理论

传统贸易理论一般都假设贸易没有运输费用,这显然不符合实际情况,在现实贸易活动中,运输成本不仅会影响价格,而且还会影响经济的区域布局。发生在贸易中的运输成本包括运输费、装卸费、保险费、经营管理费以及其他费用。只有当一种产品在两地贸易前的价格差额超过其从一地运输到另一地的运输成本时,才会发生贸易,有些产品虽然在贸易前存在差价,但终因其差价小于运输成本而不会发生贸易,否则会得不偿失,这是一个放之四海而皆准的真理。因此,现实生活中并不是每种产品都可以参与贸易活动,运输成本不仅决定着产品的可贸易性,而且也会影响到产品价格和市场竞争程度;当然,科技进步和交通设施改善会降低运输成本,但其前提是交通设施改善和科技进步。

综上所述,运输成本与产品生产区位布局有关,区位理论解释的核心问题是产品生产是应该配置在原材料生产地,还是应该配置在产品消费地,这取决于运输成本(要素运输成本和产品运输成本)的高低比较。总体而言,当要素运输成本高,产品运输成本也高时,这种产品往往属于非贸易产品;当要素运输成本低,产品运输成本也低时,这种产品通常属于可贸易产品;当要素运输成本高,产品运输成本低时,该产品区位选择会靠近要素提供地,通过运输产品实现贸易;当要素运输成本低,产品运输成本高时,产品区位选择会靠近产品消费地,通过运输原料实现贸易。由于西藏农牧特色经济的特殊生产环境,产品区位选择一般要靠近要素生产地,通过运输产品进行贸易。在西藏由于地广人稀,运输成本往往是产品生产布局的重要影响因素。实践表明,西藏贸易规模小,不是因为产品没有优势,而是与西藏区内消费能力低和产品运输成本高有关,进一步的结论是西藏交通条件改善对于促进贸易发展具有重要意义。

(二)国内研究

国内学界从20世纪70年代开始研究比较优势理论,起初主要集中于对国际贸易的比较优势探讨,且定性规范描述多,定量实证分析少。改革开放后的80年代以来,国内学界关于比较优势理论的讨论逐步升温,学者对比较优势的测定和实证分析渐成研究热点。

1.比较优势运用研究

在比较优势测定方法和实证分析研究上,国内较早的研究成果是程国强(1997)开展的我国主要农产品比较优势研究,该成果利用国内资源成本系数法对我国主要农产品小麦、玉米、棉花、生猪、苹果、烤烟等进行成本比较优势估计后认为,我国棉花已基本失去比较优势,大豆生产具有一定的比较优势但优势逐步下降,甘蔗、苹果、烤烟、生猪具有显著比较优势。陈武(1997)则使用显示比较优势指数法对我国农产品比较优势进行实证分析,认为在1985—1992年间,我国农产品比较优势由2.01下降到1.23,从较强比较优势转化为较弱比较优势;就不同农产品而言,粮食产品比较优势大幅下降,其中大米、大豆分别从4.62和3.61下降到1.92和1.13,而油菜籽、纤维类经济作物及茶叶、蜂蜜等农产品则具有明显比较优势,蔬菜、食糖和部分水畜产品比较优势有所上升。李向红(1998)运用资源成本系数法研究了我国4种粮食作物在1987—1995年间比较优势变化情况,结果表明,除个别年份外,大米具有比较优势,而大豆、玉米和小麦则呈现出明显比较劣势。潘文卿(2000)采用出口产品国际竞争力指数和产业内贸易指数法,从产业间贸易优势和产业内贸易状况对我国5大类19小类农产品进行比较优势测算,并根据竞争力指数大小将19类农产品分成高比较优势产品、较高比较优势产品、低比较优势产品、较高比较劣势产品、高比较劣势产品五个等级,认为我国具有比较优势的农产品往往是一些劳动密集型产品,大多数密集使用土地、资源、资金等要素的农产品已不具有比较优势,我国农产品对外比较优势已逐渐从土地密集型转向劳动密集型产品。同时,潘文卿运用产业内贸易指数法测算得出我国各类农产品比较优势总体呈上升趋势,除纺织原料如羊毛、棉花、蚕丝等外,植物产品、农产品加工品及动植物油脂类产品比较优势呈稳步上升趋势,由此可以认定我国农产品在对外贸易领域已基本失去竞争优势。

除了上述几项较早、较综合的比较优势研究成果之外,国内文献中还有一些专著和文章也是专门研究某一类农产品比较优势和竞争力的。如,徐志刚(2001)采用国内资源成本系数法和综合优势指数法测定了我国各省市主要农产品(包括粮食产品、经济作物产品以及饲养业产品)生产的比较优势,并以种植业为重点分析了我国种植业农业结构调整总体方向和相应政策。李建平、罗其友(2002)采用国内资源成本系数法测定了我国主要畜产品在不同饲养条件下的成本优势,并运用比较优势指数法,对出口产品比较优势进行测定,并通过两个结果比较分析我国畜产品比较优势和国际竞争力。

上述研究都是基于全国分析视角得出的优秀理论成果,相对而言,将比较优势理论应用于区域农业问题的理论研究很少,这给我们一种启示,也许将比较优势理论应用于区域农业问题会有新发现,从而促进包括西藏在内的少数民族地区农业发展,进而实现提升我国农业发展整体水平的目的。在该领域,林毅夫教授提出了比较优势发展理论,他认为在资源禀赋结构基础上,在政府指导下,一个地区发挥自身优势,成为市场有竞争力的主体,从而提升产业档次、优化技术结构、促进经济发展。徐宗俦教授提出了区域比较优势理论,认为充分发挥区域比较优势,发展地方特色农业,不断完善市场经济体制,有效转移农村劳动力,增加农民收入,促进农村城镇化,是建设和谐社会的题中之义。本研究认为应用上述理论解释西藏农牧特色经济比较优势是合适的,正如前文所述,西藏特殊的资源基础决定了农牧特色经济发展必须依靠资源比较优势,通过做强、做大、做精、做特优势,走特色农牧经济健康发展之路,是促进西藏区域农牧经济加快发展的内在要求。

2.西藏与比较优势理论

(1)比较优势理论对研究区域农牧特色经济的适用性。比较优势理论创立一百多年来,不仅在西方资本主义国家普遍使用,而且也为众多发展中国家广泛采用;不仅可以用于工业制成品贸易问题研究,而且可以用于农产品贸易问题研究。马惠兰博士将比较优势理论应用于新疆农业的理论研究,通过分析新疆农产品比较优势提出促进新疆种植业发展的对策建议,认为农产品比较优势主要依靠发展农业和培育龙头企业实现,农产品贸易规模取决于不同区域的农业发展水平。由于农业在国民经济中是一个独立的行业,可以进行独立核算,因此不同地区由于自然环境和经济发展水平不同,农业发展呈现出与本地状况一致的特色和优势,如北方的小麦、南方的水稻和西藏的青稞等,而各地区如果能把优势产品输出,并输入劣势产品,那么农业经济结构就可以得到优化,进而就能较好地促进农业经济较快发展。很显然,上述研究成果从新疆农业发展角度支持了比较优势理论的区域适用性。

(2)比较优势理论对研究西藏农牧特色经济的适用性。从比较优势理论角度考察,西藏发展农牧特色经济具有显著优势。首先,独特的自然环境是西藏农牧特色经济发展的绝对优势。主要表现在:昼夜温差大,水资源丰富,光热资源充足,为农牧特色经济发展提供了独特的优质生产环境。其次,西藏农牧特色产品具有鲜明的民族特色。如青稞面、牦牛肉、藏鸡蛋等都是其他地区没有或者少有的,市场外部竞争小,可以一枝独秀。再次,西藏农牧特色产品具有营养价值高、绿色环保、无污染的特点,增加了这些产品的市场竞争力。上述三方面优势均符合亚当·斯密绝对优势理论,因此使用绝对优势理论解释西藏农牧特色经济是可行的。与此同时,西藏农牧特色经济发展除了上述基于自然环境等因素决定而形成的绝对优势之外,还具有要素禀赋优势和成本比较优势,这些都使比较优势理论、要素禀赋理论和成本区位理论对于西藏农牧特色经济发展具有较强的解释能力。为此,本研究在解释西藏农牧特色经济发展时使用的理论并非仅指李嘉图的比较优势理论,而是一个包括比较优势理论、绝对优势理论、成本区位理论、要素禀赋理论在内的理论体系,在这个理论体系中凡是对发展西藏农牧特色经济有利的,本研究均适当采用而不拘泥于比较优势的概念局限,将在上述理论指导下,探讨西藏农牧特色经济发展优势,解决西藏农牧特色经济规模小、产量低、品种少、加工业不发达、打开市场难、农牧增收慢等问题。

(三)经济内涵

1. 理论界定

虽然党中央、国务院以及西藏各级党委、政府已将走符合"中国特色、西藏特点"要求的农牧特色经济发展之路作为农牧特色经济发展方向,但对于农牧特色经济基本内涵,学界和业界尚未形成统一认识,表述也不尽相同,为此,从思想上统一认识并对西藏特色经济给出一个相对完善的概念表述就具有重要理论与实践意义。余金顺等(1995)认为农牧特色经济一般应具备以下特征:①有发展潜力、市场条件,竞争力强;②产品具有区域特色和优势;③有生产规模,经济效益好;④产品质量优,技术含量高;⑤产品有特殊功能和作用;⑥有利于生态环境保护与经济可持续发展。熊云鹏(1996)认为所谓农牧特色经济,就是超越常规农牧业,具有区域优势、产出名优产品的农牧经济。李金良等(2000)认为农牧特色经济是按照市场经济发展客观要求,依托当地独特的地理、气候、资源、产业基础和经济条件形成的。相对于常规农牧经济而言,农牧特色经济具有规模优势、品牌优势和竞争优势,是主导一定区域农牧经济发展的高效农牧业。民建中央研究者(2001)认为农牧特色经济是指农牧业生产者根据本地土壤、气候、品种等特点以及市场需求生产的具有区域功能优势和较强市场竞争力的农牧特色产品的一种农牧经济形式。吕火明(2002)认为农牧特色经济就是人们立足于区位优势、资源优势、环境优势和技术优势,根据市场需要发展起来的具有一定规模的高效农牧业。农业部(2003)《关于加快西部地区特色农业发展的意见》指出,特色农业是指具有独特的资源条件、明显的区域特征、特殊的产品品质和特定的消费市场的农牧经济。张克俊(2003)认为农牧特色经济是以资源、气候、本地条件、环境、特殊物种等优势为基础,根据市场经济客观要求发展起来的具有鲜明地域特征和独特产品品质的市场化高效农牧经济。发展农牧特色经济的过程,实质上就是发挥区域比较优势,形成竞争优势的过程。能否形成竞争优势是衡量农牧特色经济发展是否成功的标志。孔祥智等(2003)认为农牧特色经济是人们充分利用一定区域内独特优势农牧业资源,开发和生产出品质优、价值高、市场竞争力强的农牧产品及其加工品,具有绿色或无公害特点的特殊农牧业。卢学英(2007)认为相对于常规农牧业经济,农牧特色经济是具有规模优势、品牌优势和市场竞争优势,主导一定区域农牧业经济发展的高效农牧业。它既包含产业规模,也包含体制和组织创新。可以说,这些表述都反映出了农牧特色经济的基本内涵和主要特征。

2.本研究的约定

基于西藏农牧特色经济发展实际,借鉴上述理论研究成果,本研究认为西藏农牧特色经济就是指依托西藏特殊的自然条件、气候条件以及地理环境而形成的一系列具有地方特色的农牧业生物种群及与此相关的加工工业的统称。西藏农牧特色经济不是由某一种生物资源或者几种生物资源构成的,而是由众多生物种群资源构成的种群族以及与之相关的加工工业群,在未做特殊说明的情况下,本研究均在该约定下使用西藏农牧特色经济概念。

(四)产品概述

1.产品类型

西藏农牧特色经济属于典型的高原农牧经济,其产品称为农牧特色产品,分为高原农牧特色产品和低地农牧特色产品两大类,具体包括高原种植农牧特色产品、高原养殖农牧特色产品、低地种植农牧特色产品、低地养殖农牧特色产品等四小类。高原种植农牧特色产品主要包括青稞、荞麦、豌豆、马铃薯、油菜、芫根、萝卜、圆白菜等。低地种植农牧特色产品除了包括稻谷、鸡爪谷、玉米、辣椒、大蒜、韭菜、黄瓜、扁豆等之外,还包括多种水果及经济作物,如香蕉、橘子、桃、梨、黑枣、杏、甘蔗等,具有种类多、品种杂、区域性的特征,种植业中的四大作物即青稞、小麦、油菜、豌豆均属于喜冷凉作物,特别是青稞只适宜该地带种植。西藏农作物耕作制度一般随海拔不同而相应发生变化。青稞在西藏属于普遍种植农作物,随海拔不断升高,种植面积逐步扩大,直至成为高寒地区单一作物。高原养殖农牧特色产品在西藏的分布具有较大区域差异,但牦牛、羊、猪、鸡、鸭等在西藏具有普遍性。

2.产品特性

西藏农牧特色产品,无论是种植业产品还是养殖业产品,均具有其典型特征,这些典型特征某种意义上就是西藏农牧特色经济发展的绝对优势,具体来说:

(1)具有绿色、营养、安全的特质。从生产角度看,西藏农牧特色产品普遍在纯净无污染环境中生产,具有天然、绿色的环境基础,而且西藏农作物种植很少使用化肥农药,化肥农药残留低。从流通环节看,西藏农牧特色产品很少经过加工,不存在食品添加剂问题,包装简单,由于包装而产生的污染小。从销售上看,西藏农牧特色产品大部分通过超市、集贸市场销售,经过严格的质量检验,也有很多产品通过了国家绿色认证。例如,阿里地区的金哈达羊绒制品、那曲县的牦牛牌乳制品、拉萨市的圣鹿牌系列食用油、南木林县的艾玛岗牌土豆、曲水县的绿宝牌芫根酱菜等,均属于绿色农牧特色产品。

(2)具有神奇的特殊功效和疗效。西藏农牧特色产品普遍具有独特功效,最具代表性的首先是青稞,青稞也称元麦、淮麦,是大麦的特殊品种,广泛种植于藏区,分白色青稞和黑色青稞两种,含有丰富的 P-葡聚糖,具有抗衰老、延长寿命的功效。研究表明,青藏高原心脏病与高血压发病率低,与藏族人民群众长期食用青稞有关。其次是牦牛肉制品。它是藏区主要牧业特色产品,牦牛肉以其高蛋白、低脂肪、无污染而享誉海内外,制成品有肉干、肉松、卤牛肉等,含有人体所需的多种微量元素和氨基酸,营养丰富。再次是虫草,作为一种重要的名贵藏药材,具有增强免疫力的功效。藏雪莲有祛风脱湿、通经活络等作用。酥油茶温和,具有降燥祛火、润肠通便、滋阴补气、健脾提神的功能,长期饮用酥油茶可增强体质,增进食欲,加快病后和产后康复。

(3)具有浓郁的民族地方特色。西藏农牧特色产品一般具有鲜明的民族特色。首先,西藏农牧特色产品包装一般有藏汉两种文字,能抓住消费者的好奇心理,有助于市场拓展。其次,西藏农牧特色产品有独特味道,可作为馈赠佳品。再次,西藏农牧特色产品蕴含着丰富的文化内涵。藏文化源远流长、独具特色,如藏族茶文化就是一种极具宣传推广价值的文化类型。传统藏家一般会在大门口的灶台上搭两口大锅,一口锅里煮着藏面,另一口锅里则煮着甜茶,煮甜茶的锅一般要放几个深色布袋,布袋里一般装着从大吉岭带来的茶叶,味道纯正,体现了西藏茶文化的特殊内涵。与此同时,藏族食文化也与优雅的就餐环境、典型的藏餐品种和独特的制作工序联系在一起,红漆的藏式大门、蓝白门帘、木凳木桌,围系在廊柱上的白色哈达,四条腿的木质矮桌,面对面的两个靠背座椅,客人坐下后,服务人员会根据需要,送来玻璃杯和暖瓶,暖瓶里装着煮好的甜茶。卤牛舌、生牛肉酱、土豆包子、血肠、牛肉炖萝卜、酥油茶,每道菜品背后都有一个美丽的传说。

(4)地理环境难以复制。首先是独特的地形地貌条件。西藏被喜马拉雅山脉、昆仑山脉和唐古拉山脉环抱,平均海拔4 000米以上,称为世界屋脊,光热资源丰富,昼夜温差大,藏中和藏东降雨丰富,雨热同季,水质好,这些条件都有利于发展特色种养殖业。其次是多元、独特的气候条件。西藏南北跨10多个纬度,东西跨20多个经度,境内多山,地形复杂,西北严寒,东南暖湿,由东南到西北呈带状更替,具有热带、亚热带、温带、寒带等气候特征,空气稀薄、气压低、氧气少、日照充足、辐射强烈、气温低、温差大,有丰富的小气候资源,适宜发展小气候农牧特色经济。研究显示西藏70%以上的可耕地都分布在河谷两岸的坡地上,获得热量多,充分利用小气候资源对于发展西藏农牧特色经济具有重要意义。最后是充足的光能、光照资源。研究显示,世界高产地块光能利用率高达5%,我国黑龙江海伦县红光农场玉米最高产量为1 016公斤/亩,光能利用率高达6%。而西藏拉萨和昌都全年光能利用率只有0.1%～0.2%,生长期光能利用率为0.15%～0.25%,亩产千斤以上的高产地块光热利用率也不超过生长期总辐射能的1%,如果光能利率提高到5%,西藏粮食产量将提高几倍,农林牧等特色经济都将获得巨大发展。特殊的气候条件造就了独具特色的优势农牧业资源,如牦牛、白绒山羊、藏系绵羊、藏鸡、藏猪、卤虫卵、优质青稞、油菜、花卉、蔬菜、茶叶、核桃、苹果以及名贵林下菌类和中药材,这些特殊的农牧特色经济资源具有较大的开发潜力,且生长环境具有不可复制性。

二、发展意义

结合西藏农牧特色经济发展实际,本研究认为西藏发展壮大农牧特色经济有以下重要而深远的现实意义。

(一)有利于调整经济结构

长期以来,西藏各级党委政府高度重视农牧特色经济发展,通过实施一系列优惠政策措施,在促进农牧特色经济快速发展的同时推动了经济结构调整。首先,以高产优质为重点,加大优质农作物新品种引进、培育和推广,提高粮食单位产量,实现增产增收。其次,优化区域布局,突出特色优势,大力发展无公害食品、绿色食品和有机食品,推动农产品生产优质化、区域化、规模化、专业化,逐步提高农牧特色产品科技含量和附加值。再次,利用市场优势、区位优势、资源优势,大力发展矿区特色种养殖业、城郊现代设施农业,稳定发展草原畜牧业。

(二)有利于促进农牧民增收

长期以来,西藏各级党委、政府将农牧特色经济发展和实现农牧民增收作为经济工作的两大根本任务。首先,通过促进农牧特色经济发展实现农牧民增收奔小康目标,在广大农牧经济项目区广泛发动群众坚持稳定粮食生产、调整经济结构、加快农牧民增收的基本原则,按照一产上水平的发展战略要求,实施抓两头、带中间及优势区域、优势资源、优势产业、优先发展的非均衡发展战略。其次,集中人力、财力、物力,以科技进步和提高劳动者素质为支撑,以政府扶持和引导为手段,以农牧经济结合为基础,大力发展农牧特色经济,人民群众收入明显增加,社会效益日益凸现,体现了经济发展、农牧民致富增收的目标。

(三)有利于农牧区小康社会建设

西藏各级党委、政府高度重视通过加快农牧特色经济发展实现小康社会目标,通过调整种植结构,推广饲草料经济作物种植,推进农牧结合,转变饲养方式,实现产业化经营,做大做强畜牧业;通过加快农牧特色产品生产标准化,促进传统农牧经济向现代农牧经济转变;通过建立健全以农牧科技推广为重点的综合服务体系,完善防灾抗灾救灾体系;通过大力倡导自力更生、创业兴家,组织农牧民参与工程建设、旅游服务,扶持农牧民专业合作组织,建立农牧民稳定增收的长效机制;通过开展以崇尚科学、追求文明为目标,以实用技术、劳动技能为重点的教育培训,着力培养有理想、有文化、懂技术、会经营的新型农牧民;通过探索建立激励机制,充分发挥农牧民在新农村建设中的主体作用。

第二节 发展分析

在上文关于农牧特色经济发展理论基础和概念界定基础上,本研究认为制定符合西藏农牧特色资源优势的农牧特色经济促进政策,对于西藏农牧特色经济加快发展具有重要意义。为此,本节在梳理和平解放以来西藏农牧特色经济发展成就与机遇的基础上,选择比较优势理论作为基本研究方法,运用区位商和 Fisher 判别分析法对西藏农牧特色经济比较优势进行理论诠释。

一、成就机遇

毋庸置疑,和平解放以来西藏农牧特色经济获得了显著成就,为西藏经济跨越式发展和社会长治久安做出了巨大贡献。本研究从西藏农牧特色经济演进历程、取得的经验、面临的机遇和挑战等三方面总结阐述。

(一)演进历程

显而易见,西藏农牧特色经济对促进西藏经济发展、增加农牧民收入、促进社会进步和维护稳定均发挥了重要作用,取得了显著成效。为全面展示和平解放以来西藏农牧特色经济取得的巨大成就,本研究分改革开放前和改革开放后两个时期五个阶段阐述西藏农牧特色经济的发展演进历程,并从七个方面总结西藏农牧特色经济取得的成功经验。

1. 改革开放前

该时期又可以划分为1951—1959年的缓慢发展阶段、1959—1965年的初步发展阶段和1965—1978年的不断发展阶段。

(1)1951—1959年,西藏农牧特色经济缓慢发展阶段。在该阶段,由于西藏的农奴制生产关系没有彻底颠覆,农牧特色经济发展缓慢,党和国家先后采取了无偿发放农具、免费牲畜防疫、发放无息贷款、发放救济救灾款、组织畜产品收购、进藏部队垦荒生产和进行经济建设等一系列帮扶措施,尤其伴随着一系列重大交通设施的开工建设,对西藏传统生产方式和农牧特色经济产生了巨大冲击和推动作用,促进了西藏农牧特色经济发展。

(2)1959—1965年,西藏农牧特色经济初步发展阶段。西藏进入民主改革时期,推翻了封建农奴制度,在农牧区,变农奴主所有制为农牧民所有制,发展了生产互助组。中央为西藏确定了稳定发展的基本方针,西藏工委制定了大办农业、大办粮食、大办牧业、农牧并举、多种经营的基本政策,农牧区互助生产和爱国增产保畜运动蓬勃推进,农牧特色经济发展出现连续6年的增产丰收。1965年年底西藏粮食产量由1959年的36 581万斤增加到58 145万斤,农业产值由4 591.2万元增加到8 304万元,分别增长58.9%和83%,年均增长9.8%和13.8%。牲畜由1959年的955万头增加到1965年的1 701万头,畜牧业产值由9 478.8万元增加到18 323.8万元,分别增长78.1%和93.3%,年均增长13%和15.5%。1965年农业总产值达到3.38亿元,较1959年增长82.70%,年均增长10.62%,西藏农牧特色经济获得初步发展。

(3)1965—1978年,西藏农牧特色经济继续发展阶段。1965年9月1日西藏自治区成立,西藏进入社会主义改造时期,与此同时西藏农牧特色经济也先后经历了1965—1975年的试办人民公社、1975—1978年的西藏农牧经济恢复发展两个阶段。从1959年取得平叛胜利一直到1975年的社会主义改造基本完成,前期由于受极"左"路线干扰,西藏农牧经济发展没有能完全坚持稳定发展方针,导致农牧特色经济无法实现稳定发展,特别是1970年后西藏人民公社采取政社合一、一大二公模式,脱离了西藏农牧经济发展实际,产生了管理上的一哄而上,分配上的平均主义。在1967—1972年期间,由于受"文化大革命"干扰,导致粮食产量连年下降,1972年比1966年下降了8%;畜牧业生产发展缓慢且不稳定,1972年牲畜比1965年增长1.7%。1973年开始中央增加对西藏的财政支援,1973年和1978年召开西藏第三、第四次牧区工作会议,确定牧区以牧为主、多种经营的工作方针,畜牧业取得较大发展。牲畜总头数从1973年的2 025万头增加到1979年的2 349万头,主要畜产品产量不同程度增加,肉食增加30%,绵羊毛增加27.4%,奶类增加38.3%,畜牧业产值增加27.3%。这一阶段西藏农牧特色经济基本上处于自然经济状态,缺乏与其他经济部门的有机联系,制约了农牧特色经济发展。

2.改革开放以来

改革开放以来,党中央先后召开了五次西藏工作座谈会,出台了许多优惠措施,该时期又可分为1978—2000年的加速发展阶段和2001—至今的飞速发展阶段。

(1)1978—2000年,西藏农牧特色经济加速发展阶段。这一阶段围绕中央三次西藏工作座谈会精神的贯彻落实,西藏农牧特色经济获得较快发展。1979—1983年主要是围绕贯彻落实1980年第一次西藏工作座谈会精神,对农牧区进行经济体制改革,放宽政策,免征牧业税,取消畜产品统派购,恢复集市贸易,鼓励牧民群众发展家庭副业,允许牧民进城经商或从事工业、建筑业、运输业、服务业等经营活动,允许牧民增加自留畜。1984年中央第二次西藏工作座谈会确定牲畜归户、私有私养、自主经营、长期不变政策,提出以牧为主、牧农结合、因地制宜、多种经营、全面发展商品生产的农牧业生产方针。与此同时,中央和自治区还利用财政投资,大搞畜产品商品基地建设。1984年至1989年牧业产值增长60.23%,年均增长3.85%。1999年肉类产量达到13.5万吨。西藏主要农畜产品由过去长期短缺变为总量基本平衡,部分地区出现品种性、结构性供大于求。同全国一样,西藏农牧特色经济发展进入战略性结构调整阶段。

(2)2001年至今,是西藏农牧特色产业飞速发展时期。2001年6月中央召开第四次西藏工作座谈会,确立新时期西藏工作指导方针,确定国家直接投资的117个项目、总投资额达到312亿元的投资扶持计划,各省市对口支援建设项目达到70个,总投资额10.6亿元。与此同时,自治区党委、政府提出了一产上水平、二产抓重点、三产大发展的发展战略。这些重大方针、政策、措施为西藏农牧特色经济发展创造了良好的外部环境。农牧特色经济获得巨大发展，从2003年到2008年西藏各级政府整合资金10.8亿元，扶持发展173个农牧特色产业项目，藏西北绒山羊、藏北牦牛、藏西绵羊、藏东南林木资源和藏药材、藏中优质粮油和城郊无公害蔬菜以及藏猪藏鸡开发等几个特色经济带建设初见成效。农牧特色经济产业化进程加快，以农牧户为基础，以龙头企业为依托，以经济效益为中心，以系列化服务为手段，通过实施种加养、产供销、农工商一体化经营，将农牧特色经济再生产过程产前、产中、产后整合为一个完整体系。

（二）经验总结

回顾西藏农牧特色经济发展历程，本研究认为有以下经验值得总结：坚持"中国特色、西藏特点"和推进一产上水平是促进西藏农牧特色经济发展的根本保障；党中央的关怀、国务院及有关部委的大力支持是推动西藏农牧特色经济发展的重要基石；西藏各级党委政府的正确决策是西藏农牧特色经济发展的重要保证；各级政府的资金投入是西藏农牧特色经济发展的资金基础；农牧业科技推广是西藏农牧特色经济发展的技术支持；青藏线通车提升了西藏农牧特色经济的发展基础；兄弟省份无偿援助是西藏农牧特色经济发展的有效补充。

1.坚持"中国特色、西藏特点"，推进一产上水平是促进西藏农牧特色经济发展的根本保障

党中央结合西藏社会经济发展实际，适时确定了西藏走符合"中国特色、西藏特点"发展路子的总方针，对西藏经济社会发展具有重要指导意义。一产上水平、二产抓重点、三产大发展是自治区党委政府长期坚持的经济发展战略。推进一产上水平对于西藏农牧特色经济而言就是要积极推进农牧特色经济产业化经营，就是要加强农牧特色经济科技含量，就是要建设农牧特色经济质量标准体系和检验检测体系，从根本上服务于建设现代农牧业、发展农牧区经济、增加农牧民收入，致力于小康西藏、平安西藏、和谐西藏建设。

2.党中央的亲切关怀、国务院及有关部委的大力支持是推动西藏农牧特色经济发展的重要基石

党中央先后召开了五次西藏工作座谈会，专门部署西藏工作，2005年8月中央政治局召开会议专题研究西藏工作，2006年11月国务院制定了加快西藏发展、维护西藏稳定的40条优惠政策，2007年1月31日国务院召开第167次常务会议，专门研究西藏"十一五"项目规划，确定了180个项目，投资总额

达到778亿元,涉农投资22.96亿元。农业部确定"十一五"期间农业援藏五项重点,帮助自治区完成农牧业"十一五"发展规划、农牧业特色产业发展规划。2011年召开的第五次西藏工作会议,使西藏农牧特色经济迎来了发展春天。

3.西藏各级党委、政府的坚强领导是西藏农牧特色经济发展的重要保证

西藏各级党委、政府因地制宜,将改善农牧民生产生活条件、增加农牧民收入作为西藏经济社会发展的首要任务,制定了大量促进西藏农牧特色经济发展的政策措施。2000年《西藏自治区关于招商引资的补充规定》明确提出,西藏农牧经济引资重点是高原生态特色农牧经济、节水农业,农作物优质高产新品种、新技术开发,中低产田改造,蔬菜基地、商品粮油基地和牲畜繁育、育肥基地建设,禽类养殖,水产品养殖,草业和草场建设,农牧业技术推广和服务,农牧经济产业化经营。2000年《关于扶持和培育农牧区农业产业化经营龙头企业意见》为西藏农牧特色龙头企业发展提供了制度保障。2000年《关于稳定基层农牧业技术推广体系意见》为西藏农牧特色经济发展的技术推广工作提供了依据:抓住一产上水平这个关键,按照用现代工业的理念经营现代农牧业、用产业开发的理念搞活农牧区经济、用以人为本的理念推进农牧民增收的思路,坚持农牧业优势产业优先发展、优势区域优先突破的方针,加强基础设施建设,加快科技进步和创新,调整经济结构,扶持龙头企业,大力推进传统农牧业向现代农牧业转变,努力提高农牧业整体效益和综合生产能力,不断拓展农牧民增收渠道,促进农牧业和农牧区经济又好又快发展,为社会主义新农村建设奠定坚实的基础。并据此提出促进西藏农牧业发展的八项措施。2008年10月《中共西藏自治区委员会关于贯彻中共中央关于推进农村改革发展若干重大问题的决定意见》,为进一步推动西藏农牧业发展、增加农牧民收入、促进西藏新农村建设提供了基础性制度支持。

4.各级政府投入是西藏农牧业特色经济发展的资金基础

在党中央、国务院的亲切关怀下,在西藏各级党委、政府的坚强领导下,西藏农牧区经济体制改革不断深入,在农牧业投资体制改革的同时,各级政府对农牧业基础建设投入逐年增加,农牧区基础条件明显改善。据统计,"十五"期间,仅西藏农牧部门实施的农牧业基础设施和项目建设投资就高达8.3亿元,比"九五"时期增长了9.4倍。"十一五"以来,中央加大了对西藏农牧经济的投资力度,国家投资达到22.96亿元。"十二五"期间国家更是将大中型农牧特色经济项目纳入国家整体计划,为西藏农牧特色经济飞速发展夯实了基础。

5.农牧业科技是西藏农牧特色经济发展的技术支持

西藏各级党委、政府历来重视发展农牧业科技,依靠科技推动西藏农牧特色经济发展。"十一五"期间西藏先后实施了提高粮油单产科技行动、种养业良种推广科技行动、农畜产品质量安全科技行动、重大动物疫病防控科技行动和科技入户行动,提高农牧业发展速度和质量。通过实施上述农牧业五大科技行动,致力于大力推广良种育繁、精量半精量播种、农作物病虫草鼠害防治、耕地质量建设、农业机械化等实用技术的推广应用。通过抓好青稞、牦牛、白绒山羊、藏猪、藏鸡、藏系绵羊、优质奶牛等品种的繁育推广,力求形成具有西藏特点、优势明显、生产能力强、资源消耗低的良种特色农牧经济,全面提高良种的实际应用范围。同时,通过农牧业科技行动,使西藏农牧业科技创新和应用能力不断增强,截至2010年年底科学技术对西藏经济增长的贡献达到31%。

6.青藏铁路通车夯实了西藏农牧特色经济的发展基础

青藏铁路通车在两方面促进了西藏农牧特色经济发展。一方面青藏铁路通车促进了西藏特色农牧业及其加工业发展,拓宽了西藏农牧特色经济的发展空间,主要表现在:市场空间增大,生产成本降低,产品优势明显,市场需求增加,生产分工细化,产业链条延伸。进而吸引了更多消费、投资主体开拓高原绿色农畜产品市场,不断增强西藏农牧特色经济发展能力和发展后劲。另一方面青藏铁路通车进一步优化了西藏农牧区的经济结构,主要表现在:一是有力地带动了特色畜牧经济发展;二是有力地带动了特色种植经济发展;三是有力地带动了特色渔业经济发展。

7.兄弟省份无偿援助是西藏农牧特色经济发展的有效补充

在中央五次西藏工作会议精神鼓舞下,全国各省市以及中央各部门掀起了援藏热潮,这些无私援助为西藏农牧特色经济发展提供了重要的资金支持、技术支持和管理支持。另外,西藏各族人民群众发扬老西藏精神也是西藏农牧特色经济发展的前提。

(三)机遇与挑战

上文分析表明,西藏农牧特色经济发展取得了历史性成就,但与内地特别是农牧特色经济发达地区相比,仍存在不小差距,因此对于西藏农牧特色经济而言,既存在难得的历史机遇,又面临巨大的发展挑战。

1. 发展机遇

西藏农牧特色经济发展面临的历史机遇包括:一是国家加大对农牧特色经济基础设施投入,为农牧特色经济快速发展和结构优化提供了强大的资金支持。二是通过援藏与开放可以借鉴发达地区先进的生产经验和现代化管理理念,优化农牧特色经济结构。三是经过大规模农业综合开发,西藏农牧特色经济基础设施明显改善,综合能力不断提升,综合实力显著增强,为农牧特色经济加快发展奠定了坚实基础。四是随着西藏经济综合实力不断增强,脱贫步伐进一步加快,绝大部分农牧民成功解决了温饱问题,部分群众迈上小康,消费需求和消费结构已向高层次转变,主观上要求必须调整农牧特色经济结构。五是西藏农牧特色经济是全国农业经济发展的重要组成部分,随着改革开放不断深入和社会主义市场经济体系日臻完善,西藏农牧特色经济必须顺应全国农业经济发展潮流,遵从市场规律,调整经济结构。

2. 面临的挑战

西藏农牧特色经济发展面临的新挑战包括:一是农牧特色经济规模小、起点低、发展慢,与新时期现代农牧业发展要求很不适应。二是农牧特色经济由原来受资源约束型逐步转向资源市场双重约束型,农牧特色经济小生产与大市场矛盾凸显。三是人地矛盾、草畜矛盾严峻。四是农牧特色经济发展与人们对农牧特色产品需求的矛盾日益多样化。五是农牧特色经济发展基础依然脆弱,抗御灾害能力差,经不起重大灾害的冲击。六是农牧民整体素质偏低,市场意识淡薄,商品观念不强,难以满足农牧特色经济大发展的需要。七是农牧特色经济技术装备低,农牧区干部群众管理水平差,思想观念与产业发展存在差距,农牧业和农牧区经济增长缓慢。八是农牧特色经济结构单一,农牧民收入渠道狭窄,影响着农牧特色经济快速发展。

二、比较优势

在前文关于西藏农牧特色经济发展成就与机遇基础上,结合比较优势理论,本研究认为要充分发挥西藏农牧特色资源优势,制定符合西藏特点要求的农牧特色经济促进政策,就必须从理论上深入探讨西藏农牧特色经济发展的比较优势,为此选择较为成熟的区位商理论和 Fisher 判别分析法,对西藏农牧特色经济比较优势进行全面解读。

(一)区位商分析

目前理论界测算比较优势的主要方法有显示比较优势指数法、国内资源成本法、区位商法、综合比较优势指数法等。本研究认为选择区位商和综合比较优势指数法对西藏农牧特色经济比较优势进行考察不仅是适用的,而且通过这些方法得出的结论对于促进西藏农牧特色经济加快发展具有较强的政策指导意义,为此,本研究将从模型构建、计量分析、优势考察等方面展开论述。

1. 模型构建

区位商又称区域专业化率,是指一个地区特定部门产值在地区工业(或农业)总产值中所占比重与全国该部门产值在全国工业(或农业)总产值中所占比重之间的比值,是反映一个部门是不是该地区专业化部门及其专业化水平的指标。其计算公式可以表述为:

$$q_{ij} = (e_{ij}/e_i)/(E_j/E)$$

式中:q_{ij} 表示 i 区域 j 部门的区位商。e_{ij} 为 i 区域 j 部门产值,e_i 为 i 区域所有产业产值,E_j 为全国 j 部门总产值,E 为全国经济总产值。

当 $q_{ij}>1$ 时,说明 i 区域 j 产业有一部分生产能力是为区域外服务,表示 i 区域 j 产业有明显区域优势,它在一定程度上显示该产业部门在国内同类产业中具有较强竞争优势。q_{ij} 越大,表明生产区域化程度越高。

当 $q_{ij}<1$ 时,则表明 j 区域 i 产业处于劣势。

本研究在使用这个指标时,区位商值采用这样一种计算方法:用各省各产业产值除以该地区国内生产总值求得这些产业产出在该省 GDP 中的份额,以该比重作为分子;同时,用全国该产业产值除全国国内生产总值,求得该产业产出在全国 GDP 中的份额,以该比重作为分母;最后用分子除以分母求得区位商值。

综合比较优势指数法主要参考了中国农业大学农业经济系李秉龙教授的综合比较优势指数法,其方法分别计算生产效率优势指数(EAI)、生产规模优势指数(SAI)和综合比较优势指数(AAI)。生产效率优势指标用一个地区作物单产水平表示,生产规模优势指标用动植物生产规模表示,种植业用种植面积表示,畜牧业用养殖数量表示,水产养殖业用养殖面积表示。单产水平和生产规模相互作用形成了综合比较优势指标。其计算方法如下：

(1)效率优势指数 EAI。效率优势指数主要是从资源内涵生产力角度反映作物比较优势。其计算公式如下：

$$EAI_{ij}=(AP_{ij}/Ap_i)/(Ap_j/AP) \quad (1)$$

式中：EAI_{ij} 为 i 区 j 种农作物效率优势指数；Ap_{ij} 为 i 区 j 种作物单产；Ap_i 为 i 区全部农作物平均单产；Ap_j 为全国 j 种作物平均单产；AP 为全国全部作物平均单产。

$EAI_{ij}>1$，表明与全国平均水平相比，i 区 j 种作物生产具有效率优势；$EAI_{ij}<1$，表明 i 区 j 种作物生产与全国平均水平相比其生产效率处于劣势。EAI_{ij} 值越大，生产效率优势越明显。一般而言，生产规模越小，其单产水平越高，效率优势指数就越高。因此效率优势指数往往并不能客观反映一个地区一种作物真正的比较优势，而且也不能反映市场需求和传统种植制度概况。

(2)规模优势指数 SAI。规模优势指数反映一个地区某一农作物生产规模和专业化程度，它是市场需求、资源禀赋、种植制度等因素相互作用的结果。一般来说，在一定时期内，只要有相当规模，就意味着有市场需求，而有市场需求就意味着有经济效益，因此，规模优势指数反过来在一定程度上可以反映出农作物生产的比较优势。

规模优势指数的计算公式如下：

$$SAI_{ij}=(GS_{ij}/GS_i)/(GS_j/GS) \quad (2)$$

其中：SAI_{ij} 为规模优势指数；GS_{ij} 为 i 地区 j 种农作物播种面积；GS_i 为 i 地区所有农作物播种总面积；GS_j 为全国 j 种农作物播种面积；GS 为全国所有农作物播种总面积。

$SAI_{ij}>1$，表明与全国平均水平相比，i 区 j 种作物生产具有规模优势；$SAI_{ij}<1$，表明 i 区 j 种作物生产处于劣势；SAI_{ij} 值越小，劣势越显著。

(3)综合优势指数 AAI。综合优势指数是效率优势指数与规模优势指数的综合结果，能够全面反映一个地区某种作物的生产优势度。由于资源因素和市场区位因素在区域农业比较优势形成中的重要性可谓旗鼓相当，缺一不可，二者之间的相互制约关系极为显著，因此只要其中一方面降低就会对整体水平造成很大影响。换句话说，如果只有单方面比较优势，而根本不存在另一方面比较优势，就会导致比较优势消失。因此，这种综合比较优势只能取上述两种比较优势的几何平均值,因为算术平均值扩大了互补关系,不能反映区域农业比较优势形成中两种因素缺一不可的相互制约关系。因此,取效率优势指数与规模优势指数的几何平均数来反映区域综合比较优势。

综合优势指数的计算公式如下:

$$AAI_{ij} = \sqrt{EAI_{ij} \cdot SAI_{ij}} \tag{3}$$

$AAI_{ij} > 1$,表明与全国平均水平相比,i 区 j 种作物生产具有比较优势;$AAI_{ij} < 1$,表明 i 区 j 种作物生产与全国平均水平相比无优势可言;AAI_{ij} 值越大,优势越明显。

2.计量分析

为了深入探讨西藏农牧特色经济比较优势,本研究选择立足全国大农业视角探讨西藏大农业比较优势,数据选择使用2010年指标,以下是2010年全国和西藏农林牧渔业各项产值指标数(见表1-1)。

表1-1　2010年全国和西藏农林牧渔业各项产值对比表

单位:亿元

地区	农林牧渔业总产值	农业产值	林业产值	牧业产值	渔业产值
全国	48 893.0	24 658.1	1 861.6	16 124.9	4 457.5
西藏	79.8	35.9	6.3	34.9	0.1

数据来源:《中国统计年鉴·2010》和《西藏统计年鉴·2010》。

根据表1-1数据可计算出,西藏农业区位商值为0.89,西藏林业区位商值为2.07,西藏牧业区位商值为1.32,西藏渔业区位商值为0.01。计算结果表明,在大农业范围内西藏发展林业和牧业具有明显区位比较优势,农业具有存在合理性,渔业最没有区位优势,这一结论与西藏农牧经济实践高度吻合。

由此结果可以进一步认定,西藏林业、牧业发展大有潜力,大有可为,可重点发展。西藏农业因其特殊的品种资源优势,也有较大的发展空间,如能加入耕作技术和生产条件发生的较大变化,西藏牧业将大有作为。西藏渔业没有产业发展优势,可作社会生活的必要补充,而无须作为主导方向加大发展。

3.优势考察

(1)种植业优势考察

① 数据来源及计算结果。考虑到数据可获取性,本研究选取西藏主要农

产品作为研究对象。同时,由于种植业生产受自然环境影响大,故选择3年(2008—2010)数据(见表1-2),以减少计算结果的误差,尽可能保证数据客观真实,表中所列作物播种面积、农产品总产量等统计数据主要来自《中国统计年鉴·2010》和《西藏统计年鉴·2010》。

表1-2 西藏和全国近三年主要农作物的面积、单产对比表

地区 作物种类	全国		西藏	
	播种面积 (千公顷)	平均单产 (公斤/公顷)	播种面积 (千公顷)	平均单产 (公斤/公顷)
稻谷	28 901.27	6 324.30	1.00	5 617.39
小麦	23 375.67	4 494.83	41.26	6 347.39
玉米	28 099.50	5 258.33	3.35	4 993.92
豆类	12 276.65	1 596.93	8.27	3 861.47
薯类	8 487.42	3 525.83	0.59	10 048.88
花生	4 188.97	3 203.33	0.05	2 493.75
油菜籽	6 301.33	1 829.82	24.39	2 293.32
全部农作物	153 700.33	5 287.31	233.64	6 953.33

注:以上数据均为2008—2010年三年平均值。

② 计算结果分析。其一,西藏作物中的小麦、薯类、豆类等生产具有效率比较优势。其中,豆类、薯类效率优势相当明显,而小麦效率优势则不很明显(见表1-3)。其二,西藏作物中的小麦、油菜籽等种植具有规模比较优势。其中油菜籽具有很强的规模比较优势,小麦也具有明显规模比较优势。其三,总体来看,小麦、油菜籽等种植具有综合比较优势。其中,油菜籽综合比较优势比较明显。其四,由于青稞只有在海拔3 000米以上才能种植,所以对于全国来说它自然具有绝对优势。

表 1-3　西藏种植业比较优势测算结果

作物种类	效率优势指数 EAI	规模优势指数 SAI	综合优势指数 AAI
稻谷	67.5	2.3	12.4
小麦	107.4	116.1	111.7
玉米	72.2	7.8	23.8
豆类	183.9	44.3	90.3
薯类	216.7	4.6	31.5
花生	59.2	0.8	6.8
油菜籽	95.3	254.6	155.8

(2) 畜牧业优势考察

① 数据来源及计算结果。考虑到数据可得性,本研究选择畜牧产品3年(2008—2010)数据,以减少计算结果误差,尽可能保证数据能准确反映客观现实。而研究列出的牲畜年底头数、牲畜肉产量等统计数据分别来自《中国统计年鉴·2010》和《西藏统计年鉴·2010》(具体见表1-4)。

表 1-4　西藏和全国近三年的主要牲畜头数与平均单产对比表

地区 牲畜种类	全　　国		西　　藏	
	年底头数 万头(只)	平均单产 (公斤/头)	年底头数 万头(只)	平均单产 (公斤/头)
牛	10 683.56	54.86	635.00	21.22
羊	28 909.07	12.64	1 702.67	4.64
猪	43 053.98	104.47	29.33	39.66
牲畜年底总头数	84 459.14	82.46	2 420.00	9.32

② 计算结果分析(见表1-5)

表 1-5　西藏畜牧业比较优势测算结果

种类	效率优势指数 EAI	规模优势指数 SAI	综合优势指数 AAI
牛	342.2	207.4383	266.4
羊	324.8	205.5548	258.4
猪	335.9	237.7552	28.3

从生产效率优势和规模优势来看,西藏牛、羊和猪都具有比较优势。而且牛和羊还具有综合比较优势,只有猪没有综合比较优势。

从以上分析可以看出,西藏农牧特色经济在其发展中有独特的资源优势和品种优势,如种植业中薯类、豆类作物(如马铃薯、豌豆),效率优势相当明显;油菜籽具有很强的规模比较优势及明显的综合比较优势;青稞只有在海拔3 000米以上的地方种植,对于全国其他地区而言青稞具有绝对优势。而畜牧业经过几百年甚至上千年藏民族辛勤培育和驯养,藏牦牛、藏绵阳、藏山羊等独特畜种具有规模优势和综合比较优势,所以西藏发展农牧特色经济有其资源优势和规模优势。

(二)Fisher 判别分析法

Fisher 判别分析法是一种成熟的分析方法,在解读比较问题中具有明显优势。本研究选择此方法验证西藏农牧特色经济比较优势是基于两方面考虑:一是与前文区位商分析方法取得的结论形成鲜明对比,用于检验西藏农牧特色经济比较优势在不同方法体系下的一致性;二是为西藏农牧特色经济比较优势解读提供新角度,提高结论说服力。

1.Fisher 判别法概述

(1)基本思想。假设从两类总体中分别取得两组 p 维观察值如下:

A: $X_1(A), X_2(A), \cdots, X_{n_1}(A)$

B: $X_1(B), X_2(B), \cdots, X_{n_2}(B)$

为了判别某一新样本观察值 $a = (a_1, a_2, \cdots, a_p)$ 属于 A,B 中哪一类,Fisher 提出,建立线性判别函数如下:

$$Y = w_1 a_1 + w_2 a_2 + \cdots + w_p a_p$$

其中判别系数 w_j 的选择应使得 Y 值满足如下准则:

① A 类与 B 类这两类点群尽可能远离;

② 同一类样品点尽可能集中。

(2)Fisher 两类判别的计算步骤

① 输入历史样本,计算各指标均值:

$$\bar{X}_k(A) = \frac{1}{n_1} \sum_{i=1}^{n_1} X_{ik}(A), \ \bar{X}_k(B) = \frac{1}{n_2} \sum_{i=1}^{n_2} X_{ik}(B), \ k = 1, 2, \cdots, p$$

② 计算

$$d_k = \bar{X}_k(A) - \bar{X}_k(B)$$

$$S_{jk} = \sum_{i=1}^{n_1}[X_{ij}(A) - \bar{X}_j(A)][X_{ik}(A) - \bar{X}_k(A)] +$$

$$\sum_{i=1}^{n_2}[X_{ij}(B) - \bar{X}_j(B)][X_{ik}(B) - \bar{X}_k(B)]$$

③ 记 $S = (S_{jk})_{p \times p}$，$w = (w_1, w_2, \cdots, w_p)^T$，$d = (d_1, d_2, \cdots d_p)^T$，解方程组 $Sw = d$，求出 $w = S^{-1}d$，建立线性判别函数 $Y = w_1 a_1 + w_2 a_2 + \cdots + w_p a_p$。

④ 对新样本作判别：

将新样本各因子观测值 $X_1^0, X_2^0, \cdots, X_p^0$ 代入判别函数，求得相应函数值：

$$Y^0 = w_1 X_1^0 + w_2 X_2^0 + \cdots + w_p X_p^0$$

确定临界值：$Y_c = \dfrac{n_1 \bar{Y}(A) + n_2 \bar{Y}(B)}{n_1 + n_2}$

其中 $\bar{Y}(A) = \sum_{k=1}^{p} w_k \bar{X}_k(A)$，$\bar{Y}(B) = \sum_{k=1}^{p} w_k \bar{X}_k(B)$

做出判别：

A) 假如 $\bar{Y}(A) > \bar{Y}(B)$，则

$$\begin{cases} Y^0 > Y^c, \text{判新样本属于 A 类} \\ Y^0 < Y^c, \text{判新样本属于 B 类} \\ Y^0 = Y^c, \text{待判。} \end{cases}$$

B) 假如 $\bar{Y}(A) < \bar{Y}(B)$，则

$$\begin{cases} Y^0 > Y^c, \text{判新样本属于 B 类} \\ Y^0 < Y^c, \text{判新样本属于 A 类} \\ Y^0 = Y^c, \text{待判。} \end{cases}$$

C) 假如 $\bar{Y}(A) = \bar{Y}(B)$，无法判别。

(3) Fisher 两类判别的显著性检验。通常采用 F 检验对判别效果进行检验，采用的统计量为：

$$F = \frac{n_1 n_2}{n_1 + n_2} \cdot \frac{n_1 + n_2 - p - 1}{p} \sum_{k=1}^{p} w_k d_k$$

该统计量服从 $F(p,n_1+n_2-p-1)$，给定显著性水平 α，当计算出 $F>F_\alpha$，认为两类总体差异显著，判别结果有效。

2.样本隶属度

Fisher 判别分析只是给出待判样本属于哪类总体，最终结果只有属于与不属于两种，但事实上，对于不同待判样本，计算出的线性判别函数值与判别临界值接近程度不同，判别明显程度也就不一样，这就是说，待判样本属于各类总体隶属程度不一样。因此，本研究在 Fisher 判别分析基础上考虑引入待判样本总体隶属度。

设待判样本 $a=(a_1,a_2,\cdots,a_p)$ 属于 A 类总体隶属度为 $\mu_A(a)$，属于 B 类总体隶属度为 $\mu_B(a)$，利用 Fisher 线性判别函数可以给出 $\mu_A(a)$ 和 $\mu_B(a)$ 的计算式：

$$\mu_A(a)=\frac{1}{n_1 n_2}\sum_{i=1}^{n_1}\sum_{j=1}^{n_2}\mu_{ij}^A(a),\ \mu_B(a)=\frac{1}{n_1 n_2}\sum_{i=1}^{n_1}\sum_{j=1}^{n_2}\mu_{ij}^B(a)$$

其中

$$\mu_{ij}^A(a)=\begin{cases} 1, & w^T a>w^T X_i(A)>w^T X_j(B) \text{ 或 } w^T a<w^T X_i(A)<w^T X_j(B) \\ 0, & w^T X_i(A)>w^T X_j(B)>w^T a \text{ 或 } w^T X_i(A)<w^T X_j(B)<w^T a \\ \left|\dfrac{w^T[a-X_j(B)]}{w^T[X_i(A)-X_j(B)]}\right|, & w^T X_j(B)<w^T a<w^T X_i(A) \text{ 或 } w^T X_i(A)<w^T a<w^T X_j(B) \end{cases}$$

$\mu_{ij}^A(a)$ 可以解释为只用样本 $X_i(A)$ 与 $X_j(B)$ 判别待判样本 a 时所给出的属于 A 类总体的隶属度，$\mu_{ij}^B(a)$ 含义类似。

3.产业优势分析

（1）比较优势评判指标选择。看某一农产品是否具有比较优势，可以从生产效率和生产规模两个角度去分析。因此，本研究主要选取效率优势指数（EAI）和规模优势指数（SAI）两个评判指标进行分析。

效率优势指数主要是从资源内涵生产力角度反映作物的比较优势。$EAI>1$，表明该农作物与全国平均水平相比具有效率优势；$EAI<1$，表明与全国平均水平相比生产效率处于劣势。

规模优势指数反映一个地区某一农作物生产规模和专业化程度，是市场需求、资源禀赋、种植制度等因素相互作用的结果，很大程度上能够说明农作物生产比较优势状况。SAI＞1,表明该农作物与全国平均水平相比具有规模优势;SAI＜1,表明与全国平均水平相比生产处于劣势。表1-6给出了西藏10种主要农产品效率优势指数和规模优势指数。

(2)比较优势学习样本确定。从表1-6可以看出,小麦、牛和羊这三种农产品效率优势指数和规模优势指数均大于1,因此这三种农产品与全国平均水平相比,比较优势明显。稻谷、玉米和花生这三种农产品效率优势指数和规模优势指数均小于1,表明这三种农产品与全国平均水平相比,明显不具有比较优势。而其余四种农产品对应的两种指数均是一个大于1,另一个小于1,因此,这四种农产品在整体上来说,是否具有比较优势,还需进一步判别。

通过上文分析,选择小麦、牛和羊为具有比较优势的A类总体学习样本,选择稻谷、玉米和花生为比较优势处于劣势的B类总体学习样本。

表1-6 西藏主要农产品效率优势指数和规模优势指数

作物种类	效率优势指数 EAI(%)	规模优势指数 SAI(%)
稻谷	67.5	2.3
小麦	107.4	116.1
玉米	72.2	7.8
豆类	183.9	44.3
薯类	216.7	4.6
花生	59.2	0.8
油菜籽	95.3	254.6
牛	342.2	207.4
羊	324.8	205.6
猪	335.9	2.4

注:以上数据根据2008—2010年三年平均值计算得到。

(3)西藏农业比较优势判别结果。应用R统计软件计算出西藏主要农产品线性判别函数值以及属于各类总体隶属度如表1-7。

表 1-7　西藏主要农产品 Fisher 判别分析的主要结果

作物种类	线性判别函数值 Y^0	具有比较优势的隶属度 μ_A	不具比较优势的隶属度 μ_B
稻谷	121.8177	0.0096315	0.9903685
小麦	−364.3151	0.9800874	0.0199126
玉米	103.7934	0.0282793	0.9717207
豆类	143.0905	0.0062977	0.9937023
薯类	404.8986	0.0026480	0.9973520
花生	112.8806	0.0159882	0.9840118
油菜籽	−1 075.6957	0.9981248	0.0018752
牛	−354.2482	0.9665092	0.0334908
羊	−379.2437	0.9800200	0.0199800
猪	651.2130	0.0001845	0.9998155

而计算出来的临界值如下：

$$\overline{Y}(A) = -365.9357, \overline{Y}(B) = 112.8306, Y^c = -126.5525$$

因此，根据 Fisher 判别分析规则可以知道，西藏主要农产品中小麦、油菜籽、牛和羊具有比较优势，其余几种农产品不具有比较优势。

从隶属于优势集隶属程度来看，以上四种农产品隶属度都在 96% 以上，说明这四种农产品比较优势相当明显。

(4)判别结果的显著性检验。对判别结果进行 F 检验，计算得到检验统计量 $F = 1077.224$，而 $F_{0.05}(2,3)$ 为 9.552，这说明在 $\alpha = 0.05$ 显著性水平下，由选定学习样本确定的两类总体差异显著，判别结果明显有效。

(三)理论评析

为了进一步分析的需要，我们有必要通过分析前文基于区位商和 Fisher 判别法对西藏农牧特色经济比较优势的结论，概括两种方法得出的基本结论的一致性，并对西藏农牧特色经济比较优势进行理论总结，以此为确定西藏农牧特色产业促进政策提供理论支持。

1.结论一致性

(1)区位商和 Fisher 判别法对于西藏农牧特色经济比较优势的研究都是

基于成本效益分析视角,这对于商品化导向的西藏农牧特色经济比较优势研究不仅是适用的,而且也是合理的,得出的结论与实践高度吻合。

(2)区位商和 Fisher 判别法对于西藏农牧特色产品比较优势的判断吻合,如 Fisher 判别分析法分析结果认为:西藏主要农产品中小麦、油菜籽、牛和羊具有比较优势,其余几种农产品不具有比较优势。而区位商理论认为:种植业中薯类、豆类作物(以马铃薯、豌豆为代表),效率优势相当明显;油菜籽具有很强的规模比较优势及比较明显的综合比较优势。在语言表述上存在差异,但本质相同。

2.理论性判断

(1)特殊的自然条件和区位优势决定了西藏农牧特色产品的大多数品种适用绝对优势理论、禀赋优势理论,并不完全适用于狭义比较优势理论。

(2)西藏农牧特色产品中大多数,在内地和其他地区并不具有生长和复制可能性,因此对于西藏农牧特色产品比较优势的判断不能局限于成本高低,而应该更多考察这些特色产品在功能、绿色等方面的特殊性,这一结论对于西藏农牧特色产品定价具有较强的指导意义,换言之,西藏农牧特色产品价格确定不能仅仅考虑成本和经济付出,而应更多考虑凝聚在这些产品上的功能、绿色、生态优势。

(3)青稞、牦牛、虫草、松茸等均是代表性极强的西藏农牧特色产品,因为生长条件限制,它们的优势来自于生长环境不可替代性,而不是成本高低。

第三节 对策建议

基于上节分析,本研究认为西藏农牧特色经济加快发展应该坚持的基本原则是:立足资源优势、服务市场需求,做大做强特色、实现效益并重。基本目标是:发展稳边、优势强区、特色富民。工作重点是解放思想与体制创新并重,引进示范与研究开发并重,人才培养与基础建设并重。通过引进龙头企业,培育高新企业,加强信息建设,推动结构调整,凸显强势领域,带动区域发展。通过立优广销、提标壮实、促服夯基等具体措施推动农牧特色经济加快发展、健康发展和可持续发展。

一、立优广销

立优广销包含立足优势和广泛营销两层含义。其中：立足优势就是要立足西藏农牧特色经济资源优势，以资源优势带动发展优势，以发展优势实现经济优势，以经济优势拓展富民优势，最终实现强区富民的根本目标。广泛营销就是要不断创新营销方式方法，加大市场推广和市场营销力度，以特色资源带动优质产品，以优质产品推动品牌建设，以品牌建设实现优质高价，以优质高价力促强区富民。为此要通过立足优势调结构和加强营销促发展实现立优广销。

（一）立足优势调结构

1.立足地方实际，加快结构调整

西藏应立足地广人稀、区情特殊的实际，坚持方便政策调控、实现结构调整、促进农牧特色经济发展。根据农牧特色经济发展客观要求、不同经济区域资源禀赋和发展基础的特殊性，可将西藏农牧特色经济区划分为三大经济区：一是一江三河流域区（具体包括雅鲁藏布江中部流域、拉萨河、年楚河、尼洋河一带），行政区划主要包括拉萨、山南、日喀则、林芝；二是藏西北草原区，行政区划主要包括那曲地区和阿里地区；三是三江流域区（澜沧江、怒江、金沙江），行政区划主要包括昌都地区。在此基础上，结合西藏农牧特色经济发展实际，提出调整农牧特色经济结构的基本思路如下：

（1）种植经济。坚持稳粮调结构、增收奔小康，在确保粮食生产的前提下，以市场为导向，按照产量、质量、结构、效益相统一的指导思想，大力调整种植业经济结构，调整粮食品种结构。增加优质小麦、青稞播种面积，大力推进种子工程，提高种植业经济效益。调整种植业内部格局，逐步形成粮食作物、经济作物和饲料作物合理分配的三元生产结构。

一江三河流域应进一步巩固加强农牧经济基础地位，在稳定增加粮食生产总量的基础上，压缩与市场需求不相适应的农牧产品，提高科技含量，引导农牧民种植优质高产高效小麦和青稞，大力发展商品粮基地，形成种植业经济生产规模化、集约化、产业化；藏西北草原地区要大力推广农作物优良品种，加大科技含量，重点加大饲草、饲料作物种植面积，扩大饲草饲料基地规模，增强农牧区防抗灾能力；三江流域地区应积极引进和选育优良品种，扩大良种覆盖面，实现粮食基本自给，因地制宜地调整种植业结构，发展经济林木，切实提高种植业经济效益。

(2)畜牧经济。积极优化畜群、畜种结构，把畜牧经济结构调整与落实草场承包经营责任制结合起来，草场利用与草场建设结合起来，自然放牧与围栏喂养结合起来，推进畜牧经济规模化、集约化、产业化，加快实现畜牧经济现代化。一江三河流域要大力发展农区畜牧经济，把粮食生产区建成农畜产品生产结合区。藏西北草原地区要大力开展草场建设、围栏建设和优质饲草基地建设，恢复草原植被，改善高原生态环境，增强防抗灾能力，合理调整畜种、畜群结构，提高牲畜出栏率、商品率，保持草畜平衡。三江流域地区要着力发展农区畜牧、养殖经济，改良天然草场，加强人工草场建设，推广秸秆氨化和饲料青贮技术，推进饲草饲料种植、加工、存贮、流通一体化，提高畜牧经济生产效率。

2.加快科技进步，调整经济结构

西藏应面向经济建设主战场，以农牧经济科技进步为基础，以引进、吸收、消化和应用先进适用型技术为重点，以推进结构调整、发展特色农牧特色经济为目标，以科技体制改革、扩大对外开放为载体，以培养引进高素质人才、提高劳动者素质为保障，加大科技投入，加快技术创新，加强机构建设，使西藏农牧科技取得明显进步，使科技对经济增长的贡献逐年提高，使科技成为西藏经济跨越式发展和社会进步支撑力和原动力。为此应重点发展：

(1)种植经济科技。加强新品种引进繁育、标准化生产、蔬菜无公害栽培、节水灌溉、病虫草害综合防治等实用型新技术引进、示范、推广，走科技兴农之路，促进粮食增产。

(2)畜牧经济科技。加大牦牛品种选育、黄牛改良、绵山羊改良、优质牧草引种、天然草场退化防治，引进推广畜产品深加工技术，加快发展农牧区畜产品加工型小微企业。

(3)林业经济科技。加大城市绿地建设、草场沙化防治、自然保护区建设，提升城市绿化率、草场沙化防治率、自然保护区覆盖面，加大野生动物保护科技投入。

(4)建设一批农牧特色经济科技示范园区，推动区域经济发展与农牧民增收致富协调统一。继续建设拉萨城关区科技产业综合示范基地、白朗县农业科技综合示范园、日喀则江孜生态农业科技园、拉萨国家级农业科技示范园区,使这些农牧特色经济示范园区发挥加速农牧经济结构调整、促进农牧民增收、促进高原特色农牧特色发展的龙头带动作用。

3.立足经济特色,调整经济结构

(1)深化种植经济结构调整。正确认识稳定粮食生产与调整农牧特色经济结构和增加农牧民收入之间的辩证关系,依靠科技进步,提高综合能力。按照优质、高产、高效、生态、安全原则,优化布局、突出特色、注重效益,大力发展无公害食品、绿色食品和有机食品,推动农产品生产优质化、区域化、规模化、专业化。

(2)壮大畜牧经济。加快发展农区畜牧经济,大力发展城郊畜牧经济,稳定发展草原畜牧经济,调整优化畜牧经济结构。农区和城镇郊区坚持农牧结合,利用河谷资源优势,发展节粮型畜牧业,提高规模化、集约化饲养水平,加快农区畜牧业发展。通过小额信贷、财政贴息等方式,引导农区发展养殖小区。牧区要加快推行围栏放牧、轮牧休牧,搞好饲草料基地建设,改良牲畜品种,加快发展白绒山羊、牦牛、藏系绵羊等特色畜牧业,加强白绒山羊基地、牦牛集中育肥基地、藏系绵羊、肉羊生产基地,使畜牧经济产值占经济总量的比重不断提高。抓好牧区草原建设,实施退牧还草工程。合理开发、有效利用各种水资源,发展集约化水产养殖,提高水产品质量和效益。

(3)加快小微企业发展。继续推进小微企业结构调整,重点发展农畜产品加工业,引导小微企业加快体制机制创新,鼓励有条件的小微企业建立现代企业制度。加快小微企业技术改造,鼓励支持小微企业扩大规模、提高素质和吸纳更多富余劳动力。支持引导工商资本、民营资本、国外资本投入农牧特色经济发展,放手支持农牧民自主创业。

4.培育龙头企业,加快结构调整

(1)加大龙头企业政策、资金扶持。培育农牧经济产业化经营龙头企业,加大对多种所有制、多种经营形式龙头企业的支持力度。鼓励龙头企业带动基地发展和农牧户致富。充分利用对口援藏,推动农牧特色经济发展。

(2)完善农牧业产业化经营机制。按照因地制宜、合理布局、规模经营、生产高效的原则,加快特色农畜产品基地建设。把青稞、蔬菜、花卉、藏医药、饲料、牛羊肉乳、牛羊绒毛等确定为重点培育产品。加大对内对外开放力度,加快联合经营、联合开发,大力支持发展订单农业、合同农业,深化"公司＋基地＋农户"经营模式,使企业、基地与农牧户建立紧密型或半紧密型合作关系,形成利益共享、风险共担的经营机制,发挥龙头企业带动农牧民增收的示范作用,加快培育各类农牧民专业协会组织。

(二)加强营销促发展

1.加快农牧特色产品市场建设

应将农牧民生产生活资料批发市场、农畜产品批发市场纳入农牧特色经济重点扶持项目,加快以地市所在城镇、重点乡镇、传统农畜产品集散地为依托的批发市场建设,充分发挥市场对经济结构调整的导向作用。各地市要加强农牧特色经济信息网络建设,及时、准确地向农牧民提供信息服务,加强农牧特色经济监督指导。

2.培育农牧特色经济营销主体

应大力发展农牧特色产品经营大户和专业营销合作组织,培养农牧民经纪人和运销大户,鼓励个体、私营、龙头企业和中介组织进入农牧区流通领域,搞活农牧特色产品流通。举办好各类物资交流会,积极参与国内外商品交易会,扩大农牧特色经济合作。

3.扩大农牧区消费

应该引导农牧民群众树立现代文明消费观,围绕改善生产生活条件,扩大衣、食、住、行、娱、教、健康消费,拓展农牧区消费领域,着力改善消费环境,大力支持启动消费、拓宽消费的农牧特色经济项目,引导农牧民扩大住房改造和文化消费。

4.坚持政府导向,支持走出去战略

应该针对西藏农牧特色经济实施走出去战略缺乏宏观指导、缺乏中长期规划、缺乏权威组织机构的实际问题,建立健全实施农牧特色经济走出去的统一、权威、高效的领导机构。制定实施走出去的发展战略,制定农牧特色经济对外投资政策及战略规划,规范农牧特色企业行为,协调农牧特色企业对外投资重大问题和重点项目。

5.加快企业化运作,助推走出去战略

(1)做足农牧特色产品宣传促销文章。做足宣传促销这篇大文章,是农牧特色产品走出去必不可少的营销谋略。西藏农牧特色经济有着深厚的文化底蕴,应加大特色宣传工作力度,将特色经济与西藏文化紧密结合起来,充分挖掘、全面展示特色经济的文化内涵。

(2)实施产业链扩张是农牧特色经济走出去的发展趋势。一是,从项目选择、论证到项目决策,从市场准入到完善进入手续,从经营机制到项目管理,从市场营销到品牌创新,全方位推进项目化运作,助推农牧特色经济实施走出去战略。二是,强化产业化连锁经营模式,充分发挥名店、名品、名企的带动作用,全面挖掘农牧特色经济品牌效应,推进农牧特色经济产业化、多元化、国际化经营。

(3)培养农牧特色产业人才是农牧特色产业走出去的基础。首先,要树立创新人才观念。其次,要以人为本,建立人才培养新机制。依托现有普通教育和职业教育培训资源,以加大就业、推进再就业和实施草根创业为核心,加强适用型人才培训,组织和协调各地区各部门多渠道为农牧特色经济走出去提供人才支持。最后,创新体制机制,采取政府支持、民间搭台、企业主导模式,创建股份制农牧特色产业人才培养机构,既培养农牧特色经济发展技术人才、创新人才,又培养农牧特色经济发展管理人才、服务人才。

二、提标壮基

"提标"即提升标准,就是通过强化西藏农牧特色经济标准化工作,实现高标准、严要求地促进西藏农牧特色经济发展。"壮基"即壮大实力,就是要多措并举提升西藏农牧特色经济自身实力,统筹兼顾、因地制宜、分类推进,壮大农牧特色经济整体实力。主要通过提升标准促发展和实力壮大求发展两方面实现。

(一)提升标准促发展

1.充分认识推进农牧特色经济标准化工作的重要性

从"中国特色、西藏特点"和一产上水平高度认识推进西藏农牧特色经济标准化工作的重要性,认清大力推进标准化生产,不仅是形势发展的需要,更是创高原品牌、兴西藏农牧经济的现实选择,对西藏农牧经济长远发展具有深远影响。

2. 因地制宜,突出标准化工作重点

近期农牧特色经济标准化工作重点是生产技术标准化。根据西藏特色经济项目布局实际,确定由拉萨市负责制定青稞生产标准,日喀则地区制定马铃薯、大蒜生产标准,山南地区制定油菜、藏鸡生产标准,林芝地区制定藏猪、水稻生产标准,昌都地区制定香菇生产标准,那曲地区制定牦牛肉生产标准,阿里地区制定山羊绒生产标准。

3. 严把标准制定质量关

应切实做到三结合,即:参照内地经验与考虑西藏实际相结合,重点考虑西藏实际;生产技术标准、产地环境标准和生产投入品标准制定结合,实现全程标准化;生产技术标准制定与市场营销相结合,做到制定标准能及时获得市场认可。

(二)壮大实力求发展

西藏农牧特色经济发展重点是抓特色,围绕抓特色做文章。走符合"中国特色、西藏特点"要求的发展路子,就是要在中国特色社会主义理论框架内,彰显西藏特点。发展壮大农牧特色经济的重点就是要做足特色。从目前看,发展农牧特色经济应在以下领域实现突破:

1. 大力发展农牧特色绿色食品经济

坚持起步高起点、建设高标准、特字当先,做好做大做强。在发展中创新、在创新中突破、在突破基础上增强,振兴老品牌,打造新品牌,借用名品牌。通过整合、包装、推介,培育出若干在全国叫得响、影响大的知名品牌,通过主动对接、挂靠国内外知名企业和知名品牌,打破常规,整合资源,实行一个品牌、一套措施、一个拳头,提升绿色食品经济层次、品牌形象和竞争优势。

2. 积极发展特色藏医药经济

采取传统加科技的方式方法,解决好藏药挂名高原不原产高原的问题。强化自主创新能力,坚持传统与现代结合、科研与企业联手、藏医和藏药并举、生产和流通并重,研发一批具有自主知识产权的新型藏药名品、名牌。

3. 突出发展农牧特色旅游经济

旅游经济是西藏立足长远发展的重中之重,发展特色旅游经济,关键是拓思路、善谋划,全方位、多渠道利用好西藏独特资源,使旅游经济发展既突出重点,形成规模,又遍地开花,提升效益,打破季节、气候、交通、服务的制约,成为西藏名副其实的朝阳经济、战略支柱产业。

(三)构建服务利发展

构建服务就是通过构建农牧特色经济经营服务体系、科技服务体系、信息服务体系、质检服务体系,推动西藏农牧特色经济健康发展。

1.构建特色经济经营体系

一是,培育壮大特色龙头企业。打破所有制、地域和行业界限,国家、集体和民营一起上,鼓励、支持城市工商企业参与到特色农牧经济开发中,争当龙头;引导以农副产品加工、经营为主的企业联合组建规模大、实力强的龙头企业集团。二是,建立合理的利益联结机制。鼓励龙头企业采取合同订购、向农牧户提供担保、发放贴息贷款、赊销生产资料、实行保护价格收购等方式方法,与农牧户建立起利益共享、风险共担的联结机制,形成稳定的利益共同体,实现互惠共赢。

2.构建农牧特色经济的科技服务体系

按照机构稳定、素质提高、经费增加、手段加强、机制创新的要求,加强农技、农经、兽医三大服务体系建设,强化农技人员培训,提高农技人员业务水平,加强科技三下乡服务,强化机制创新,大力开展技术承包和技物配套,兴办与产前、产中、产后服务相关的经济实体,壮大实力,增强功能。

3.构建农牧特色经济信息体系

围绕推进信息化建设总体要求,着力加强农牧特色经济信息体系建设,建设区市县乡村五级农牧特色经济信息服务网,辐射农牧产品生产基地、农贸批发市场和龙头企业,形成完善的市场、科技信息收集、传递体制机制,为农牧特色经济发展提供强有力的信息服务。

4.构建农牧特色经济质量监测体系

加强农牧特色经济质量监测体系建设,依法开展对农牧产品、农牧特色经济投入品质量检测和对农牧经济生产环境的监督检测工作。加强无公害农产品生产基地、农牧产品加工和农贸集市农副产品质量监测体系建设。认真组织实施好无公害食品国家、行业标准及其生产技术规范。

5.构建农牧特色产品市场体系

建成服务西藏全区的大型农牧特色产品贸易中心,在各项目基地建立起一批无公害农牧特色产品配送中心,完善相关交易检测设施,健全服务功能,提高农牧特色产品市场化程度。

(四)夯实基础保发展

夯实基础就是通过加强农牧特色经济基础设施建设、优化农牧特色经济结构、强化农牧特色经济科技服务、加快发展农牧民专业合作组织、全面提高农畜产品质量安全水平、抓好粮食生产,夯实西藏农牧特色经济加快发展的基础,推动农牧特色经济加快发展。

1.加强农牧特色经济的基础设施建设

以农田水利基础设施为重点的农牧特色经济基础是现代农牧特色经济加快发展的重要前提。为此,首先要搞好规划、统筹安排、连片推进,加快中低产田改造,鼓励农民开垦土壤,推广测土配方施肥,提高耕地质量。其次要搞好农牧特色经济综合开发,大幅度增加高产稳产农牧特色经济比重。再次要搞好水利基础设施建设,完善区地县三级农田水利建设规划,整体推进农田水利工程建设。采取民办公助等形式,鼓励和支持农牧民广泛开展小型农田水利设施、小流域综合治理等项目建设。加快实施水利富民工程,兴建中小型抗旱水源工程,继续把大中型灌区续建和节水改造作为农牧特色经济固定资产投资重点。最后要加强农牧特色经济技术装备,提高土地产出率、资源利用率和劳动生产率。改善农机装备,加强先进适用农机具示范推广,提高农牧特色经济机械化水平。

2.进一步优化农牧特色经济结构

以市场需求为导向,以普及实用科技为手段,以质量效益为目标,构建具有高原特色的现代农牧特色经济体系。按照优势区域、优势资源、优势产业、优先发展的总体思路和区域集中、规模做大、质量提升、效益提高的要求,继续搞好农畜产品优势区域布局规划,支持优质农畜产品生产和特色农牧经济发展,形成优势突出和特色鲜明的藏西北绵山羊,藏东北牦牛,藏东南林下资源、藏药材、野生动物驯养繁育,藏中优质粮油,城郊无公害蔬菜、藏猪藏鸡开发和青藏铁路沿线畜牧业等优势农牧特色经济带。大力发展农畜产品加工业,延伸产业链,提高附加值。加大农牧特色经济综合开发力度,着力把一江三河流域打造成为现代农牧特色经济示范区,集中发展青稞、小麦、油菜、马铃薯等大宗商品,推进蔬菜、水果、花卉等园艺产品集约化、设施化生产经营,因地制宜发展特色经济和一村一品。大力发展畜牧经济,农区畜牧经济要在增量提质上下功夫,坚持效益优先原则,加快发展奶牛、猪、禽养殖经济,狠抓畜种改良,广泛开展种草养畜,加快标准化设施养殖小区建设,率先走产业化发展道路;草地畜牧经济要在控存增出上做文章,坚持保护生态,强化牲畜出栏,加快畜种改良和畜群周转,构建草畜平衡机制,改变传统饲养方式,大幅度提高牲畜出栏率和商品率。有条件的地方加快发展水产养殖及捕捞经济,发展林业经济,繁荣山区经济。

3.强化农牧特色经济的科技服务

农牧特色经济发展的根本出路在于科技进步,要着眼于建设现代农牧特色经济,坚持引创结合,加大农牧特色经济的科技研发、转化、应用和普及。加大农牧特色经济的科技投入,支持农牧特色经济的基础性研究。按照明确职能、理顺体制、优化布局、加强建设、充实一线、创新机制的要求,推进农牧特色经济科研和科技推广服务体系建设。加强农牧特色经济科技人才队伍建设。加快建立吸引科技人员扎根基层、服务三农的优惠政策体系,对长期在基层工作的农牧特色经济科技人员职称评定、工资待遇、子女上学等给予特殊照顾。有条件的地方要积极探索科技有偿服务,实行农牧特色经济科技人员利益与科技成果挂钩激励机制。加大资金整合力度,采取集中投入、规模经营的方式,在条件适宜的地方培育一批一产上水平的示范县、示范乡镇,培养一批科学种植、科学养殖示范户。大力推进科技特派员工作,深入实施科技入户工程,强化科技指导直接到户、良种良法直接到田、技术要领直接到人的科技推广机制,鼓励和促进区内外农业院校、科研院所、科技企业和能人开展科技承包,使科技进步对农牧特色经济增长的贡献率迅速提升,加强农牧民技能技术培训,大力培养有知识、懂技术、会经营的新型农牧民。

4.健全农牧特色经济社会化服务体系

建设覆盖全程、综合配套、便捷高效的社会服务体系,是在家庭经营基础上发展现代特色农牧经济的必然要求。要加快构建以公共服务机构为依托,合作经济组织为基础,龙头企业为骨干,其他社会力量为补充,公益性服务和经营性服务相结合,专项服务和综合服务相协调的新型农牧特色经济社会化服务体系。加强农牧区经济公共服务能力建设,创新管理体制,提高人员素质,5年内健全县乡(镇)或区域性农牧特色经济技术推广、动植物疫病防控、农畜产品质量监管等公共服务机构。支持专业合作组织、行业协会、农牧民经纪人、龙头企业等提供多种生产经营服务。推进农村流通现代化,健全农畜产品市场体系,完善农牧特色经济的信息收集和发布制度。

5. 加快发展农牧民专业合作组织

按照服务农牧民、进退自由、权利平等、管理民主的要求,扶持农牧民专业合作社加快发展,使之成为带动农牧民持续稳定增收的现代农牧特色经营组织,使千家万户的生产和千变万化的市场实现有效对接,提高农牧民进入市场的组织化程度。采取多种形式,培育农牧民新型合作组织,鼓励龙头企业与农牧民建立利益联结机制,加快发展农畜产品经营大户,培养壮大农牧民经纪人队伍和营销队伍。加强对农牧民专业合作组织的领导和管理,充分发挥其在生产资料购买和农畜产品销售、加工、运输、贮藏以及农牧特色经营、信息服务中的作用。鼓励金融机构采取多种形式,为农牧民专业合作组织和农牧民经纪人提供服务。

6. 全面提高农畜产品质量安全水平

加强农牧特色经济标准化和农畜产品质量安全工作,严格产地环境、投入品使用、生产过程、产品质量全程监控,切实落实农牧特色产品生产、收购、储运、加工、销售各环节质量安全监管责任,杜绝不合格产品进入市场。加强植物疫病和外来物种入侵监控防治工作。加强动物防疫体系建设,实施重点区域动物疫病应急防治工程,加强动物疫病防控。

7. 毫不放松抓好粮食生产

粮食尤其是青稞安全任何时候都不能放松,要加快构建供给稳定、储备充足、调控有力、运转高效的粮食安全保障体系。继续实施提高粮油单产行动,稳定播种面积,优化品种结构,实行科学种田,切实保护粮食综合生产能力。实施粮食战略,加大对粮食主产县的扶持力度,集中力量加强水利建设,推进农牧特色经济科技进步,提高生产水平。

第二章

西藏绿色矿业经济发展问题研究

矿业经济是西藏特色经济的重要组成部分,研究西藏绿色矿业经济对于西藏经济跨越式发展和社会长治久安意义重大。为此本研究将立足西藏特色矿业资源优势,从解读西藏发展绿色矿业经济基础入手,总结西藏矿产资源开发利用现状,使用SWOT分析法全面论证西藏绿色矿业经济发展优势、劣势、机遇与挑战,最后有针对性地提出促进西藏绿色矿业经济加快发展的战略措施和对策建议。

第一节 发展基础

矿业经济是根植于西藏特殊经济社会环境和资源基础之上的重要经济领域,本研究将立足西藏矿产资源优势,在全面介绍绿色矿业经济发展理论的基础上,简要阐述西藏发展绿色矿业经济重要性,为下文采用SWOT分析法揭示西藏绿色矿业经济发展做好铺垫,为进一步有针对性地提出促进西藏绿色矿业经济发展的战略措施和对策建议打好基础。

一、理论基础

国内外学者关于绿色矿业经济的理论研究成果颇多,形成了丰富成熟的理论体系和优秀研究文献,本研究结合西藏绿色矿业经济发展需要,通过全面介绍国外理论、国内研究、研究述评和经济内涵,以构建本研究的理论框架。

(一)国外理论

国际学界关于绿色矿业经济发展的成熟理论很丰富,根据西藏矿业资源优势,本研究将主要选择矿业可持续发展理论、矿业循环经济发展理论、矿业投资环境理论、矿业生态系统理论、恢复生态学理论进行综合论述。

1.矿业可持续发展理论

国外学界对于矿业经济可持续发展问题的理论研究比较久远,形成的优秀成果也很多。学者们通常采用横向式定量评价方法,将矿业经济可持续发展指标寓于整体经济可持续发展综合指标体系之中。也有部分学者则将矿业经济可持续发展问题作为一个独立问题专门研究。还有一些学者通过某个国家、特定区域或特定企业可持续发展研究定性给出矿业经济可持续发展对策建议。如:Ronchi E 和 Fedeico A 在福利、环境质量以及资源利用三因素基础上建立的 ISSI 指标体系,AzPagaic 和 Adias 建立的用以评估和提高可持续发展水平的指标框架,Kouikoglou 和 Vassilis S 等人完成的对于可持续发展 SAFE 评价模型的敏感性分析以及 Goegre 和 Clive 提出的检验矿业经济可持续发展的 18 个原则,这些理论研究不仅丰富了矿业经济可持续发展理论体系,也为后来者的理论探索提供了指路航标。

2.矿业循环经济发展理论

现代西方循环经济思想最早可追溯到马尔萨斯和达尔文。而首次对工业化中人口、经济增长、科技进步与资源消耗关系展开系统研究的则是 1972 年罗马俱乐部发表的《增长的极限》。这些理论尝试无疑推动了矿业循环经济思想传播。在学界最早提出循环经济一词的是美国经济学家 K.波尔丁,他认为循环经济是指在包括人、自然资源和科学技术在内的系统内,在资源开采使用、企业生产加工、产品消费和废弃过程中,经济发展已经由传统的单纯依靠消耗资源的线形经济增长模式向依靠资源循环利用发展的生态型经济增长方式转变,而这种转变则体现了资源节约和可持续发展的理念。其后皮尔斯和图奈在《自然资源和环境经济学》中提出,循环经济是建立可持续发展的资源管理规则,使经济系统成为生态系统组成部分,即建立经济与环境和谐的条件。在循环经济理论指导下,学者们展开了对循环矿业经济的理论探讨,形成了诸如美国杜邦企业内部循环模式、丹麦卡伦堡模式、生态工业园模式、加拿大政府主导型的矿产资源循环周期管理模式、日本废物资源循环利用模式等矿业循环管理模式,为循环矿业经济发展做出了重要贡献。

3.矿业投资环境理论

矿业投资环境概念最早出现于20世纪70年代末,20世纪90年代开始受到西方矿业发达国家及研究机构广泛关注,与其他研究相比,矿业投资环境研究开展晚,实践短,应用性研究成果较少,典型代表包括约翰逊、里奇、J.奥托和世界银行等。[①]

4.矿业生态系统理论

世界著名生态学家奥德姆认为,生态系统就是一定空间内生物和非生物成分通过物质循环、能量流动和信息交换而相互作用、相互依存所构成的生态学功能单位。矿业生态系统理论认为,在发展矿业经济过程中,不可避免地会对原有生态系统造成一定破坏。而正是由于矿业经济发展对客观生态环境造成一定程度的破坏,像西藏这样生态环境非常脆弱的特殊区域,研究如何降低矿业经济发展造成的环境破坏就显得尤为重要,正因为如此,该理论成为本研究的重要理论支撑。

5.恢复生态学理论

余作岳等学者对生态系统退化原因、生态演进、演进机理及如何对已退化生态系统进行恢复和重建的理论研究在恢复生态学理论研究领域颇具代表性,他们提出的一系列生态恢复可行性技术与操作方法在学界也有较大影响。而在生态恢复概念界定上做出重要贡献的是国际恢复生态学会,该学会曾就恢复生态学给出过3个概念表述,他们认为,生态恢复是修复被人类损害的原生态系统多样性及动态的过程(1994),是维持生态系统健康及更新的过程(1995),是研究生态整合性恢复和管理过程的科学,生态整合性包括生物多样性、生态过程和结构、区域及历史情况、可持续社会实践等领域。[②] 由于研究绿色矿业经济时必然充分考虑绿色矿业经济发展造成的生态环境破坏及其恢复治理,因此恢复生态学理论为本研究提供了重要的分析角度和借鉴。

[①] 吴尚昆.中国矿业外资投资环境研究[D].吉林大学,2004(05).
[②] 李晓冰.矿业开发密集地区生态退化综合评价[D].河北理工学院,2003(05).

(二)国内研究

1. 发展生态矿业理论研究

随着我国工业化步伐不断加快,环境问题已成为各界关注焦点,尤其矿业经济将不可避免地要对环境造成一定程度的污染,针对这种情况,国内学者一致认为应该发展生态矿业经济,促进矿业经济与生态环境协调发展,力争降低矿业经济对环境的污染。狄方耀教授认为西藏必须转变经济发展观念,增强环保意识,制定符合西藏生态环境及资源状况的产业政策[①],为此西藏矿产资源应坚持适度开发原则;李发娟在对青海省矿业经济发展进行理论研究时提出,矿业经济可持续发展应以资源循环利用和清洁生产为前提,因此青海发展生态矿业经济必须采用环保、低碳和绿色发展模式[②];武彦斌、彭素萍在对以安徽省淮南市为代表的矿业城市持续发展研究中,建立了矿业可持续发展评价模型;仇方道对东北地区矿业城市产业生态系统进行的适应性研究,德吉对西藏优势矿产资源及其开发进行的对策研究,以及李长颖、龚孔成对珍惜矿产资源、推动绿色矿业发展进行的针对性研究,都对生态矿业经济发展提出了一些宝贵建议。这些研究成果为本研究提供了新思路和有益借鉴。

2. 发展矿业低碳经济理论研究

循环经济与低碳经济的共同点是:二者都主张低投入、低能耗、低排放、高产出,与可持续发展的理念不谋而合。二者的差别在于:循环经济是针对资源利用和环境保护的,低碳经济主要针对世界气候变化和温室气体排放,二者研究角度有差别,实际应用也不同。

目前国内学者对于矿业经济低碳指标体系构建的研究相对较少,大多数学者都将研究精力主要投入到对矿业城市低碳经济评价上,代表性研究包括:荣莉通过研究煤炭开采企业在低碳经济环境下的经营效果,提出在低碳经济大发展背景下,煤炭企业必须重新构建企业业绩评价指标体系,增加安全性、减量化、再利用、资源化程度指标[③];翠仙、付允、王玉芳分别从社会、经济和环境三方面对城市低碳经济进行评价;刘嵘把技术发展指标作为城市低碳经济

---

① 狄方耀,罗华.西藏经济学导论[M].西藏人民出版社,2010:96.
② 李发娟.青海省生态矿业发展模式初探[J].青海环境,2006(01).
③ 荣莉.对煤炭开采企业业绩评价指标的思考[J].会计之友,2010(19).

发展指标;郑少露重点研究了低碳经济和循环经济结合背景下城市可持续发展评价指标体系构建;姚晓燕构建了热点行业低碳经济评价体系;刘占成通过理论模型评价了鄂尔多斯盆地矿业低碳经济发展程度,认为发展矿业低碳经济应遵循政府资金支持、企业自身能力提高及借鉴国外先进经验相结合[①]。上述理论研究表明,发展矿业经济必须坚守低碳环保底线,这是现代矿业经济发展方向。作为全国矿业经济组成部分的西藏矿业经济,在发展过程中也必须坚守低碳环保底线。

3.发展矿业循环经济理论研究

周长昆在西部矿业经济发展之路中提出西部矿业经济发展应积极探索"矿山+工业园"模式,延伸产业链,发展循环经济,走科技创新之路[②];江德开、杨亚成在探索淮南矿业循环经济发展模式时提出,发展矿业经济要变被动治理环境为主动经营环境;元俊峰、王怀佳、鲍加庆在研究莱芜矿业发展循环经济实践时对莱芜矿业有限公司实施循环经济给出了实践性建议;丁维亮、郗永勤以福建马坑矿业为对象,对马坑矿业循环经济发展模式及构建生态产业链进行探究;丁志平、张志宏认为我国矿业经济发展具备五大特征,这五大特征决定了我国矿业经济必须选择循环发展之路[③];唐谷修、周科平、高峰根据我国矿业发展中的生态破坏和资源浪费问题,提出最有效利用资源和保护环境为基础的循环经济是我国矿业经济实现可持续发展的必然选择,并探讨构筑以循环经济为核心理念和核心竞争力的矿业经济新模式;刘江龙、吴湘滨以贵州省松桃苗族自治县为例对循环经济理念下西部地区矿业经济发展模式进行了研究。上述理论研究表明,矿业循环经济是现代矿业经济的发展方向,这为西藏矿业经济发展模式演进提供了借鉴,同时也为改变西藏矿业经济粗放经营模式提供了参考。

4.矿业可持续发展理论研究

吴刚在对黄金矿区充分调研的基础上,构建了矿区可持续发展状态——

---

① 刘占成.基于循环经济的矿业低碳经济研究[D].中国地质大学,2011(05).
② 周长昆.西部矿业的发展之路[J].中国经贸导刊,2007(03).
③ 丁志平,张志宏.我国矿业发展必须选择循环经济[J].资源与产业,2007(01).

趋势评价指标体系和矿区可持续发展能力评价指标体系[①];魏永明对现有矿山企业未能实现可持续发展主客观原因进行了系统分析,并对矿山企业实现可持续发展提出了相应对策建议,设定了相关发展原则;杨向东以盘锦市为例,提出了资源型城市可持续发展能力评估方法;范小渭从矿业企业发展客观情况出发对矿业经济可持续发展进行研究,并提出以矿为本求生存、多业并举求发展的战略思路;张晓丽、张胜对西藏矿业经济发展现状、存在的问题及对策建议提出了相应见解;王欣军通过对一些典型矿业城市研究,对矿业城市可持续发展内涵、不同发展类型和各自特征进行分析,进而对我国矿业城市可持续发展提出了对策建议;吴强用SWOT分析法对西藏矿产资源开发利用进行综合分析,通过对西藏开发矿产资源中的优势、劣势、威胁、机遇进行综合研究,提出西藏矿产资源开发应突出资源优势,减弱自身劣势,抓住发展机遇[②];彭公然对保康县磷矿产业可持续发展战略进行了深入研究,并利用SWOT分析法对磷矿产业可持续发展提出了对策建议;房延生在邯郸产业结构调整与矿业发展战略研究中提出要不断优化矿业经济结构,走矿业可持续发展道路。以上分析表明,可持续发展是绿色矿业经济发展的题中之义,西藏发展绿色矿业经济的目的就是要实现矿业经济可持续发展,因此,这些理论研究对本研究提供了强有力支撑。

5.矿业发展制度建设理论研究

李文来、许晓龙在浅析矿产资源开发与地质环境保护时提到要通过健全法制法规、完善管理体制以推动矿业经济健康发展;张咸勇、张德平在草原区矿业发展与生态保护管理措施研究中提出要通过完善矿产资源开发、生态环境保护制度和现行环境影响评价制度来推动草原矿区发展;毛伟利通过研究转型时期矿山企业循环经济激励约束正式制度和非正式制度动态演进机理,提出了完善浙江矿业制度的相关建议[③];丁维亮、郜永勤提到矿业经济发展必须有完善的制度建设。上述研究表明,绿色矿业经济发展离不开强有力的制

---

① 吴刚,刘胜富.关于黄金矿区可持续发展评价指标体系的探讨[J].黄金科学技术,2003(11).
② 吴强.西藏矿产资源开发利用的SWOT分析[J].中国矿业,2006(01).
③ 毛伟利.矿业循环经济激励约束机制研究[D].浙江工商大学,2008(01).

度支撑,否则在发展过程中就会出现诸多问题,因此,在研究西藏绿色矿业发展时必须强调法律制度完善。

6.矿产资源整合利用理论研究

刘伯恩、鲁晓琨认为由于我国矿产资源分布分散,集中程度不高,导致大部分矿业企业前期投资大,进而直接影响和制约了矿业企业的后续资源开发,为此他认为必须对矿产资源开发进行整合[①],以实现集约开发、有序利用;陈春林认为通过矿产资源开发可以解决很多具体问题,如矿山布局不合理、消除矿山安全隐患、合理保护资源等;张福良认为矿业企业应通过淘汰落后产能、鼓励有资质矿业企业整合等有限途径加快矿业经济结构调整和优化升级;唐卫国、李剑提出在矿产资源开发中应综合考虑多方面因素,根据实际矿情制订发展规划,对后期开发提供保障。上述研究表明,西藏矿业经济发展和矿产资源开发同样存在投资分散、规模化程度低的问题,为此,借鉴上述理论研究成果探索西藏矿业经济整合和矿产资源有序开发之路具有深远的现实意义。

7.矿业外部性理论研究

国内外学界对于矿业外部性尤其是负外部性的理论研究很多,学者一致认为矿产资源开发中或多或少都会对生态环境造成负影响。刘增、邹建业从西藏矿产资源开采、加工和运输角度探讨矿业经济发展对环境造成的破坏性影响,并提出相应对策建议;辛继升认为矿产资源开发极容易造成矿山环境污染、资源环境破坏和诱发地质灾害;任卓隽、伍伟、朱虹青、李连伟等认为矿产资源开采会对地形、土壤、水文、生物群落、生态系统、人体健康、社区安全等造成影响;王旭、李发娟、陈良琨等通过对矿产资源开发与生态环境关系进行研究,认为矿产资源开发普遍存在环境破坏是一个不可逾越的现实问题;此外,杨秋媛在矿业开采负外部性研究中根据外部性理论对矿业经济负外部性进行深入探讨,并提出具体解决方案;刘知针对我国矿业经济发展存在负外部性进行研究,并提出克服这种负外部性的具体措施;胡明扬、肖唐付、杨志勇、徐安全、张举刚等都对解决矿业经济负外部性提出了相关建议。这些学者的理论分析为本研究提供了积极帮助。

---

① 刘伯恩,鲁晓琨.矿产资源整合中的经济关系研究[J].矿产保护与利用,2010(04).

8.矿业发展的财税政策支持理论研究

石红红、汪红依据生态学和可持续发展理论,研究了通过财税政策促进矿业经济循环发展问题,并进一步提出政府应通过加大财政补贴、完善税收优惠及企业所得税等财税政策,鼓励矿业企业发展循环经济[①];李义家认为国家对面临困境的矿业企业除了给予税收优惠政策外,还应加快税制改革,通过税制改革鼓励矿山企业进行国内勘探和国外矿山投资[②];李明认为在产业结构升级过程中,在发挥市场配置资源基础作用的前提下,政府应适当地通过财税政策对矿业经济发展进行干预,以发挥更大的宏观调节作用;陈申万、唐立新认为财税政策在促进矿业循环经济发展中具有激励和导向作用,并提出应通过完善现有矿产资源税种、建立绿色关税体系等具体措施推动矿业经济循环发展[③];沙景华、周乐通过对湖南省矿业经济发展进行研究,提出政府应加大财政资金投入、完善税制、拓宽融资、践行排污交易权交易制度以促进矿业经济可持续发展。毫无疑问,上述理论成果为本研究开拓了视野,提供了有益帮助。

(三)研究评述

深入分析上述国内外关于矿业经济的研究成果,可以发现,国内外学者在该问题理论研究上既有不同之处,又有相同之点。国内外学者研究的不同之处主要表现在研究方法上,国外学者注重宏观视角,利用模型进行综合论证,将矿业经济发展放在大环境中分析,而且在实践中也有比较成功的案例;而国内学者在研究中,更侧重微观角度,通过对某个矿产企业或地区具体问题进行研究,论证矿业经济发展中存在的普遍问题。国内外学者研究的共同之处在于:无论是国内学者还是国外学者,在研究矿业经济发展时普遍存在数据采集困难,这主要源于两方面,一方面矿产资源储备量随着勘测技术提高而发生变化;另一方面对已勘探矿产资源储备量和利用情况进行准确定位难度很大,需要大量人力、物力、财力。与此同时,由于大部分矿业企业基于小集团利益,在

---

① 石红红,汪红.财税政策——如何促进矿业循环经济的发展[J].中国经贸,2011(14).
② 李义家.谈有色企业——矿业财税政策[J].有色矿冶,2005(01).
③ 陈申万,唐立新.促进矿产资源产业经济循环发展的财税政策研究[J].会计师,2010(09).

调研过程中不会将矿业经济发展真实情况客观、充分地展现出来,这给矿业经济理论研究,特别是数据采集造成困难,进而影响研究结论的客观公正性。

综合上述国内外理论研究成果不难发现,矿产资源合理、有效开发是世界各国普遍关注的领域,国内外学者一致强调必须在矿业经济发展中强化环境保护,这些成果为研究西藏绿色矿业经济发展提供了有力支撑,与此同时,本研究则认为结合西藏矿业经济特殊性,发展绿色矿业经济应是西藏矿业经济发展应有之义。

(四)经济内涵

在我国,绿色矿业经济这一提法早已有之,早在2001年,时任土资源部副部长的寿嘉华同志代表国土资源部对绿色矿业经济就做出详细解释,指出所谓绿色矿业经济就是在矿山环境扰动量小于区域环境容量前提下,实现矿产资源开发最优化和生态环境影响最小化。[①] 2007年中国国际矿业大会上,时任国土资源部部长徐绍史同志指出坚持科学发展,推进绿色矿业经济。时至今日,绿色矿业经济已经成为一个普遍话题。但遗憾的是,与实践领域大力推进绿色矿业经济形成鲜明对照的是,学界对于绿色矿业经济尚未形成统一的理论界定。总结国内外学者对绿色矿业经济的理论解读可以发现,在对绿色矿业经济进行解释时,学者们普遍认为绿色矿业应该包括以下要素:一是矿产资源开发中必须注重生态保护,充分考虑环境承载力;二是通过高科技手段促使环境污染最低;三是对已经产生的环境问题要积极解决。

综合西藏矿业经济发展实际,本研究认为,西藏发展绿色矿业经济与内地相比存在很大不同。首先受传统文化影响,矿产开发前必须充分考虑到稳定因素。其次西藏作为我国重要的生态安全屏障,生态环境脆弱,一旦破坏很难恢复,因此西藏矿产开发和矿业经济发展必须使用最严格的环保标准,采取最严厉的生态环境保护措施,实现矿产资源开发和生态环境保护协调统一。西藏矿业经济发展必须坚持在保护中开发、在开发中保护的基本原则,走绿色矿业经济之路。基于上述西藏矿业经济的特殊性,西藏绿色矿业经济可以定义为:在保证社会稳定和生态安全前提下,坚持矿产资源有序开发和合理利用,使用最严格的环保标准,采取最严厉的环保措施,使用最高效、最科学、最合理

---

① 寿嘉华.走"绿色"矿业之路[N],人民日报,2001-02-27.

的开发利用技术,确保矿业经济发展与生态环境保护协调统一。如果未做说明,本研究将在上述界定基础上使用绿色矿业经济概念。

二、发展意义

矿产资源是人类生产生活的重要资源保障,在经济发展中发挥着重要作用。虽然各国矿业生产总值占工业总产值比重呈下降趋势,但人类社会对于矿产品需求却呈多样化上升态势,矿业经济的基础地位依然稳固。西藏由于地广人稀,自然条件恶劣,农牧业空间有限,第三产业发展更离不开强大工业的支持,因此,西藏要实现跨越式发展,就必须按照一产上水平、二产抓重点、三产大发展战略要求走适度新型工业化之路,发展优势绿色矿业经济,形成藏中、藏东和藏西三大矿产开发基地,对于实现西藏六大战略目标有重要意义。

(一)发展绿色矿业是实现美丽中国构想的基础

针对近年来国内出现的资源短缺、环境恶化等问题,党的十八大报告首次明确提出将美丽中国伟大构想作为未来一段时期的工作重点,这是党中央对自然资源和生态环境保护高度重视的集中体现,也是对可持续发展做出的新诠释,西藏发展绿色矿业经济正是响应十八大号召,建设美丽西藏、美丽中国的集中体现。

(二)发展绿色矿业有助于西藏实现经济协调发展

对于西藏而言,发展绿色矿业经济不仅可以转移农牧区剩余劳动力,为跨越式发展提供更多就业机会,同时也可以带动与绿色矿业经济发展相关的加工业、运输业、教育等产业,促进西藏经济协调发展和社会全面进步。

(三)发展绿色矿业有助于实现经济效益、社会效益和生态效益的协调统一

西藏发展绿色矿业经济的首要前提就是要保证社会稳定和生态安全,通过发展绿色矿业经济可以在尊重西藏各族人民群众传统文化和风俗习惯的基础上,引导他们正确认识发展绿色矿业经济重要性、必要性,从而使绿色矿业经济发展与社会效益相结合。另外,西藏发展绿色矿业经济要在保护生态环境安全的前提下,实现矿产资源合理开发、有序开发,通过加大科技投入、提高资源利用率、加大环境保护力度,实现经济效益、生态效益和社会效益协调统一。

第二节 发展分析

通过对西藏绿色矿业经济发展基础分析,本研究认为制定符合西藏矿业资源优势的促进政策和战略措施,对于加快西藏绿色矿业经济发展具有重要意义。为此,本研究将在简要论述西藏绿色矿业经济发展成就的基础上,使用SWOT分析法对西藏绿色矿业经济发展优势、劣势、机遇和挑战进行全面理论解读,并为后文加快西藏绿色矿业经济发展战略措施和对策建议提供理论支持。

一、发展成就

(一)资源基础

西藏地处我国西南边陲,面积120万平方公里,由于经历多次强烈地壳运动,地质构造复杂,成矿条件多样,矿产资源丰富。随着西藏经济快速发展及国家对西藏矿产资源勘查工作越来越重视,西藏矿产资源勘查工作取得了巨大成就。截至2010年年底,西藏已发现矿床、矿点及矿化点3000余处。在我国已发现的171个矿种中,西藏拥有102种。[①] 其中:能源矿产5种,探明储量的3种;金属矿产31种,探明储量的14种;非金属矿产64种,探明储量的24种;油气矿产2种,探明储量的1种。在探明储量的矿产资源中,有12种居全国前5位、18种居全国前10位,铬、铜保有储量位列全国第一。[②] 西藏已发现的矿产资源具体种类见表2-1,矿产资源分布情况见表2-2。

[①] 拉巴次仁.中国西藏铬、铜保有储量位列全国第一.新华网,2010-12-03.
[②] 陈爱东,陈春霞.西藏绿色矿业发展路径探讨[J].中国市场,2011(32).

表 2-1 西藏已发现矿产资源种类表

矿产类别	矿点	已发现矿种		备注
		上表矿种	未上表矿种	
能源矿	5	煤、泥炭、地热	石油、油页岩	已圈定5个油气资源盆地,羌塘盆地潜力巨大。
黑色金属	4	铬、铁	锰、钛	已发现约60处铬矿(化)点,约占全国铬矿的75%。
有色金属	12	铜、铅、锌、锡、钴、钼、锑	镁、镍、钨、铋、汞	已发现铜矿床(点)329处,潜力达3 000万吨以上,超过全国总量50%;已发现铅锌银矿床35个,潜力超过1 500万吨,占全国总量的30%以上;已发现50余处锑矿床(点)。
贵金属	3	金、银	铂族元素	已发现200处金矿床、矿(化)点,近10处达到或接近大型规模,银资源潜力超过20 000吨。
稀有稀土分散元素	11	锂、铷、铯	铍、锆、铸、镓、铼、锶、未分稀有、未分稀土金属	
放射性矿	1		铀	
冶金辅助原料	8	菱镁矿	蓝晶石、红柱石、白云岩、石英岩、萤石、耐火粘土、冶金用脉石英	
化工原料非金属	16	硫铁矿、自然硫、盐、硼、砷、重晶石、钾盐、天然碱、芒硝、溴	磷、水菱镁矿、钾长石、蛇纹岩、橄榄岩、明矾石	发现盐湖矿床(点)100余处,卤水富含硼、锂、钾,有4处盐湖碳酸锂资源远景达到大型标准,资源潜力巨大。
建筑材料及其他非金属	40	石灰岩、粘土、火山灰、高岭土、大理石、花岗岩、刚玉、水晶、云母、水泥用大理岩	石棉、滑石、叶腊石、硅藻土、石榴石、金刚石、冰洲石、绿柱石、硬玉、软玉、琥珀、玛瑙、象牙玉、碧玉、孔雀石、石墨、石膏	
水汽矿	2		矿泉水、地下水	
合计	102	41	61	

资料来源:新华网。

从目前已探明储量的矿种分布看,这些矿产资源地域分布比较分散,且各个地区的优势矿产不尽相同,区域特征非常明显。具体参见表2-2。

表 2-2 西藏矿产资源分布情况

地区	主要矿产资源	备 注
拉萨	铁、铜、铅、锌、锡、钼、银、金、地热、煤、泥炭、刚玉、石膏、自然硫、高岭土、石灰石、火山灰、重晶石、汉白玉、花岗石、大理石等	刚玉、地热居全国第一,自然硫居全国第三,高岭土居全国第五。
那曲	铁、铬、金、锑、铅锌、铜、硼、锂、石盐、石膏等	资源优势明显,石油、天然气、油页岩等潜在资源丰富。
林芝	铬铁矿、金矿、水晶矿、铁矿、绿色花岗岩、虎皮绿花岗石、石灰岩等	林芝地区地质结构复杂,矿产资源丰富。
日喀则	已开采的有:硼砂、锑矿、铬铁矿、玉石、磁铁矿、石材、砂石料等;目前正在开采的有:金、铜、铅、锌、铬、锑、玉、硼、矿泉水、花岗岩	日喀则西接阿里、北靠那曲、东邻拉萨与山南,外与尼泊尔、不丹等国接壤,国境线长1 753公里,矿产资源开发潜力大。
山南	铬铁矿、铅锌矿、铜矿、锑矿、磁铁矿、金矿(砂金、岩金)、银矿、汞矿、水晶、石灰岩、大理岩、页岩、花岗岩、云母矿、粘土矿、电气石、绿柱石、蛇纹石、软玉、矿泉水、地热等30余种	铬铁矿、碳素铬铁、铅锌矿、锑矿、砂金矿、铜矿等金属矿开采利用已初具规模;铬铁矿在西藏乃至全国影响最大。
昌都	铜、钼、金、银、铅、锌、菱镁矿、砷、石膏、煤、汞等37种	位于江达县的玉龙铜矿储量650万吨,金、银、钼、铁等有色金属矿丰富,铜分布集中,易于露天开采。

资料来源:根据2010年西藏自治区国土资源厅公布资料整理汇总。

(二)开发状况

西藏优势矿种有铜、铬、铅、锌、金、银、硼、锂、锑、铁,以及地热、矿泉水等,矿产资源潜力巨大,对西藏乃至全国经济发展意义重大。如铅锌矿是国民经济发展最重要的有色金属矿种,广泛应用于冶金、电器、橡胶、玻璃、建筑、陶瓷、国防等领域。西藏铅锌矿成矿类型多,种类丰富。铜是人类最早使用的有色金属之一,也是最重要的金属原材料,广泛应用于电器、机械、车辆、船舶、国防,西藏铜资源潜力达到3 000万吨以上,占全国总储量的50%以上。铬是发展冶金、国防、化工等不可缺少的资源,主要用于冶金工业生产不锈钢及各种合金钢,在玻璃、陶瓷、制革等方面也有广泛应用,同时,铬是放射性元素,在医学上有广泛应用,西藏铬铁矿产量占全国总产量的80%。此外西藏盐湖锂矿约占全国总储量的2/3,高温地热占全国地热资源总量的80%以上。事实上,早在和平解放以前,西藏就有小规模矿产资源开发,最具代表性的是砂金矿开采。和平解放以后,西藏矿业经济规模逐步扩大,开采种类不断增加,近年来伴随着国家对西藏矿产资源勘查工作越来越重视,西藏矿产资源开发利用进入新的历史阶段,涌现出一大批优秀的矿业企业,如西部矿业、西藏矿业、西藏天路矿业、中凯矿业、玉龙铜矿等。矿业经济也逐步成为西藏六大特色支柱领域之一,在经济发展和社会进步中发挥着重要作用。截至2009年年底,西藏已初步划定9个重点矿业经济发展区,包括:以玉龙铜矿为龙头的藏东地区矿业经济发展区;墨竹工卡一带以甲玛、驱龙为主的铜、铅、锌等藏中多金属矿业经济发展区;措勤一带以尼雄铁矿为主的矿业经济发展区;藏北湖盆区以扎布耶茶卡、扎苍错、鄂雅错为主的盐湖矿业经济发展区等。其中,藏中墨竹工卡一带多金属矿业发展区和藏北盐湖矿产矿业发展区均可建成国家级矿产资源基地。据有关专家预测,矿业经济10年后对西藏GDP贡献率将超过30%,成为西藏名副其实的第一特色经济。①

二、SWOT分析

SWOT即英文字母Strength(优势)、Weakness(劣势)、Opportunity(机会)、Threat(威胁)的缩写,SWOT分析方法对于经济发展进行合理、准确定位有重要意义,同时也是许多企业制定战略计划所采用的最基础方法之一。对西藏绿色矿业经济发展进行SWOT分析,有助于认清形势,结合西藏优势、劣势、机遇、挑战,制定适合西藏实际的矿业经济发展战略。本研究主要从西藏绿色矿业经济发展内部优势、内部劣势、外部机遇和潜在挑战角度进行综合分析,为提出促进西藏绿色矿业经济发展的对策建议奠定基础。

(一)发展优势

西藏不仅是我国重要的绿色生态安全屏障,同时也是我国重要的矿产资源战略储备基地。受特殊地质构造影响,西藏成矿条件优越,是国家紧缺矿产和大型、超大型矿产天然来源地。如铬铁矿、铜矿、盐湖矿产中含有大量锂、

---

① http://www.gov.cn/jrzg/2010-03/08/content_1550757.htm.

钾、硼、铯、铷等多种元素。从现有勘测结果看,西藏有大量资源储备。截至2010年年底,西藏新发现矿产10处,有5种矿新增储量,实施地质勘探项目65项。2011年全年新发现矿产20处,9种矿新增储量,实施地质勘探项目300个,其中:铬矿石11.49万吨,增长6.7%;铜金属含量1.18万吨,增长1.1倍;铅金属含量2.66万吨;增长26.5%;锌金属含量2.14万吨,增长9.6%。①

西藏矿产资源不仅种类多、储量大,而且很多矿产资源品质也高于其他地区,同时有很多未发现矿产还有待于进一步勘测,探矿前景非常乐观。从现已开发矿产资源看,有12种矿产居全国前5位、18种居全国前10位,铬、铜矿保有储量更是位列全国第一,以铬铁矿为例,国内铬铁矿使用已出现严重的供不应求的局面,全国有85%铬铁矿依赖进口,而国内仅有15%铬铁矿供应量中就有80%来自西藏。② 目前西藏开采的矿产资源中,以高品位和出售原矿为主,且这些矿产都从浅层开发,而一些中低品位矿产资源深加工潜力巨大,这些因素都为西藏发展绿色矿业经济提供了坚实的矿产资源基础。

表2-3 西藏矿产储量居全国前十位的矿种一览表

位次	矿种数	矿种(矿亚种)名称
1	4	铬、工艺水晶、刚玉、高温地热
2	3	铜、陶瓷土、火山灰
3	1	菱镁矿
4	3	硼、自然硫、云母
5	1	砷
7	1	石膏
8	2	泥炭、晶质石墨
9	2	锑、重晶石
10	1	砂金
合计	18	

资料来源:吴强.西藏矿产资源开发效应与模式研究[D].北京:北京大学(硕士),2004.

---

① 西藏自治区统计局.西藏统计年鉴(2011)[Z].中国统计出版社,2011.
② 吴强.西藏矿产资源开发利用的SWOT分析[J].中国矿业,2006(01).

此外,"十二五"以来,西藏自治区党委政府将矿业经济作为六大特色支柱经济领域之一,提出了一系列环保政策,坚持在保护中开发、在开发中保护的原则,并从人力、物力等方面加大投入,为西藏发展绿色矿业经济提供了坚强保障。

(二)发展劣势

1. 基础设施相对落后

(1)交通条件相对落后。西藏号称世界屋脊和地球第三极,平均海拔在4 000米以上,交通条件差。近年来,随着国家对西藏支持力度不断加大,西藏基础设施显著改善,尤其是2006年以来,随着青藏铁路开通,通藏公路、航空运输不断增加,西藏交通条件显著改善,与内地经济往来越来越密切,交通运输条件已不再是西藏矿业经济发展的最大瓶颈。但是与内地交通条件好的资源大省相比,西藏特殊的地理环境依然给交通带来了诸多不便,尤其是冬季,很多地区受大雪等极端天气影响,经常会发生封山封路现象,加大了矿业企业的运输成本,制约了西藏矿产资源开发利用和绿色矿业经济发展。同时,由于高寒缺氧,工作效率远低于内地,但工资却大大高于内地,增加了矿产资源开发企业的生产成本。与此同时,矿业经济负外部性也会对环境造成一定破坏,而加大环境保护又增加了矿业经济的生态成本。

(2)电力基础设施相对落后。电力基础设施是矿业经济发展必不可少的前提条件。西藏地处高原,常年低温缺氧,一方面给修建电力基础设施造成了很大困难;另一方面特殊的地理环境也造成了西藏电力装机容量有限、电压等级低,且过度依赖水电,由此造成每年春、冬两季都会因为气候原因出现大面积季节性缺电,严重制约了矿业企业正常运转。

2. 地质勘查工作程度低

虽然西藏矿产资源丰富,开发潜力巨大,但其合理开发利用离不开对矿产资源的前期勘查,有效勘查是进行矿产资源开发利用的前提条件。目前,西藏矿产勘查工作还满足不了矿业经济发展的要求,即使是部分已开发矿业资源的地质资料也仅仅是预查,与全国相比,其勘查水平还比较低。目前,全国大多数地区已完成1∶20万区域地质勘查,而西藏仅完成了其国土面积16%的勘查,因此,地质勘查程度低制约了西藏绿色矿业经济加快发展。

3. 矿业起步晚,科技含量低,结构不合理

受经济发展水平低等因素制约,西藏矿业经济起步晚,矿产资源开发利用

程度低,矿业经济结构不合理。

(1)矿业经济结构不合理。由于西藏地理环境和人文环境的特殊性,导致西藏经济发展与内地存在较大差异,在矿产资源开采过程中,由于专业技术指导不足、从业人员素质不高,导致矿业资源前期开发科技含量低,矿业企业以粗放式经营为主,数量多但质量不高,分布分散,难以形成规模经营,存在大量乱采滥挖、采富弃贫问题,资源浪费严重。

(2)矿产资源利用结构不合理。目前西藏矿业经济竞争力不强,丰富的资源优势尚未转化为经济优势。现有矿业企业主要靠卖原料这种原始经营方式获得利润,比较优势较低,矿产品附加值不高,抵御市场风险的能力低下。

4. 管理混乱,制度化水平低

西藏矿业经济管理水平落后,制度不健全,矿业企业短视行为严重,环境污染、生态破坏值得关注,制约了绿色矿业经济发展。

5. 产权界定不清晰

西藏矿业经济发展存在与全国其他地区矿业经济发展相类似的问题,这些问题未能得到有效解决也成为制约西藏绿色矿业经济发展的重要原因。具体表现在:

(1)环境产权不清晰。西藏矿产资源开发中,尽管明确提出必须以保护生态环境为前提,也确定了对环境造成污染矿业企业的惩罚措施,但由于环境资源产权界定困难、产权界定费用高,导致西藏矿产资源开发中依然存在着大量的污染浪费,环境压力增加,环保政策调控存在真空。

(2)矿产资源产权不清晰。矿产资源与其他资产一样,也存在产权关系问题。其界定不清同样会导致市场作用发挥不足。尽管国家对矿产资源所有权、探矿权和采矿权都做出了明确的法律界定,自治区政府也根据西藏实际出台了《西藏自治区矿业权交易管理暂行办法》,就探矿权、采矿权出让转让交易等管理规则进行细化,但在实践中,矿产资源所有权与使用权存在混淆,产权界定不清晰,再加上探矿权、采矿权时间限制严,大多数矿业企业出于利益最大化考虑,往往以破坏环境为代价谋求自身利益最大化,这与绿色矿业经济发展理念相背。

6. 对外开放程度低,投资融资渠道有待于进一步拓宽

总体而言,西藏对外开放程度明显低于全国大多数省份,在矿业经济发展中,这一问题制约着矿业经济可持续发展。西藏矿业经济在发展中依然以国家投资为主,商业性投资为辅助,民间和社会投资不足,矿业经济资本市场尚未形成,投融资渠道狭窄,市场融资能力低下,短期内要实现大量融资并不现实,制约了西藏矿业经济加快发展。

(三)发展机遇

西藏绿色矿业经济发展虽然面临上述诸多困难,但其发展也出现一些重要的战略机遇,尤其是2011年西藏迎来和平解放60周年,新时期的优惠政策为西藏绿色矿业经济发展带来了新机遇,抓住机遇将会有力地推动西藏绿色矿业经济发展。

1.中央政府加大了对绿色矿业经济发展的支持

近年来,国家对矿产资源勘查的投入稳步上升,与此同时国家在政策上鼓励非公有制经济组织加入到绿色矿业经济发展中来。徐绍史同志曾经使用了5个必须来表达政府发展绿色矿业经济的决心,他指出:发展绿色矿业必须持续加强矿产勘查,提高资源保障能力;必须严格保护矿山环境促进矿区社会和谐发展;必须依法严格监管维护良好矿业秩序;必须加强国际合作实现互利共赢;必须转变矿业发展方式集约高效利用资源。[①] 这些扶持政策为西藏绿色矿业经济发展注入了新活力,带来了新机遇,"十二五"期间国家在西藏规划建设的9个大型矿山投产成功后,将会使西藏GDP至少增加400亿元到500亿元。

2.西藏政府加大了对绿色矿业经济发展的扶持

《西藏自治区"十二五"时期国民经济和社会发展规划纲要》提出了有重点发展优势矿产业的具体要求,并且提出优势矿产资源勘查和开发重点在青藏铁路沿线、藏中冈底斯东段——念青唐古拉成矿带和藏东三江流域等成矿有利地区;另外,在具体开发领域,西藏政府确定了国家紧缺的铜、铬、盐湖矿开发为西藏绿色矿业发展重点。与此同时,西藏政府为贯彻绿色矿业发展战略目标,还出台了《环境保护条例》、《矿产资源管理条例》、《西藏自治区人民政府办公厅关于加强矿产资源勘查阶段环境保护工作的紧急通知》、《关于加强挖砂、采石管理的紧急通知》等政策文件。上述措施为西藏绿色矿业经济发展绘制了宏伟蓝图。

(四)发展威胁

西藏生态环境非常脆弱,一旦破坏很难恢复,因此,党中央、国务院和西藏

---

① 赵腊平.落实科学发展,推进绿色矿业[N].中国矿业报,2007-11-16.

各级党委、政府历来高度重视西藏生态保护工作,严格要求一切经济活动都必须以保护生态为前提,对于矿业经济尤其如此,因为矿产资源开发利用如果不加约束,不合理利用,任由企业在经济利益支配下开发利用,势必在西藏造成比国内其他地区更大的矿业经济负外部性。因此,明确西藏绿色矿业经济发展面临的挑战,严格执行绿色矿业经济标准,推动西藏绿色矿业经济健康发展就有着重要意义。

1.发展矿业经济对生物资源的威胁

尽管西藏矿产资源非常丰富,但由于分布分散,再加上企业探矿权、采矿权等都有严格的时间限制,并可以转让,由此必然会导致很多矿业企业基于利益最大化目标在开采利用时采取先易后难、先富后贫、采富弃贫、层层转包等短期化经营方式,目前在西藏众多矿区出现的草场资源遭到不同程度的破坏就是这种经营模式的很好佐证。与此同时,由于西藏矿区的基础设施一般比较落后,矿业企业在原矿运输中,由于没有明确行车路线,车辆对周边草地的碾压比较普遍,加剧了草场沙化和草场退化。此外,一些矿业企业私自扩大开采面积,造成对周围植被的破坏。

2.发展矿业经济对空气质量的威胁

毫无疑问,矿产资源开发会威胁矿区空气质量,这种污染会给当地人民群众健康带来威胁。如在矿产资源开采中进行爆破作业将会对空气造成污染;原矿运输中,由于很多运输车辆未做封闭处理,导致矿石、粉尘与空气直接接触,粉尘飞扬给空气造成威胁;在加工中由于矿业企业技术水平不高,加工过程产生废气、废渣对空气会造成严重威胁。

3.开发矿产资源对水资源的破坏

西藏许多矿业企业由于采、选、冶技术落后,在开采时没有设置沉砂池处理采矿废水,含有泥沙的生产废水影响矿区下游人畜用水。[①] 水资源一旦破坏将会造成不可估量的损失,因此,开发矿产资源中如何处理生产用废水也是西藏发展绿色矿业面临的一个重要难题。

4.发展矿业经济对地质环境的威胁

由于西藏绝大多数矿区呈现 U 字型的两边高、中间低的高原、低山、丘陵、山间、谷地或湖盆地貌,且存在大量深厚的地表松散堆积物,斜坡稳定性

---

① 刘增,邹建业.西藏矿产资源开发及对环境的影响[J].科技资讯,2007(02).

差,这些自然因素成为西藏矿区发生地质灾害的重要因素。很多矿区由于采矿而致使河道改道,原本由 U 字型河谷低洼处流过的河水改为从山体一侧下方流过,山体下方受河道冲刷边坡不稳,容易出现滑坡和堵塞河道,加剧地质灾害发生。在露天开采的矿区则容易产生大量弃土弃渣,露天采坑及废渣堆放区地表植被破坏,表土疏松,水土流失加剧。①

此外,由于全球经济危机使西藏绿色矿业经济发展在资金、技术、人才等方面均出现潜在威胁,这使得西藏绿色矿业经济发展存在巨大挑战。

表 2-4 西藏绿色矿业发展的 SWOT 模型

内部因素 外部因素	Strength(优势) 资源丰富,种类多,储量大,拥有许多国家紧缺矿产品种,生态环境保持较好。	Weakness(劣势) 基础设施落后,地质勘查不足,矿业经济起步晚,科技含量低,结构不合理,管理混乱,产权界定不清晰,投融资渠道不畅。
Opportunity(机会) 中央与西藏的政策导向。	SO 结合中央和西藏政策导向,充分利用西藏矿产资源的丰富优势,在保护生态环境前提下,发展绿色矿业,充分发挥财税政策调控作用。	WO 加强与矿业经济相关的配套设施建设,积极勘查矿产资源,明确西藏矿产资源储备情况。
Threat(威胁) 对生物资源的破坏,对空气质量的破坏,对水资源的破坏,对地质环境的破坏,经济全球化的挑战。	ST 加大对生态环境的保护力度,加快结构调整,推动矿业经济结构优化升级,优先开发优势矿种。	WT 加强科学高效的制度化管理水平,加强矿业产权合理界定,扩大对外开放,加大投资融资力度。

---

① 于慧,郑志军,程颂,高永恒,杨刚.西藏矿山生态环境现状及保护研究[J].四川师范大学学报,2011(03).

第三节　发展对策

基于上文关于西藏绿色矿业经济的SWOT分析,本研究认为西藏绿色矿业经济发展的基本原则是坚持社会稳定、生态安全、有计划开发、政府统筹、社会效益与经济效益并重;发展目标是在保证社会稳定和生态安全的基础上,将矿产资源优势转换为经济发展优势,带动农牧民增收,实现生态效益、社会效益和经济效益协调统一;采用政府主导发展模式;通过宏观与微观政策措施推进绿色矿业经济加快发展。

一、发展重点

(一)发展原则

由于西藏特殊的地理、社会和经济环境等因素影响,西藏发展绿色矿业经济必须遵循以下基本原则:

1. 社会稳定原则

西藏与内地相比,经济活动必须充分考虑到社会稳定因素。由于受传统文化因素影响,藏族同胞普遍对大山有着特殊情感,认为神山是不允许破坏的,而绿色矿业经济发展中的爆破作业往往被认为是在破坏当地风水,这在绿色矿业经济发展初期可能出现较大阻力。近年来,随着西藏经济发展不断加快,西藏与内地经济交流越来越频繁,人民群众对西藏绿色矿业经济有了新认识,但是依然有不少群众对开矿存在偏见,因此,西藏发展绿色矿业经济,必须在充分考虑当地传统文化风俗习惯基础上,在确保社会稳定前提下实现合理开发。

2. 生态安全原则

随着我国经济全面快速健康发展,环境问题已经引起各级政府和社会各界普遍重视,党的十八大和《中华人民共和国国民经济和社会发展第十二个五年(2011—2015年)规划纲要》均对环境保护提出了新要求,要求全国各地在经济发展中必须强化生态保护。西藏是我国生态环境保护最好的西部少数民族地区之一,响应党的十八大"建设美丽中国"的号召,西藏也在稳步推进美丽西藏建设,这是西藏各族人民群众的共同心声和共同利益,也是实现西藏经济跨越式发展和社会长治久安的基础和前提,"保护生态环境,构建生态西藏"表现在西藏绿色矿业经济发展上就是要坚持生态安全原则,强推和谐矿区建设,从体制机制上消除绿色矿业经济发展隐患。

3.有计划开发原则

西藏矿产资源品种丰富、储备量大,具备绿色矿业发展经济发展条件。但由于西藏地质勘查覆盖面窄、程度低,资源家底还未彻底摸清,再加上人才短缺、科技水平不高等制约,西藏矿产资源不宜大规模开发利用,更不能允许乱采乱用、采富弃贫的竭泽而渔式短视行为发生,而应该结合国家战略需要及西藏自身条件,有计划地开发利用优势矿产资源,待条件成熟后逐步扩大开发利用范围。具体来讲,在藏东地区,要以建立有色金属绿色矿业经济发展基地为核心,加大对三江流域成矿带铜、锌、铅等优势矿产资源勘查、开发和利用,实现铜、锌、铅矿开发利用增量、提标和规模化;在藏中地区,要以建立有色金属与铬铁矿绿色矿业经济发展基地为核心,加大对铜、铬、铅、锌、金等优势矿产资源的勘查、开发和利用;在藏西地区,以建立盐湖绿色矿业经济发展基地为龙头,加大锂、镁、硼、钾等盐湖矿产资源开发利用;在青藏铁路沿线、藏中冈底斯东段念青唐古拉成矿带、藏东三江流域以及藏西藏西北地区等成矿条件较好的区域优先进行优势矿产资源勘查,作为西藏绿色矿业经济发展的战略储备地。

4.政府统筹原则

毋庸置疑,矿业经济是一个有很大负外部性的经济领域,发展绿色矿业经济离不开各级政府部门的规划协调。由于西藏绿色矿业经济发展存在更多制约因素,因此在西藏发展绿色矿业经济不宜采取内地政府辅助、市场推进的市场化运作模式,而应该采取政府全面规划、整体布局,市场合理配置、有序推进,企业严格要求、科学开发的政府主导型运作模式。进一步,政府要在西藏绿色矿业经济发展中发挥主导作用,就必须强化规划能力、统筹能力,从绿色矿业经济发展规划制订入手,在宏观上科学确定绿色矿业经济发展区域布局,在行业上加强绿色矿业经济的制标立规,在微观上强化绿色矿业经济参与主体资格认定、生产规范,使西藏绿色矿业经济沿着正确方向前进。

5.社会效益和经济效益并重原则

社会效益和经济效益的综合协调是西藏绿色矿业经济发展的内在要求，也是西藏绿色矿业经济发展中必须遵循的重要原则。传统矿业经济往往只注重经济效益而忽视社会效益尤其是生态效益，采取竭泽而渔的粗放型经营发展方式，阻碍了矿业经济可持续发展和矿产资源综合利用；但如果只强调社会效益而忽视经济效益，对矿产资源采取完全不开发态度也是不可取的；只有通过发展绿色矿业经济才能既保护生态环境，又科学利用矿产资源，既实现绿色矿业经济发展、和谐矿区建设，又带动相关领域全面进步，从而使绿色矿业经济正外部性不断扩散，提高西藏各族人民群众生产生活水平。

（二）发展方向

西藏绿色矿业经济发展目标就是要在保证社会稳定和生态安全的前提下，将矿产资源优势充分转换成经济发展优势，实现生态效益、社会效益和经济效益协调统一。而要实现上述目标就必须在发展绿色矿业经济过程中更新观念，摈弃传统不合时宜的矿业经济陈腐观念、落后思想，充分挖掘国家发展绿色矿业经济政策潜力，充分利用西藏发展绿色矿业经济优惠政策，充分发挥西藏绿色矿业经济资源优势，全面构建环保立矿、低碳开矿、生态建矿、和谐推矿、效益助矿、富民提矿的绿色矿业经济发展体制机制。

（三）发展模式

与内地绿色矿业经济发展相比，西藏绿色矿业经济发展存在社会稳定和生态安全等方面的特殊性，因此在西藏发展绿色矿业经济不能像内地那样采用以政府引导为前提、以市场运作为基础、企业自主经营为核心的传统模式。而应该结合维护社会稳定、推进生态安全与实现强区富民多种目标要求，遵循政府主导型绿色矿业经济发展模式，坚持政府宏观主导、市场中观配置、企业微观搞活，以国有大型矿业企业勘查投资为主，鼓励国内资质好、实力强的大型非公有制经济组织积极参与到商业性矿产资源勘查开发中，实现有计划、可持续绿色环保低碳开发。

二、对策建议

（一）宏观角度

由于起步晚，受地理环境和人文环境多重制约，西藏经济发展主要依靠政

府支持,因此在绿色矿业经济发展中同样需要依靠政府财政资金支持和相关政策扶持。具体来讲,宏观层面应该做好以下几方面:

1. 完善税收优惠政策

全国与绿色矿业经济发展有关的税种主要包括增值税、消费税、资源税、耕地占用税、城建税、车船使用税、土地使用税,由于西藏矿业经济特殊性,上述很多税种在西藏均被减免,这在一定程度上为西藏绿色矿业经济发展减轻了负担、提供了支持,但是这些优惠政策在具体执行过程中由于体制机制制约,政策效果不理想,因此要进一步完善现行财税政策制度,建立科学系统的西藏绿色矿业经济财税政策体系。

(1)完善增值税税收优惠政策。对绿色矿业经济发展中从事深加工和精加工的矿业企业生产的具有高附加值的矿产品,应在现有优惠政策基础上适当降低增值税税率,减轻绿色矿业企业税收负担。

(2)完善企业所得税税收优惠政策。企业所得税是矿业企业缴纳的重要税种,政府应对达到绿色生产条件的矿业企业给予一定优惠,对那些在现有环保基础上增加绿色投资的矿业企业给予一定补贴,在征收企业所得税时应对这部分企业给予一定的税收优惠,或者通过企业固定资产加速折旧法减轻企业负担,鼓励绿色矿业企业进行科技创新和增加科研投入。

(3)完善消费税税收优惠政策。针对国内矿产品需求量日益增加的实际,有针对地出台绿色矿产品消费税税收优惠措施,如对达到环保标准的小汽车、大客车减征30%消费税,对绿色矿产品出台类似政策,鼓励绿色矿产品消费。

2. 完善绿色矿业经济补贴政策

(1)对绿色矿产品实行价格补贴。绿色矿产品生产会增加企业成本支出,为鼓励矿业企业生产过程中践行绿色生产理念,政府应该出台切实可行的措施加大对加工生产绿色矿产品的企业给予价格补贴,帮助绿色矿业企业降低生产成本,增加利润,转变生产方式。与此同时,在转变矿业经济转变发展方式过程中,支持绿色矿业企业负责人加强培训,鼓励矿业企业从粗放型增长模式向集约型发展方式转变,增加绿色矿产品的附加值。

(2)对亏损绿色矿业企业给予加工补贴。由于主客观因素制约,西藏很多矿业企业还处于亏损状态,各级政府应在现有补贴基础上,有针对性地加大环保亏损矿业企业补贴力度,发挥好绿色矿业企业示范带动作用,激发其他矿业企业加大环保投入,推进绿色生产的积极性、创造性。千方百计减少传统运输方式给环境造成的巨大压力,倡导清洁、安全现代物流,加大绿色物流企业定向补贴力度,助推物流企业运输方式转型升级。

(3)对绿色矿业企业加大财政贴息。充分发挥好财政贴息贷款这种间接补贴方式的带动示范作用,切实提高企业投资绿色矿业的积极性、主动性。创新体制机制,加大银企合作,切实增加信誉好、重环保、资源利用率高的绿色矿业企业的贴息贷款,助推绿色矿业经济健康发展。

(4)对矿产资源勘查企业实行财政补贴。进一步完善矿业经济的税收优惠,在继续加大对从事勘查投资的矿业企业给予减税、免税优惠的基础上,加大对从事勘查投资的矿业企业给予定向财政补贴,发挥大型国有矿业企业的示范引导作用,带动其他有资质的矿业企业进行合理勘查。

3.完善财税奖惩机制

西藏绿色矿业经济发展离不开财税政策支持,同时也需要通过一定的政策措施约束矿业企业的经济活动。因此政府在对从事绿色矿业经济的矿业企业进行财政补贴的同时,也应制订并执行严厉的违规惩罚措施,如利用卫星和航空遥感技术加大对西藏矿区生态环境的测量,对那些达不到环保标准的矿业企业加大整改力度,通过减少补贴、取消税收优惠、罚款、停产甚至关闭等强有力惩罚措施,激励矿业企业改善生产条件,引进先进技术,开展绿色生产,保护生态环境。

4.加大生态保护支持

加大生态环境保护,将矿业经济发展对环境污染程度降到最低,是发展绿色矿业经济的核心和关键。目前,国家对矿业经济发展与环境保护有关法律法规主要有《中华人民共和国环境保护法》、《矿产资源法》、《土地管理法》、《土地复垦规定》等,西藏绿色矿业经济发展应在严格执行上述法律法规基础上,从以下几方面加强环境保护:

(1)树立正确的生态观。正确的生态观是发展绿色矿业经济的必备前提,因此,一方面要加强生态环境保护宣传,提高公众环保意识,使公众自觉参与到生态环境保护和监督中来;另一方面矿业企业应改变过去盲目追求经济利益,忽视生态效益的错误做法,将生态效益评价纳入企业各级业绩考核指标体系,增强员工环保意识,营造发展绿色矿业经济的良好氛围。

（2）完善生态补偿机制。坚持谁破坏、谁恢复原则，要求矿业企业必须在资金安排上充分考虑对生态环境的保护，留足环境治理资金，建立环保后备基金，从经济利益上减少矿业企业在环境保护工作上的不作为。在这方面，美国、英国、德国、瑞典、澳大利亚、日本等矿业经济发达国家有很多经验值得我们借鉴，如美国制订湿地融资计划，明确规定矿业企业必须先采取措施避免对湿地破坏，然后再考虑如何对造成破坏湿地进行补偿；英国为了防止矿业经济对矿产资源和环境造成破坏，在矿产资源开发前就确定了严格的准入制度，在开发中则加强对环境保护的管理和监督，在矿山闭坑后要求矿业企业要对矿区土地进行复垦，以保护矿区生态环境；澳大利亚在发展矿业经济时，除了在矿产资源开发前制定了严格矿山环境保护和关闭规划之外，还专门设立了矿山关闭基金，通过法律形式对矿业企业经营活动进行规范；德国、日本、加拿大等一些国家也通过类似措施有效地解决了矿业经济发展和环境保护之间的矛盾，很好地解决了矿业经济发展中的生态补偿问题。考虑到西藏矿业经济生态环境的特殊性，本研究认为西藏发展绿色矿业经济过程中也应该建立完善的生态环境补偿机制，从探矿、采矿及开发后等各个环节确定严格的生态补偿规范，并建立起政府、企业、消费者、矿区居民共同参与的矿业经济生态补偿工作体制机制。首先，开发前要规范市场准入制度，建立环境评价指标体系和绿色矿业经济各项技术标准。要充分发挥各级政府部门在绿色矿业经济发展中的主导作用，严格控制矿业企业准入，优先选择一批资质好的大型矿业企业进藏开展矿业经营。要求进藏矿业企业开矿前必须预留一定规模的环境保护保证金，并事先制定环保目标，建立完善的环评指标体系和技术标准。与此同时要加大西藏绿色矿业经济市场准入监督执法，试点审批部门环境保护责任终身制，对参与矿业企业环评的官员和政府部门考评试点推行责任企业环评问题一票否决制。其次，开发中要加大科技投入，发展循环矿业经济。西藏矿业企业应进一步加大科技投入，鼓励矿业企业率先采用生态、环保、绿色新技术，各级政府应在财税方面对清洁生产矿业企业优先扶持，促进矿业企业减少废气、废料和废水的排放，鼓励支持水、气、料的循环使用，提高资源利用效率。最后，开发后要进行有效评价和监督。要构建国土、水利、林业、环保、安检等多部门共同参加的西藏绿色矿业经济开发中、开发后的评价和监督工作体制机制，形成绿色矿业经济发展联合治理的联动机制，并利用现代技术手段加大对违规矿区、违规矿业企业的曝光、惩罚力度。

5.健全绿色矿业经济发展基金

整合目前在藏的矿业企业,由政府矿业主管部门牵头,金融、财政、税收、银行、矿业企业等共同参加,发起建立西藏绿色矿业经济发展基金,吸引一批资质好的大型矿业企业到西藏投资发展绿色矿业经济,以绿色矿业经济发展基金为依托,扩大融资范围,鼓励援藏基金注入。通过基金运作,扶持矿业企业开展科技创新,全面推进西藏绿色矿业经济健康发展。

6.加大矿区基础设施投入

长期以来西藏矿业经济没有能够充分发挥资源优势,实现资源优势向经济优势、经济优势向富民优势的转化,一个非常重要的原因是矿区基础设施不完善。要彻底改善西藏矿区基础设施落后的局面,单纯依靠矿业企业和市场力量是远远不够的。为此,要下大气力争取国家专项扶持资金,在矿区基础设施建设上实现突破,改善矿区道路条件、给排水设施、通讯设施和电力基础,从源头上解决矿业经济发展中的污染蔓延。

7.加强环境产权界定

加强对环境和矿产资源产权合理界定不仅有利于企业明确责任,进行绿色生产,同时也有助于政府进行有效监督。这方面应着重做好以下几点:

(1)将环境产权与矿产权相结合。由于环境产权的公有属性和复杂性,使得环境产权与矿产权相比更难以明确,通过将环境产权与矿产权相结合,以环境共有产权形式直接赋予矿业企业可以加强对矿业企业的监督,有效降低监督成本。通过环境产权与矿产权相结合,事先通过法律设定环境标准,以此约束矿产资源开发中对环境的破坏行为,为此可以尝试环境污染责任保险制。

(2)循序渐进有重点地界定环境产权。环境产权界定一直都是一个困扰矿业经济发展的世纪难题,核心问题和限制在于,环境产权界定成本太高。为了解决这一问题,可以采取循序渐进的方式,首先尝试对矿产资源开发中有可能对环境产生重大威胁的环境产权进行界定,再逐步扩大环境产权范围。例如,在矿产资源开发中会产生一定的废气、废水和粉尘,这些污染物将会直接威胁到矿区周边群众的生产生活,我们可以在法律上赋予矿区周边群众环境保护权利,通过宣传引导矿区周边群众,使他们重视对周边清洁空气、清洁水源的保护,通过教育培训教会矿区周边群众,使他们掌握一些简单的矿区污染测量技术,最后赋予矿区周边群众一定的环境污染汇报权、环境保护监督权。

(3)充分利用经济手段制约矿业经济外部性。近年来随着人们环保意识的觉醒,国际上环境税不断完善,环境税在化解矿业经济外部性方面发挥着重要作用。要发展西藏绿色矿业经济,一方面要加大对污染大的矿业企业的惩罚力度,另一方面要积极利用国际成熟的环境保护税的经验解决矿业经济环保问题。

(二)微观角度

1.积极争取地质勘查资金

党的十八大报告明确提出,要加强矿产资源勘查、保护和合理开发。对于西藏而言,要加强矿产资源勘查、保护和合理开发就首先必须对矿产资源储备情况进行彻底勘查,只有摸清家底,才能为有序开发、合理利用打好基础。近年来,西藏矿产资源勘查已经取得了巨大成就,但与其他矿业经济发展较好省份相比,还远远不够,这在某种程度上限制了西藏绿色矿业经济快速发展。而要对矿产资源进行勘查,离不开财政资金的巨大支持。由于西藏本级财政力量有限,大量矿产资源勘查资金必须依赖中央拨款,由此决定了西藏在发展绿色矿业经济时,必须积极争取国家地质勘查资金,为有效开发利用丰富矿产资源奠定资金基础。

2.加强科技创新与人才培养

绿色矿业经济发展离不开先进技术的运用和先进设备的引进,而要使先进技术和先进设备发挥应有作用,必须有大量掌握新技术的专门人才。就目前情况看,西藏绿色矿业经济发展还比较落后,一个非常重要的原因就是缺乏高端技术设备和高素质人才,因此,未来西藏应不断加强绿色矿业经济科技创新和人才培养,具体包括:

(1)加快引进先进技术设备。国际上矿业经济发达国家的实践反复证明,矿业经济要获得规模效益,实现经济效益和生态效益的统一,必须依靠先进技术的采用和先进设备的使用。借鉴发达国家成功经验,西藏绿色矿业经济发展必须与先进技术采用和先进设备引进密切挂钩。而目前基于西藏矿山企业布局分散、粗放式经营的现状,各级政府应在财政资金使用上加大对引进先进技术和采用先进设备的矿业企业进行专项补贴,鼓励实力强大的矿业企业主动采用环保、低碳、绿色的生产技术设备,从绿色矿业经济各个环节上对矿业企业生产经营活动进行引导。在提高矿产资源利用率的同时,减少矿产资源浪费,减低环境污染,实现科技兴业、科技环保、科技强区、科技富民、科技环保。

(2)加强矿业科技人才培养。西藏发展绿色矿业经济不仅需要引进先进的技术设备,更需要加强绿色矿业经济科技人才培养,因为只有拥有一大批高科技人才才能充分利用引进的先进设备,实现西藏绿色矿业经济跨越式发展。而在人才培养方面,一定要坚持西藏自治区人才长远规划的基本原则,科学处理培养与引进、走出去与引进来的关系,通过提高待遇吸引优秀人才到西藏矿业企业就业。通过鼓励企业加大员工培训教育力度,提高员工技术水平,尤其要通过加强本地员工的职业培训,在减少外来聘用人员高成本的同时,确保企业员工的稳定性与适应性。通过鼓励有资质的矿业企业独自或联合发展矿业高等教育,保证稳定的人才供应,以满足西藏绿色矿业经济持续的人才需求。当然人才引进也同样需要政府的扶持,各级政府应该与矿业企业联合起来为优秀专业人才落户西藏提供户口签转、子女求学、专业技术职称晋升等各种便利。

3.建立绿色矿业企业集团

实践表明,组建绿色矿业企业集团不仅有利于规范西藏矿业企业的开采行为,有利于矿业企业的交流合作,同时也有助于提升西藏矿业企业的竞争力。矿业企业不仅可以从集团获得资金、技术的支持,而且也可以从集团获得绿色生产的经验支持,还可以通过矿业集团内部绿色矿业企业评选,增强集团内各子公司间的竞争,增加矿业企业的竞争力和活力。通过发挥集团的引领作用和示范作用,营造生态、环保和有效开发矿产资源的良好环境。

4.提高管理水平

科学高效制度化的管理是企业健康发展必备条件,西藏绿色矿业经济发展同样离不开高效务实管理,因此,对于矿业企业而言,如何提高自身管理水平也是发展绿色矿业经济的一个重要问题。为此:首先,要建立健全领导责任制和监督机制,形成规范化管理。矿业企业通过建立健全领导责任制和监督机制,对于科学划定责任、明确各自分工有重要意义,为此在矿业企业内部可以尝试建立生产管理委员会、安全管理委员会和环境保护委员会,使安全生产和环境保护责任明确、有章可循。其次,要建立完善的管理制度。西藏矿业企业应进一步完善内部管理制度,制度化水平高低是影响一个企业发展的重要因素,目前制度建设的重点在于:用人制度、激励制度和奖惩制度等。再次,提高环保战略管理、增加竞争优势。西藏作为我国目前生态环境保持最好的地区,绿色矿业经济发展可以利用这一优势在原有基础之上通过加大环保投入,增强员工环保理念,通过提高环保战略管理、增加企业竞争优势,实现绿色矿业经济可持续发展。最后,要建立和谐矿区。和谐矿区是保证矿业企业加快发展的前提,对于西藏而言,这一问题尤其重要,为此矿业企业应该立足稳定发展原则,协调好矿区周边关系,力争获得周边群众的信任,为周边群众创造良好的生产生活环境,确保绿色矿业经济和谐发展。

5.扩大对外开放水平,加大投资融资力度

在经济全球化大背景下,西藏绿色矿业经济发展仅仅依靠国内资源已经难以满足发展需要,因此,必须坚实引进来、走出去的发展战略,在积极借鉴国内外先进绿色生产经验的基础上,发展矿产品贸易,加强与国外同类企业的交流合作,取他人之所长,补自身之不足;其次应根据国家产业政策及西藏经济发展实际多角度拓展投融资渠道,培育矿业权市场、资本市场、技术市场、中介市场,为西藏绿色矿业经济发展注入活力。

第三章

西藏特色旅游经济发展问题研究

作为我国重要的边疆民族地区、重要的国家安全屏障、重要的生态安全屏障、重要的战略资源储备基地、重要的高原特色农产品基地、重要的中华民族特色文化保护地、重要的世界旅游目的地,西藏有着丰富的旅游资源。改革开放以来依托这些旅游资源优势,西藏旅游经济获得了迅猛发展,与此同时各种与旅游经济相关的营利性经营活动日渐兴起。西藏特色旅游经济潜在商业价值日益显现的同时,利益相关者多元化问题以及由此而隐藏着的利益冲突逐渐显露出来,景区创收过程中政府部门、投资者、社区居民、游客等利益相关者间的矛盾也屡见不鲜,究其原因是特色旅游经济利益相关者各方利益分配不平衡。为此,要促进西藏特色旅游经济加快发展,就必须重视利益相关者的利益协调,关注西藏特色旅游经济各参与主体的不同利益诉求,提高旅游活动参与度,合理分配特色旅游经济利益,实现利益分配的公平、合理、有效,促进西藏特色旅游经济健康发展。基于上述考虑,本研究从利益相关者理论入手,对西藏特色旅游经济发展中的利益相关者冲突进行剖析,进而提出协调利益相关者利益冲突、促进西藏特色旅游经济加快发展的对策建议。

第一节 发展基础

为了将本研究置于规范理论分析体系,本节将从利益相关者理论研究出发,在回顾旅游经济利益相关者利益协调研究文献的基础上,对西藏特色旅游经济发展现状和利益相关者利益冲突进行理论梳理,形成对本研究的理论支撑。

一、理论基础

利益相关者概念来自管理学,其思想源于19世纪的协作或者合作理念,于20世纪60年代被作为一个完整概念正式提出,20世纪80年代伴随着公司治理理论发展而逐步规范。本研究将根据西藏特色旅游经济分析的需要,从国内外两个角度回顾利益相关者理论研究的重要成果,并基于研究需要做出必要评价。

(一)研究现状

1.国外文献综述

国外学者普遍认为那些能影响组织目标或被组织目标影响的组织和个人均构成组织的利益相关者。基于此,雇员、顾客、供应商、股东、银行、政府以及能够帮助或损害企业的其他团体均被划为企业利益相关者之列。国外学界关于利益相关者理论研究经历了漫长、渐进的积累过程。

(1)关于利益相关者概念的争鸣。现在所使用的利益相关者概念最早出现在1963年斯坦福研究中心内部备忘录中的一篇管理论文中。文中指出利益相关者是这样一些团体,没有其支持,组织便无法生存。[①] 毫无疑问,该理论界定并没有完整揭示利益相关者的全部内涵,只是强调了利益相关者在管理领域的重要性,意在提醒人们关注利益相关者的存在及其在企业经营管理中的重要性;但就是这一概念的引入使企业经营管理领域的利益分析进入了一个崭新阶段,并直接推动了该理论研究的逐步繁荣。

1983年弗里曼和雷帝将利益相关者区分为狭义和广义两个层次,认为广义利益相关者是指那些能够影响一个组织目标实现的主体,或是自身受到某一组织影响而改变行为的主体。狭义利益相关者则指那些为了维持其持续生

---

① Freeman R.Edward.2006.Strategic Management:A Stakeholder Approach Boston: pitman.

存而必须依赖或高度关注特定组织的主体。1984年美国经济学家弗里曼[①]对利益相关者的定义进行了进一步阐述,指出利益相关者是那些能够影响企业目标实现,或者能够被企业实现目标的过程影响的任何团体和个人。与前一定义相比,该定义强调了在利益相关者范围内主体与组织影响的双向性,使利益相关者界定更加全面和切合实际,为学界广泛引用和普遍接受。在上述关于利益相关者界定的鼓舞下,后继者们从利益相关者产生原因的角度对利益相关者做出了进一步的理论解析,其中以希尔和琼斯的研究最具代表性,他们在1992年提出利益相关者是指那些与某个组织有着一些合法和重大联系的人,比如交易关系、行为影响和道德责任。

上述关于利益相关者的界定和解读在以下两个方面推动了利益相关者理论研究的深入:一是为进一步开展利益相关者理论研究提供了规范而清晰的概念框架;二是虽然上述几位学者关于利益相关者定义解读存在一定分歧,但他们都从特定角度揭示了利益相关者的基本特征,这些优秀研究成果为该领域奠定了坚实的理论基石,助推了利益相关者理论研究向纵深发展。本研究也基本上是在上述框架内使用利益相关者概念的。

(2)关于利益相关者理论的研究评述。在已有关于利益相关者概念研究成果基础上,学者们展开了对于利益相关者理论的深入研究。20世纪70年代以后,伴随着契约理论的提出,以弗里曼、多纳德逊、布莱尔、米切尔等一批管理学家为代表的学者们从不同角度论证了利益相关者理论,他们的研究表明任何一个公司或组织的健康发展都离不开企业股东、债权人、组织雇员、消费群体、供应商、政府部门、当地社区、新闻媒体、环境保护主义者等利益相关者,由于利益相关者普遍存在和在更大范围内发挥作用,因此,要求公司或组织在经营决策、治理框架构建等众多领域均必须充分考虑到利益相关者的诉求,并给予他们相应的发言权,使他们能很好地服务于公司或组织,以免以撤资威胁公司或组织的生存。

这里需要进一步说明的是,本世纪以来学者们在利用利益相关者理论研究组织战略等重大发展问题时,开始将研究触角深入到利用利益相关者理论

---

① Freeman R.E. 1984. Strategic Management: A Stakeholder Approach. Boston: Pitman.

分析和探讨与企业组织发展相关的资源分配与利益冲突。比较有代表性的研究包括:弗里德曼(2002)研究指出企业组织的利益分配与争夺是产生利益相关者理论的根本原因,为此未来利益相关者理论研究应更多关注企业组织与利益相关者之间的利益冲突与协调,这是发展利益相关者理论的需要和重要途径;哈特(2004)在对利益相关者进行分类的基础上重点研究了边缘利益相关者,提出边缘利益相关者对于企业组织经营战略发挥着重要作用,是企业组织利益协调领域不可忽视的问题,企业组织与边缘性利益相关者的矛盾激化将会严重影响组织发展战略实施,进而提出企业组织健康发展必须关注边缘利益相关者的竞争性作用的观点;德斯帕(2005)重点探讨了利益相关者利益协调、合作与均衡。上述弗里德曼的利益分配争夺论、哈特的边缘利益相关论,以及德斯帕的利益相关者协调论、合作论等,为本研究提供了新的研究视角和理论支持。

(3)利益相关者理论在旅游经济领域的应用。国外学者20世纪80年代中后期将利益相关者概念引入旅游经济问题研究中,并于90年代中期开始系统研究。比较有代表性的优秀成果包括:维尼(1995)研究指出作为一个综合性行业,旅游经济比其他经济领域涉及的利益相关者都多,为此对于旅游经济利益相关者研究更应置于广阔的研究视野。在此基础上,莱森(1999)研究分析了旅游经济的政治、社会和道德问题,使旅游经济利益相关者理论研究获得了巨大突破;基于旅游经济所有利益相关者均具有本质上相同的价值取向,索特和莱森两人在弗里曼利益相关者谱系图基础上,绘制了一幅旅游经济利益相关者图谱。这些研究为国内相关研究提供了丰富的理论滋养,推动了国内旅游经济利益相关者理论研究不断深入。

2.国内文献综述

相对于国外旅游经济利益相关者理论研究异彩纷呈的局面而言,国内对于该领域的研究开始较晚,目前仍处于起步探索阶段,大部分研究成果还主要集中在转述西方学者优秀研究成果层面,至于借鉴这些理论成果解决国内旅游经济发展存在的实际问题的研究还处于启蒙阶段,还没有形成系统性的研究体系,但很多学者在该领域的探索起到了奠基性作用。比较有代表性的研究包括:最早利用利益相关者理论研究我国区域旅游经济发展的学者是保继刚和钟新民,2002年他们在《桂林市旅游发展总体规划》(2001—2020)中提出区域旅游发展过程中主要利益相关者应该包括游客、政府、商业部门、当地居民、景点开发商等,因为上述各利益相关者之间存在利益表现、决策过程与行为相互制约和影响,所以应该结合系统反馈分析主要利益相关者在旅游经济中的促进限制作用,在剖析区域旅游经济发展内部结构基础上制定区域旅游经济发展战略规划。这一成果为本研究提供了建立区域旅游经济相关者利益协调机制的参考与借鉴。

在此基础上,很多学者分别从不同角度开展了关于旅游经济相关利益者之间问题的研究。如夏赞才(2003)运用利益相关者理论研究了我国旅行社管理问题,认为旅行社利益相关者包括核心层、战略层和外围层,且每一层次均包含着不同利益相关者。旅行社必须根据自身需要,运用利益相关者理论框架和基本原则进行有效管理。这一研究对于旅游经济实体分层次协调不同利益相关者关系有很强的指导意义。黄昆(2003)从旅游景区环境管理角度讨论了政府部门、当地居民、景区投资者、旅游者和景区员工等各利益相关者对景区环境管理的不同影响,提出了协调利益者关系,共同构建参与模式的旅游景区管理框架。这一研究对于旅游景区协调管理提供了可行思路。冯淑华(2003)立足流域内协调相关利益主体关系,探讨风景名胜区旅游发展和流域内资源共享问题,提出了统筹协调、可持续利用的对策主张。虽然冯淑华的研究没能从系统上解决旅游景区整体发展问题,但其流域内资源共享机制建议对于协调旅游景区发展很有指导性。张祖群(2004)利用人类学田野调查法探讨了荆州地区旅游经济不同利益主体的互动关系,提出荆州地区旅游经济应以丰富特有的文化景观为中介,分析不同利益主体间的互动,提出解决利益主体之间的矛盾是区域旅游活动的根本思想。宋瑞(2004)、刘雪梅(2005)及保继刚(2004)将利益相关者理论引入生态旅游研究,探讨了生态旅游中不同利益群体之间的关系处理问题。张舒(2007)探讨了风景名胜区可持续发展过程中的利益相关者的协调步骤与方法,为推动风景名胜区旅游经济可持续发展提供了有益借鉴。

上述分析过程表明尽管国内学者在运用利益相关者理论解决旅游经济问题上取得了巨大进展,但不可忽视的问题是:从研究范围看,现有成果概念性描述多,深层次解释及体制研究少,对于旅游经济利益相关者冲突、矛盾形成体制机制研究更显不足。从研究方法上看,现有成果定性研究多,定量研究少;规范研究多,实证研究少。包括西藏在内的民族地区特色旅游经济利益相关者问题研究存在很多空白,这种研究现状不利于包括西藏在内的民族地区特色旅游经济可持续发展。

(二)利益相关者

为了全面、准确地揭示西藏特色旅游经济发展中的利益相关者结构,本研究从利益相关者构成和图谱两个方面出发,系统阐述了西藏特色旅游经济发展的利益相关者构成。

1.利益相关者构成

西藏特色旅游经济发展有其利益相关者,即在发展过程中有能够影响旅游经济可持续发展目标实现的团体和个人。如果西藏特色旅游经济要保持健康、可持续发展态势,就必须考虑各种利益相关者团体不同的利益诉求。通过探讨利益相关者方法理论,能够更好地认识和管理内部和外部变化,协调、平衡各种利益相关者的利益需求,促进特色旅游经济健康可持续发展。为了准确把握西藏特色旅游经济发展的利益相关者,本研究主要从利益相关者图谱方面介绍西藏特色旅游经济利益相关者情况。

2.利益相关者图谱

本研究将根据《国际旅游规划案例分析》和弗里曼《战略管理》界定西藏特色旅游经济利益相关者,认为西藏特色旅游经济涉及的利益相关者是一个动态范围,随着时间推移,特色旅游经济发展过程中所牵涉的利益相关者也是变化的。利益相关者主要包括内部相关者和外部相关者。其中内部相关者包括所有者、旅游消费群体、雇员、社区居民、当地农牧民、金融界、开发商、经营商、旅游规划师等;外部相关者包括政府、政府团体、国际竞争者、媒体、地方社区组织、特殊利益集团、环保主义者等。立足上述利益相关者界定并结合弗里曼一般性利益相关者图谱,本研究绘制了西藏特色旅游经济可持续发展中的利益相关者图谱,如图3-1所示。

分析图3-1可以发现,西藏特色旅游经济发展涉及很多行业,其中包括许多利益相关者,如果能利用利益相关者理论方法,协调、平衡特色旅游经济内部的利益相关者之间的利益冲突,确保利益分配内部均衡,营造一种西藏特色旅游一条心,所有参与者朝一个大方向努力,推动特色旅游经济可持续发展的局面,这样不仅对西藏特色旅游经济有重大意义,而且能为西藏国民经济发展

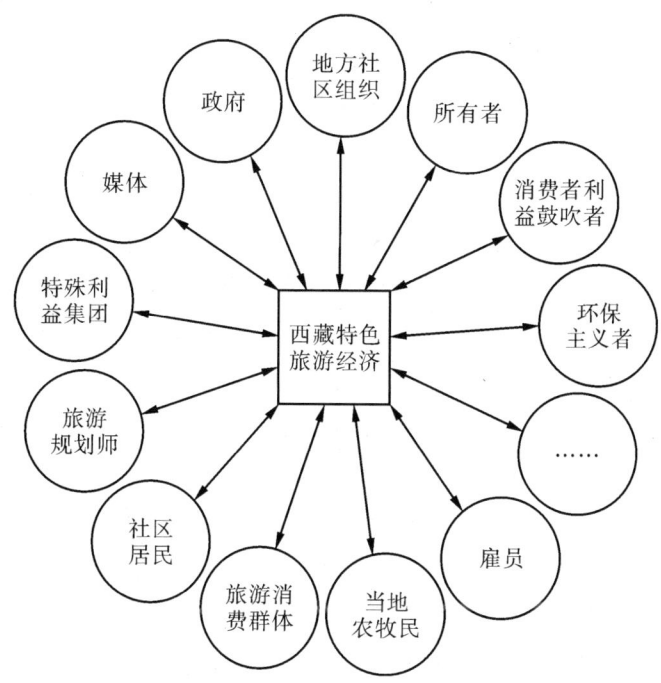

图 3-1 西藏特色旅游经济的利益相关者图谱

做出更大贡献。

(三)应用意义

在西藏特色旅游经济发展中,关注利益相关者的利益需求具有重要意义,同时把利益相关者理论引入西藏特色旅游经济可持续发展分析中也具有较强的现实指导作用。具体表现在以下几个方面:

第一,关注西藏特色旅游经济发展中的利益相关者的利益需求,有利于协调平衡各方利益冲突,推动特色旅游经济健康可持续发展。特色旅游经济发展涉及众多利益相关者,他们的行为与旅游经济建设及旅游企业管理密不可分,旅游经济与管理是利益相关者在追逐各自利益诉求过程中,选择有利于自身行为决策的结果。因此,需要特别关注核心利益相关者的利益诉求,协调利益相关者利益关系,通过核心利益相关者相互作用与协调方式实现西藏特色旅游经济健康持续发展。

第二,关注西藏特色旅游经济核心利益相关者的利益诉求有利于降低治理和监督成本。关注旅游经济核心利益相关者的利益需求,特别是社区居民的利益诉求,满足他们的利益诉求,不仅有利于和谐稳定的旅游环境建设,更有利于吸引游客,增加旅游收入。众所周知,西藏独特的旅游文化,是当地最大的财富,因此,人民群众自然而然应该是最大受益者,而不应该被边缘化。应该鼓励他们全程参与到特色旅游资源开发与经营中,确保他们的利益诉求与旅游经济发展总体目标相一致。正是因为西藏特色旅游经济健康发展与参与者切身利益密不可分,因此,如果每一位参与者都投身到营造良好的旅游环境中,将有助于协调旅游经济核心利益相关者之间的利益需求,从而降低旅游管理成本和监督成本。

第三,协调西藏特色旅游经济核心利益相关者的利益需求将有助于营造稳定的旅游环境,推进西藏特色旅游经济可持续发展。毫无疑问,良好的旅游环境会吸引更多游客,促使旅游经济呈现欣欣向荣的景象。在西藏特色旅游资源开发中,营造稳定的旅游环境尤为重要,应当重视当地居民旅游参与度,帮助他们参与到旅游经济活动中,鼓励引导社区居民加大对旅游经济的支持,共享旅游经济发展成果,从而使社区居民更加关注旅游经济发展,以主人翁姿态保护好当地特色旅游资源,创建更好的旅游形象,创造出更大的经济效益。

(三)本研究约定

基于上文对于国内外利益相关者理论的述评,为了规范本研究,并使研究置于规范概念体系内,我们对西藏特色旅游经济利益相关者界定如下:由于西藏特色旅游经济自身的特殊性,决定了西藏特色旅游经济利益相关者较之于国内发达地区更为宽泛,主要包括政府部门、旅游实体、组织雇员、消费群体、当地社区、新闻媒体以及当地农牧民等各种利益主体。西藏特色旅游经济的目标除了强调国内旅游经济追求经济效益最大化、保护旅游文化资源等目标之外,还应将更多注意力和精力置于追求社会效益最大化和强区富民上。

二、发展概况

作为西藏经济重要的战略支柱领域,特色旅游经济对于西藏经济跨越式发展和社会长治久安具有不可替代的作用。为了客观展示西藏特色旅游经济取得的成就,本研究从西藏特色旅游经济发展的必要性、特殊性和发展现状三个方面,综合展示了西藏特色旅游经济的发展基础。

(一)西藏特色旅游经济发展的必要性

旅游经济覆盖面宽、关联性强,主要涉及食、住、行、游、购、娱六大要素,旅游经济健康可持续发展与这六大要素密不可分。这种关联关系主要表现在:旅游产品与服务、生产技术投入与产出、劳动就业与投资。旅游经济发展受到农业、交通运输、建筑、工业、通讯、宣传媒体、教育和医疗卫生等行业建设水平的制约,反过来,旅游经济大力发展同时也能促进相关经济领域进一步扩大。旅游经济发展对西藏国民经济增长做出了重大贡献,旅游收入对经济增长贡献率逐年增大,由"十五"初的3.55%增长到"十一五"末的23.38%。这期间受"3·14"打砸抢烧严重暴力犯罪事件影响,2008年旅游贡献度大幅下挫,为-48.54%,可见西藏稳定对特色旅游经济可持续发展影响极大。除此之外,特色旅游经济发展对西藏经济增长的贡献稳步提升,对三次产业调整做出了重大贡献,因此为了确保国民经济健康发展,必须大力发展旅游经济。

(二)西藏旅游经济发展的特殊性

基于特殊区情,本研究认为西藏特色旅游经济的特殊性主要表现在地理位置、生态环境以及民族文化三方面。

1.特殊的地理区位

西藏位于中国西南边陲,青藏高原西南部,地域辽阔,地理环境特殊。北临新疆、青海,东接四川、云南,旅游资源与青海、甘肃、四川、云南藏区有一定共性,同时,因为境内各地区存在较大海拔差又造成了其旅游资源的独特性、差异性和垄断性。共性与特性相结合,为西藏特色旅游经济发展提供了良好的区位优势。与此同时,西藏拥有长约4 000公里的边境线,南面和西南分别与缅甸、印度、不丹、尼泊尔等国及克什米尔地区接壤。正是这种独特的地理位置,导致西藏可以与处在喜马拉雅两侧相邻的国家联合发展体育登山、科考探险等旅游项目。

2.特殊的生态环境

青藏高原处在海拔平均4 000米以上,有世界屋脊之美誉,独特的高原地理景观是世界其他地方都无法复制的,奇特的地壳运动还在一些山间谷底创造出许多独具特色的小环境,特殊的地理环境构成了西藏独一无二的自然景观。西藏日照时间长,气候干燥,森林覆盖率低,有广袤的戈壁荒漠,同时又分布着广阔的冻土、冰川和永久性积雪,植物修复周期较长,致使西藏生态环境脆弱,自然生态环境一旦遭到破坏将很难恢复,是我国西部自然灾害最严重和发生频率最高的省级地区之一。

3.特殊的民族文化

西藏是以藏民族为主体的多民族聚居区,特殊的地理位置、独特的宗教信仰,使西藏人民形成了独具特色的文化传统,作为博大精深的中华文化中的一颗璀璨明珠,这种民族文化的特殊性主要表现在它的原生性、宗教性及兼容性等各方面。首先,原生性。受地理环境因素影响,直至20世纪80年代末期前,西藏很少受到工业文明的大面积冲击,传统文化中人与自然和谐统一的文化理念使人民群众表现出对山和水的敬畏,对动物和植物的保护。其次,宗教性。西藏各地寺院遍布,随处可见拿着转经筒虔诚的转经者,神山圣湖带着浓厚的宗教色彩,同时,藏传佛教中慈悲与爱心及利他主义的人文精神,使得藏民族淳朴、善良、快乐的民族性格得以延续,这些均为西藏特色旅游经济发展提供了独特人文旅游资源。最后,地域性。"世界第一海拔"使西藏深深打上了高原雪域文化的烙印,生活在这里的各族人民群众以自己的方式和大自然作斗争,创造出了璀璨的民族文化,可口的酥油茶、粗犷的藏族歌舞、奇特的婚俗,为西藏特色旅游经济发展提供了独特的旅游资源优势。[①]

(三)西藏特色旅游经济发展现状

旅游经济作为西藏新的经济增长点,已经成为西藏的优势经济领域。具体表现在以下几个方面:

1.旅游规模快速上升

近年来,西藏特色旅游经济取得了可喜成绩,旅游人次和旅游收入快速上升。现以10年为一个成长期,具体趋势可用图3-2表示。

从图3-2可以看出,2001年西藏接待海内外游客686 116人次,其中接待入境游客127 148人次,接待国内游客558 968人次;到2010年,接待国内外游客6 851 390人次,其中接待入境游客228 321人次,接待国内游客6 623 069人次,分别增加了10倍、1.8倍和12倍,发挥了西藏特色旅游经济的强势作用、带动作用和支柱作用。

---

① 张晓娟.西藏文化旅游开发中的问题与对策分析[J].求实,2006(3).

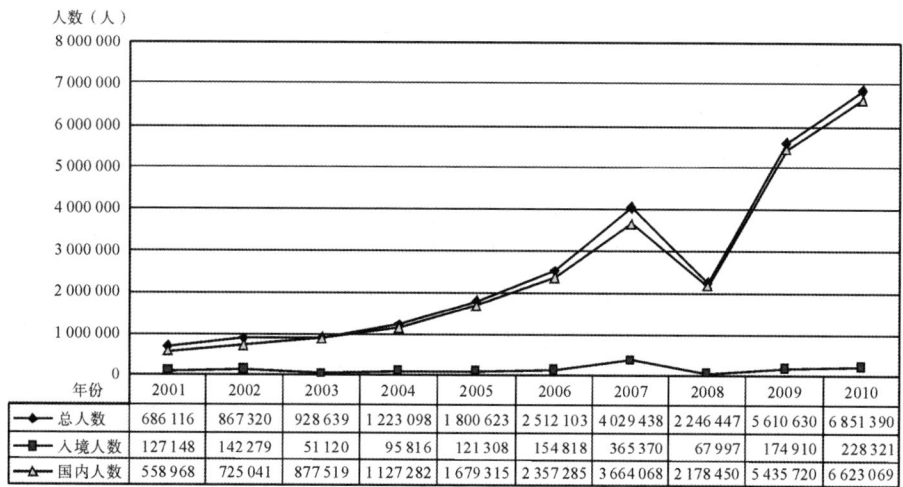

图 3-2　西藏接待旅游者的人数图

资料来源：西藏统计年鉴(2010)[M].中国统计出版社,2010.

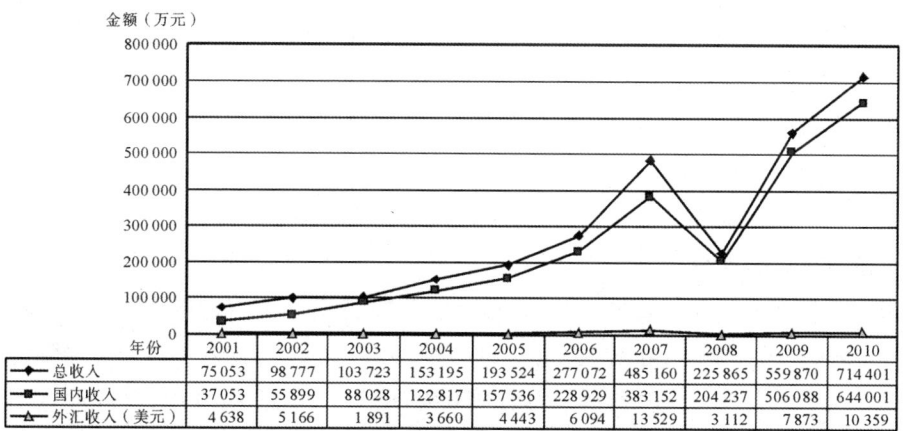

图 3-3　西藏特色旅游经济收入图

由图 3-3 可以看出,西藏旅游总收入由 2001 年的 75 058 万元,增长到 2010 年的 714 401 万元,增长了 8.5 倍,年均增长 28.4%。其中,外汇收入由 2001 年的 4 638 万美元增长到 2010 年的 10 359 万美元,增长 1.2 倍,年均增长 9.3%。

2. 旅游资源加快利用

布达拉宫和珠穆朗玛峰在国内外旅游市场中的顶级品牌形象已经确立，同时，西藏也正在努力打造雅鲁藏布江大峡谷、阿里神山圣湖、茶马古道等世界知名旅游品牌，已经形成了拉萨历史文化中心旅游区、山南雅砻文化观光旅游区、日喀则珠穆朗玛高山生态旅游区、阿里神山圣湖旅游区、昌都香格里拉旅游区、林芝森林生态旅游区、那曲(藏北)草原生态旅游区七个旅游区。经过多年努力，拉萨－林芝－泽当－拉萨、拉萨－羊湖－江孜－日喀则－拉萨、拉萨－墨竹工卡－桑日－泽当－拉萨、拉萨－羊八井－当雄－林周－拉萨四条旅游精品线路也在日益完善。

3. 旅游设施不断完善

和平解放以来西藏公路交通得到根本改善，以拉萨、八一、日喀则市、泽当为核心，以机场、公路等为重点的交通、通讯设施建设取得了突破性进展，大部分国道、省道改造相继完成。2006年7月青藏铁路全线建成通车，揭开了西藏交通史上的新篇章，减少了游客在西藏特色旅游的交通成本，为特色旅游经济井喷式发展做出了重要贡献，同年9月林芝机场通航，为西藏航空事业献上了浓墨重彩的一笔，也为林芝地区特色旅游经济发展注入了强针剂，以公路、铁路、航空、水运为主的立体式旅游交通网络已经形成。

4. 旅游经济领域不断壮大

"十一五"期间西藏星级家庭旅馆达到315家，拥有床位数达到8万多张。旅游定点接待车辆达到2 745辆，A级景区达到21处，旅行社总数达到102家。旅游经济的蓬勃发展，拉动了旅游投资热，全行业固定资产在"十五"末达到50多亿元基础上，新增76.38亿，达到126.38亿元，标志着旅游规模经济已经形成。截至2009年，旅游经济直接从业人员4.38万人，其中，导游员达到2 187人。间接从业人员达到18.8万人，每年提供就业岗位3 000多个。旅游经济加快发展，为吸纳社会劳动力持续就业，持续增加居民收入，活跃地方经济做出了重要贡献。截至2007年，西藏旅游企业超过1 000家，全行业固定资产突破40亿元，星级饭店86家，非星级饭店(宾馆)772家，加上城镇居民家庭旅馆和农民家庭旅馆200多家，拥有床位数达5万多张，旅游经济接待能力显著提高。旅行社总数达到56家，导游人员达到1 642人。2012年旅游接待能力显著增强，旅游吸引力、竞争力持续提升，产品建设取得新突破。雅鲁藏布大峡谷、珠穆朗玛、纳木措国家公园正式挂牌；布达拉宫成为西藏第一个国家5A级景区，新增A级景区25处；新增星级饭店34家，新评家庭旅馆39家。2012年共接待游客1 058.4万人次，旅游总收入126.47亿元，发展势头强劲，旅游经济不断扩大。旅游经济辐射和带动功能日益彰显，旅游经济链不断向农牧区延伸，旅游经济快速发展带来了人流、物流、资金流和信息流，带动并促进了相关经济领域发展。

第二节 发展分析

上文研究表明，西藏特色旅游经济各利益相关者由于利益角度不同，在追求利益最大化过程中存在巨大差异。有些利益相关者凭借劳动力优势追求利益最大化，而有些则通过对资源占有来实现利益最大化。一般而言，政府部门充当特色旅游经济指挥者和协调者角色，投资者往往是通过注入资金来获取利益分配中的优势地位。本研究主要基于上节分析，阐述西藏特色旅游经济利益相关者的利益冲突，为后述协调西藏特色旅游经济利益相关者之间的利益冲突打好基础。

一、利益诉求

前文已经具体介绍了西藏特色旅游经济发展的特殊性、现状及旅游经济发展中的利益相关者，在西藏特色旅游资源开发与管理中，要特别关注利益相关者的利益诉求，确保有效协调，科学分配旅游利益。

（一）政府部门

我国旅游经济实行属地原则，地方政府对当地旅游资源开发和旅游经济发展拥有很大的发言权，往往作为当地旅游经济的监护人存在，而且旅游景区设立的专门管理机构也是地方政府的委派机构，政府部门扮演着直接领导者角色，由此可见，旅游经济发展权实质上归地方政府所有。按照上述国家赋予各级地方政府的行政职权，由于当地旅游经济发展不仅能为当地带来显著的经济效益，而且还能带动其他相关经济领域快速发展，起到进一步优化经济结构的效果,为地方经济社会发展创造出一种多赢格局,因此,地方政府必须负责好当地旅游资源的长远利益协调,理顺旅游利益关系,构建旅游经济和谐发展的外部环境。

根据上述分析可以认定的事实是,西藏各级政府在特色旅游经济发展中起着核心推动作用,在旅游经济开发中主要通过制定旅游经济发展规划、监督旅游经济法律法规执行来促进旅游经济健康发展,实现旅游经济国有资产保值增值。为此在旅游经济发展和旅游资源开发中,应结合当地旅游景区实际特点和保护价值,将不同景区管辖权结合实际划归到相应部门中进行管理,对于自然资源为主的旅游景区,在实际运行中应将管辖权和经营权划归到所在地市县政府。

旅游资源管理部门要对旅游资源保护做出强有力规划,负责旅游公共资源功能性管理,通过制定相关管理制度加强对旅游资源的利用和保护。

地市县政府作为地方性旅游经济所有者的代表,应在相关政策法规约束下行使好公共资源管辖权,依法行使好经营权,有效引导旅游地发展,协调各方利益关系,坚持可持续发展。

景区管理委员会作为旅游地旅游资源的直接保护者,代表政府对旅游资源拥有监督和管理权,应该直接参与组织旅游资源开发、规划及管理,监督旅游资源开发建设,维持旅游景区秩序。

(二)投资者

旅游经济投资者是一种特殊企业,他们构成了旅游景区经营主体,但他们又不同于一般法人企业,不仅受到一般企业相关法律约束,同时还受到地方政府管理和监督,必须遵守好地方旅游景区相关法律法规。由于旅游资源价值具有经济、社会和环境三方面属性,因此旅游经济投资者也拥有多重经营目标,既要最大限度实现旅游资源合理利用,取得最大化经济收益,又要兼顾可持续发展,保护好旅游地旅游资源生态价值。[①] 因此决定了旅游投资者利益需求与政府部门有所不同,主要表现为:旅游经济投资者通过大量资金注入,以期取得景区绝对收益权,通过将旅游资源转化成旅游产品,获取利润回报。旅游经济投资者肯出巨资投入旅游,正是因为他们看到了旅游经济的巨大前

---

① 王宝红,论景区分散经营与旅游体验的矛盾[J].商业时代,2006,24:105-106

景和盈利空间。但是我国旅游资源所有权归国家所有,一般投资者最多能够经营的时间期限是30～70年不等,导致很多投资者不愿对旅游资源长期保护做过多投资,他们只追求尽快回收成本,追逐利益最大化。所以,获取利润最大化,尽可能赚取更多利润成了旅游经济投资者关注的焦点。为了更好地追逐利益,投资者必须保证在其经营年限内,景区能够维持并吸引更多顾客,在理性决策下,也会为旅游资源保护提供保障,以实现其可持续发展。另外,当地居民和旅游资源投资者的关系及对投资者的态度也对景区开发有着重要影响,因此,旅游经济的投资者必须与当地居民建立良好的关系,确保当地居民能有效参与到旅游经济发展中并取得合理的利益,最终取得当地居民的理解和支持,这对旅游经济的稳定经营非常关键。

(三)社区居民

社区是指生活在一定区域的个人或家庭拥有相同或相近的文化群体,通俗地讲,就是群体生活生产区域。叙永样认为社区是由一定数量居民组成的,具有内在互动关系与文化维系力的地域生活共同体。一个社区至少包括以下特征:有一定地理区域;有一定数量人口;居民之间有共同意识和利益,并有着较密切的社会交往。一个村落、一条街道、一个县、一个市,都是规模不等的社区。在日常生活中,人们常提及的社区往往是与个人生活关系最密切、有直接关系的小型社区,如农村的村或乡,城市的住宅小区。本研究所指的社区居民是专指生活在景区附近或周边的常住或原住居民,他们造就了独特的藏族旅游文化,同时为西藏特色旅游经济发展提供劳动力、资源等基本要素。

社区居民对景区西藏特色旅游经济发展有很大的影响力,他们不仅创造着旅游文化,还影响着景区长远发展,景区同样对社区居民有重要影响,主要表现在积极和消极两个方面。积极方面,景区旅游项目开发有利于当地经济发展,通过完善公共设施,改善了当地居民的生产生活条件,增加更多就业机会和外界社会文化交流机会,大大提高当地居民素质,使民族文化得以保护和发扬。著名旅游学者魏小安认为现在的生活方式改变了,要想把原有文化保留下来,只有旅游活动才能够起到作用。消极方面是旅游经济发展往往带来对环境的破坏,自然环境经过人类活动会发生很大改变、产生很多问题,比如大气污染、噪声污染、水污染和沙漠化等,与此同时,旅游经济发展往往还会导致物价上涨、生活空间拥挤等问题,这都将长期影响景区附近居民的生活质量。

社区居民作为旅游文化的重要组成部分,对景区旅游服务具有很大影响,然而,他们的利益诉求却往往被旅游规划和旅游投资者忽视,随着他们维权意识不断增强,社区居民如果不能从正常旅游经济活动中受惠,他们往往会采取一些有碍旅游经济健康发展的方式,如:阻拦游客车辆索要过路费、索取拍照费、强制拉客、强行销售旅游商品等。这些现象究其原因主要是旅游资源开发经营中没有处理好经济效益和社会效益之间的关系,没有把提高和改善当地社区居民生产生活质量作为特色旅游经济发展重要目标,没有充分倾听当地社区居民关于旅游经济发展的利益诉求和对策建议。

西藏旅游景点大多分布在交通阻塞的边远和贫困地区,当地居民有着强烈的开发特色旅游资源改变落后面貌的渴求。调查显示社区居民有参与旅游经济的强烈愿望,希望通过旅游经济活动获取额外收益。王群(2004)调查研究安徽庐江县居民对旅游经济的感知情况时,发现当地居民经济利益驱动性较强,74.71%居民认为旅游经济发展中,应该坚持经济效益第一或经济效益第一兼顾环境效益,再转向关心社会文化及环境保护。通过对大量旅游地社区居民的数据分析,本研究认为当地居民利益需求主要表现为:(1)重新分配旅游经济收入;(2)提供就业机会,促进和带动当地社会经济发展;(3)改善和提高当地生活水平;(4)保护当地旅游资源环境和风俗文化,得到外界尊重。

作为全国旅游经济组成部分的西藏特色旅游经济要获得可持续发展空间,必须把满足西藏各族人民群众的利益诉求摆在重要位置,统筹兼顾、合理开发,使西藏各族人民群众在旅游资源开发和旅游经济发展中获得切实好处,唤起人民群众自觉保护旅游资源、维护旅游形象的意识,对于构建和谐旅游利益分配体制机制,推进西藏特色旅游经济可持续发展具有巨大实践意义。

(四)旅游者

旅游者对西藏特色旅游经济最核心的要求是旅游体验质量和满意度,它不仅来自于旅游资源本身,更重要的是来源于旅游地人文、风俗、民情等营造出的氛围给游客的感受。邹统钎(2003)指出,旅游者需求是指旅游者希望旅游景区实现他们求补偿、求解脱的目的,在旅游过程中补偿游客日常工作生活中不能得到的身心享受,从日常的工作生活烦恼中解脱出来,体验旅游活动带来的乐趣。旅游者享受旅游快乐主要通过与旅游服务人员交流、产生内心共鸣来实现。游客利益需求在西藏特色旅游经济发展中最为重要,处于核心地位。

西藏特色旅游资源给游客带来的满意程度对西藏特色旅游经济发展具有决定性作用。因此在西藏特色旅游经济发展过程中应重视旅游者的利益需求,保障游客安全、舒适地完成整个旅游过程,使其希望而来、满意而归。然而,一些旅游景区往往忽视游客权利,不能为游客营造良好的旅游环境,致使旅游地形象遭到破坏。总之,要促进西藏特色旅游经济可持续发展,必须重视旅游者利益需求。西藏特色旅游经济可持续发展中急需解决的问题是加强对当地旅游从业人员的教育和培训,提高其服务水平和服务能力,给游客带来旅游需求的满足和愉悦。

综上所述,西藏特色旅游经济发展牵涉的利益相关者的利益诉求不尽相同,主要表现在两方面:经济利益和非经济利益。由于各自利益需求不同,如果不能有效协调各方利益,西藏特色旅游经济可持续发展目标就很难实现。把利益相关者理论引入西藏特色旅游经济可持续发展分析中,主要是为了分析旅游经济利益相关者的利益需求,协调、解决各利益相关者的利益冲突,力图推动西藏特色旅游经济健康、快速、可持续发展。

二、利益冲突

由于各利益相关者利益需求不同,因此,在旅游经济利益分配上难免会出现冲突和矛盾。要推动西藏特色旅游经济可持续发展,必须重视利益相关者不同的利益诉求,分析利益相关者之间的利益冲突与矛盾,及时解决,这样才能保障西藏特色旅游经济可持续发展。

(一)冲突类型

张兴让在1990年提出人们在追逐利益、满足自身需要的生产活动中必然发生一定的经济关系,表现为一定的利益冲突和利益矛盾。持有差别利益目标的不同利益相关者,虽在利益实现方式上存在不同,但目的都是实现利益最大化。为实现利益最大化,当两个利益相关者争取相似利益时,其中一方可能会干预另一方追求的利益目标,这时冲突就发生了。在西藏特色旅游经济发展中,利益冲突表现在以下几个方面:

(1)政策执行冲突。这种冲突往往是由政府在特色旅游经济发展方面独有的权力所决定的。地方各级政府为更好地发展地方经济,实现利益最大化,往往会制定出一些与利益相关者冲突的措施,主要表现为以下两个方面:一是政策执行标准不明晰,投资者经营旅游经济的相关法律法规缺乏;二是政策执行粗放,成为旅游经济可持续发展的制约因素。

(2)土地、资源利用冲突。主要表现在两个方面:一方面是政府为保护旅游资源而采取的一些限制性措施与投资者利益最大化之间的冲突;另一方面是旅游开发用地与土地资源短缺之间的冲突。

(3)资源开发和环境保护冲突。主要表现为当地居民与游客对环境不够重视。一方面,当地居民过于依赖传统生产方式,造成大量资源浪费。比如西藏林业资源及虫草资源丰富,价值极高,由于当地居民技术水平低,导致很大一部分资源得不到有效利用。另一方面,由于旅游者缺乏环保意识,在旅游过程中随处乱扔垃圾,致使旅游环境破坏。

(4)经济利益分享冲突。经济利益冲突主要表现在以下几方面:一是由失地补偿引发冲突,政府往往以较低价格征得土地,而补偿相应过低;二是因拆迁安置不到位,导致投资者与居民冲突;三是投资者与居民由旅游经营业务引发冲突。

(二)冲突原因

从旅游经济的政府管理部门、投资者、社区居民和游客之间利益冲突形式来看,冲突根源主要来自以下几方面:第一是权力职责不明晰;第二是各方利益没有得到有效平衡;第三是监督、保障机制不健全。要促进西藏特色旅游经济可持续发展,必须尊重和实现利益相关者各自的利益需求,处理好核心利益相关者的利益均衡,满足和均衡这些需求,这就需要合理有效利益分配机制作为保障。

第三节 对策建议

在上文分析基础上,本研究认为,西藏特色旅游经济发展必须建立合理、有效的利益分配机制,完善相关法律法规及监督体制,健全特色旅游资源规范,有效监督、约束政府与投资者行为,充分保障各利益相关者的知情权、参与权及监督权,而要实现上述目标,必须从特色旅游经济权力职责分配、特色旅游经济利益分配两方面下功夫、做文章。

一、强化职责

依据现代企业理论和权力职责分配理论,要实现西藏特色旅游经济利益相关者利益协调,必须从明晰职责层次做好权力配置,平衡各利益相关者之间的利益分配及剩余价值索求权与控制权。在实践中,通过经营权与管理权的实施来完成政府部门对旅游资源的处分权、收益权和使用权的行使。

(一)明确管理权

1.旅游经济管理权承担者

我国旅游经济发展模式是一种政府主导型模式,即国家和人民把旅游资源管理权委托给中央政府,中央政府通过层层行政代理机制最终把管理权委托给各级地方政府,地方政府根据需要结合当地实际来管理旅游经济。西藏各级政府自然而然也应承担着西藏特色旅游经济发展和旅游资源开发利用的职责。

2.政府部门管理内容

政府部门对旅游经济管理主要涉及以下内容:(1)做好旅游经济相关法律法规的制定工作,引导、调控旅游经济管理;(2)在编制旅游资源开发、旅游经济发展规划基础上制定开发与远景性保护方案;(3)做好包括文化资源在内的旅游资源保护工作,确保旅游资源可持续性;(4)保证旅游经济能够吸纳社会资本,因为在开发伊始需要资金量比较大,基础设施建设需要资金较多,由于市场失灵,只能依靠政府才能提供这种准公共品;(5)积极做好旅游地旅游经济的宣传和形象代言。

3.旅游经济管理权分配存在的问题

目前西藏特色旅游资源开发利用存在多部门交叉错位管理问题,主要表现为:一是根据资源类型对西藏特色旅游经济进行管理,部门较多致使管理权分散,具体涉及园林、旅游、文物和建设等部门,多部门都可以对同一资源发号施令,由于各部门责任与视角不同、行业功能存在差异,导致旅游经济政令不一,因此,应该加强多部门对旅游经济的监督协调;二是旅游经济核心利益相关主体应自觉配合当地工商、税务等市场监管部门的监督管理;三是由于地方政府过度追求经济、政绩目标,在促进经济发展目标的驱使下,容易出现行为短期化,而忽视资源保护的长远目标,导致旅游资源过度开发,应该从法律制度创新层面明确各方责权利。

4.西藏特色旅游经济管理权分配

本研究认为西藏特色旅游经济管理权配置基本模式可以用图3-4表示,模式基本原则是管理权独立与统一。中央授权组建旅游经济管理总局,指导编订旅游经济发展规划,出台相关管理政策法规;管理总局根据各地实际,自上而下授权地方管理机构负责旅游资源保护和旅游经济规划实施,并监督旅游经济综合治理;地方政府负责管理旅游经济内部的社会与民政事务。

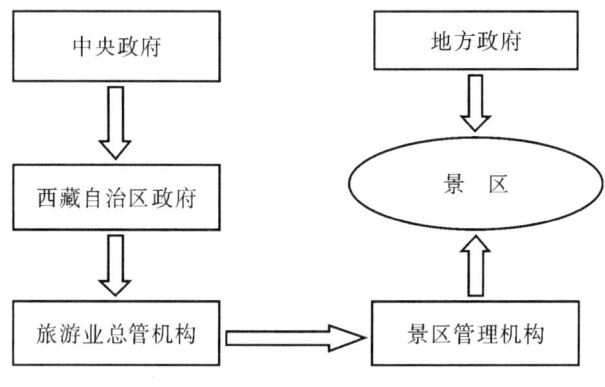

图3-4 旅游景区管理结构

(二)分配经营权

1.旅游经济经营权承担者

杨广虎(2002)研究表明,旅游经营权是指旅游企业在一定时期内对旅游资源的占有权、使用权和收益权。旅游经济经营权承担者主要包括政府直接管理者和间接管理者两个层次。前者是政府对旅游经济进行直接管理、经营,也即政府直接作为经营权承担者。政府作为直接管理者,有利于促进当地旅游经济发展,同时能促进政府与群众、社区交流,营造良好的旅游经济发展氛围。但由于政府既充当最高管理者,同时也是最高决策人,因此,旅游决策、规划往往不具有开明性。对于后者而言,是采用BOT模式,即政府在一定时期内将旅游经济经营权有偿转让给企业,此时旅游企业则成了旅游经营权的承担者。但旅游企业往往会出现由于追求经济效益、盲目开发旅游资源、忽视旅游环境承载量和旅游质量的短期经营行为,因此又制约了旅游经济的可持续发展。

2.旅游经济的经营内容

目前西藏特色旅游经济开发主要有两方面:提供服务和销售旅游商品。其中,提供服务是以旅游资源为载体,向游客提供满意的旅游服务;销售旅游产品是指为了扩大旅游经营者利益而直接销售旅游产品。

针对旅游经营者、开发商盲目追求经济效益而忽视旅游环境保护的问题,旅游经济发展应充分遵循利益协调原则,走可持续发展道路,优化旅游经济结构,改善旅游环境。尤其要重视旅游景区周边居民的利益需求,因为他们是旅游文化直接创造者,让旅游景区周边居民充分参与到旅游经济活动中,提高其收入水平,从而增强其对旅游环境的保护意识,有巨大的现实意义和显著的社会经济效益。因此,应鼓励农牧民积极参与到旅游经济活动中来,比如鼓励当地居民或农牧民销售土特产、工艺品等旅游商品,或为游客提供住宿餐饮服务。政府部门应提供培训教育机会,以增强当地居民旅游经济参与能力,提高旅游经济活动参与度,分享旅游经济利益,营造良好的旅游经济发展环境。

(三)加大保护力度

《风景名胜区管理条例》规定,旅游经济的首要目标是进行旅游资源保护性开发,以实现旅游资源永续利用和代际共享。由于西藏特色旅游经济的特殊性,开发利用旅游资源必然会在一定程度上对旅游环境造成影响,此时存在着明显的负外部性,旅游企业为此付出的代价远远小于对资源、社会、环境造成的损失。要防止这一情况发生就必须从长远利益出发,实行相关保护措施,最大限度地保护旅游资源和旅游环境。

1.保护职责承担者

根据上述旅游经营权划分,在旅游资源保护职责方面应从政府和旅游企业两个角度出发。对政府而言,作为旅游经营权所有者,应制定相关法律法规,成立专门管理机构,充分发挥宏观调控作用,利用有效的管理手段对旅游资源和旅游环境进行有序开发和保护。对旅游企业而言,出于企业盈利性要求,很难实现旅游资源保护目标,因此,在其经营过程中应加大监督力度,确保旅游经济可持续发展。

基于上述观点,本研究认为要实现对旅游资源保护,不仅仅是政府和开发商的事情,还应坚持政府主导、公众参与、社会协调的基本原则,动员各方利益相关者。首先,政府部门要充分发挥宏观调控作用,提高行政效率,主动作为、善于作为,积极保护旅游资源。其次,其他利益相关者应当积极参与,以实现对旅游资源的保护,加快特色旅游经济发展。

2.保护职责履行者

在保护职责履行过程中,应当充分发挥旅游经济管理委员会的作用,具体来说可以从以下几方面着手:首先,成立专门的旅游资源保护工作队,加强对旅游资源的监督和管理,加大对旅游经济的财政支持力度,设立专门的旅游环境保护基金。其次,要严格按照具体程序执行,如果发现问题就必须采取有效手段加以解决。可以加强对旅游经营者环保意识教育,加强其责任意识、社会意识,加大对他们的技术支持,推动西藏特色旅游经济可持续发展。

社区居民也必须端正态度,强化旅游资源保护观念,充分认识旅游资源保护的必要性和重要性。熊侠仙(2002)通过调查发现,西藏当地旅游经济的快速发展并没有对提高当地居民生活水平、改善其生活质量做出贡献,因此,激化了社会矛盾,景区居民破坏旅游资源行为时有出现,严重破坏了当地旅游环境,影响了当地的旅游品牌和旅游形象。当地政府在充分意识到这点后,让公众积极参与当地旅游经济的开发和经营,实行利益共享原则,大大提高了居民保护旅游资源的积极性和热情,极大改善了当地旅游环境,促进了当地旅游经济快速发展。

除上述旅游经济直接利益相关者之外,游客在保护旅游资源和环境方面也发挥着不可替代的作用。对此,政府要积极向游客们宣传旅游资源的重要性,灌输旅游资源保护观念,制定相关法律法规,对破坏旅游资源的行为进行制裁。

(四)加强行业监督

1.监督职责承担者

任何权利要得以有效实现,都必须有严格的监督和相应的制衡机制。作为拥有旅游所有权的政府要想实施好、利用好各项制度,保证其功效发挥,必须加强监督职责履行,平衡管理人和受益人之间的关系,同时还要公平公正地履行旅游环境保护职责,实行积极有效监督,以社会利益、群众利益为根本出发点和落脚点,切实发展好西藏特色旅游经济。

2.监督职责履行者

要实现对特色旅游经济的监督,不仅要从政府角度出发,还要充分、有效地利用公共监督、社会监督、社区监督及相关法律法规。具体来说,可以加强旅游利益相关者监督机制平台建设,通过及时公布、反馈、总结利益相关者的信息,促进利益相关者之间的信息共享,充分发挥监督作用,最大程度保护旅游资源和促进西藏特色旅游经济协调发展。

综上所述,西藏特色旅游经济发展应当充分重视利益权力分配,明晰职责担当。拥有所有权和经营权的政府,应积极引导、协调、监督西藏特色旅游经济发展,科学制定旅游经济发展规划。由政府部门授权的旅游经济投资者应履行好经营职能,密切联系当地旅游资源状况,并接受政府部门、社区居民、旅游者和其他利益相关者的监督。总之,西藏特色旅游资源环境保护应由各利益相关者共同承担维护。

二、合理分配

(一)分配标准

显而易见,特色旅游经济创造的旅游利益是有限的,各利益相关者所能分配的利益也会因此受到制约,不可能同时最大限度满足各利益相关者的利益诉求,因此旅游经济利益分配必须遵循科学标准,尽可能实现利益分配公平、公正。具体说就是要坚持以下原则:首先,利益相关者付出原则。对于付出较大的利益相关者,应当多分配旅游利益,反之则应少分配旅游利益;与此同时对于分配较少旅游利益的相关者还应该通过间接补偿实现分配的公平、公正。二是承担责任原则。在旅游利益分配过程中,应按各利益相关者承担责任的大小,制定合理的利益分配比例,在分配中体现多承担责任者多获利的基本原则。

(二)分配实现

在利益实现方面,一方面各级政府应充分发挥宏观调控作用,规范利益分配;另一方面政府应当发挥好旅游管理机构作用,通过旅游管理机构代表政府分配旅游管理费用。旅游投资者应以投资和劳动参与旅游分配。当地居民或农牧民由于其利益分配权力在法律上没有明确界定,为此往往会产生不必要的麻烦和纠纷,因此,急需政府部门完善法律法规,为旅游经济利益分配提供依据。在实际操作中,应根据当地居民实际付出的资本、土地、劳动、服务、技术等要素多少分配旅游利益,同时还要考虑旅游经济发展状况。需要注意的是,对当地居民利益分配不能单纯从经济上补偿,更要关注当地居民长期生活质量的提高,这将有利于当地居民长期支持特色旅游经济实现可持续发展。

在非经济利益分配方面,旅游投资者应努力增加就业岗位,促进当地居民就业,同时让当地居民参与到利益分配中,提高他们的工作热情。政府应提供培训机会,提高当地居民参与旅游经济活动的水平和技能,强化当地居民环保意识,树立发展观念,同时为获得当地居民对旅游决策的支持,可以让当地居民参与旅游开发决策,确保决策可操作性和透明性。

西藏特色旅游经济发展的前提是保障游客利益,这主要通过公平、公正的旅游交易实现,另外,经营者还应为游客提供充足的旅游资源信息,确保游客安全、舒适地完成旅游体验,获得满意愉悦的旅游体验。旅游经济管理部门、旅游投资者和居民等利益相关者若都能明晰自己的职责,实现旅游经济内部权力－利益和谐配置,由此使西藏特色旅游经济的利益相关者真正形成利益共同体,共同实现旅游经济的经济效益、社会效益、环境效益,推动西藏特色旅游经济可持续发展。

第四章

西藏上市公司发展战略选择问题研究

既有理论研究证实,任何企业都要经历从创立、发展、壮大、成熟到衰退的发展过程,经历不同阶段,且在不同阶段表现出不同特征。企业由于在其生命周期的不同阶段所面临的环境不同,关注的重点不同,解决方案也不同,由此决定企业必须从内部组织结构、发展战略等方面做出重大调整。本研究就是从西藏上市公司层面,借助企业生命周期理论提供的研究方法,通过对西藏上市公司生命周期现状描述,总结西藏上市公司不同发展阶段的战略选择,揭示制约西藏上市公司战略选择的众多因素,探讨既有利于促进西藏上市公司转型,又能促进西藏上市公司持续发展的对策措施。

第一节 理论基础

为了将本研究置于规范的理论体系之中,本研究首先从企业生命周期理论的缘起入手,分国内外两个层面回顾与本研究有关的企业生命周期理论研究的相关文献,并基于本研究需要对文献进行适当评价,以此构成本研究的理论基础。

一、理论综述

(一)国外研究综述

1.理论缘起

国外学者对企业生命周期理论的探索起源很早,形成的优秀成果也很丰富,卡尔·马克思、马歇尔、罗纳德·科斯等人的研究最具代表性。其中卡尔·马克思在其巨著《资本论》中创造性地运用劳动价值论,研究提出"商品价值"取决于社会必要劳动时间,即生产该商品时所耗费的个人必要劳动时间的一般水平,特殊情况下可以是多个个人必要劳动时间的平均水平的论断。这一论断对于企业而言就意味着,如果企业生产的产品,其个人必要劳动时间总是高于社会必要劳动时间,产品价值被企业高估,该产品将不容易被市场承认,对于该企业而言就意味着将最终被市场淘汰出局。截至目前,这一理论研究构成了企业生命周期问题研究的早期论断,对于深入开展该领域研究具有重要的指导意义。马歇尔也是系统研究企业发展的早期经济学家之一,他认为一国企业发展犹如一片森林成长,每个企业无论大小均有相同的生存与成长机会,同样与生态系统中的树木生长一样,企业成长周期也存在由盛而衰、由强而弱的生命周期现象。后继者在马歇尔上述论述基础上提出了企业生命周期的企业森林原理。显而易见,马克思和马歇尔的研究都强调了企业生命周期的重要性,但均未能就企业存在生命周期的内在机制做出全面、深刻的解读。到了20世纪40年代,罗纳德·科斯从其世纪疑问入手,通过研究交易费用,最终科学回答了企业存在的内在动机在于降低产品在追求价值实现过程中可能产生的交易成本,在这种思路下将企业创立及成长的基础动力和最终目标归结为降低交易费用。在罗纳德·科斯之后,学者们纷纷遵循科斯的逻辑,将更多精力投入到关注企业生命周期中,开创了企业生命周期理论研究的新时代。

上述分析充分表明,作为一个能成功解释企业生命周期性规律和为企业发展提供有效支撑的理论体系,生命周期理论和其他经济学、管理学理论一样,存在着大量的理论继承和创新精神,理论继承精神为理论发展提供了纵向的寻根线索,而理论创新精神则为理论发展提供了横向的实效价值。

2.周期划分

在众多学者们对企业生命周期做出的重大贡献基础之上,企业生命周期理论研究步入了繁荣的新时期,企业家们开展了大量关于企业生命周期划分的研究。如1965年美国学者J.W.戈登尼尔在研究如何防止企业发展停滞与衰老问题时,对企业生命力与生命周期进行探讨,认为自然界各种生命体的生命周期是可以预测的,而企业生命周期则是无法预知的,但企业生机可能获得恢复。毫无疑问,这一论断对于管理学发展产生了深远影响。后继者们的分析表明,戈登尼的研究将企业生命周期移植入管理学领域,成为管理学界开展企业生命周期问题研究的典范。1972年,美国哈佛大学的拉芮·格雷纳教授第一次提出了企业生命周期的概念,并从理论上明确界定了企业生命周期这一长期受经济学家与管理学家关注的概念,使企业生命周期研究被纳入了规范的学科框架。至此,关于企业生命周期划分问题的研究逐渐成为理论热点,其代表性研究包括:

(1)五阶段论。最早提出企业生命周期五阶段论的学者是美国哈佛大学的葛瑞纳,他的五阶段论为后继者们开辟了企业生命周期理论研究的范本。1983年美国学者奈因和梅隆在继承葛瑞纳五阶段论基础上,把企业生命周期简化为四个阶段,虽然这两位学者对企业阶段的划分少于前者,但在企业发展逻辑关系上并没有实质性突破,基本上还是传承和发展了葛瑞纳的五阶段论,葛瑞纳的五阶段论在理论界更具有普遍意义。葛瑞纳及奈因研究企业生命周期分段时强调,企业成长一般都要经历市场地位从非正式到正式的转变,社会形态由低级到高级的变迁,内在结构由简单到复杂的演进,经济职能由幼稚到成熟的调整,市场应变力由弱到强的梯度渐进发展过程。这一结论意味着企业宏观发展过程是可明确划分为多个微观发展阶段,而每个发展阶段又包含着稳定发展和强烈变革两个时期。前一时期,由于企业要不断适应环境变化,因此会滋生出一些内部矛盾,当企业现行组织结构不能适应环境变化而难以化解内部矛盾时,企业不稳定状态将会替代稳定状态,而进入变革时期,当变革时期采取大量的有效措施使企业适应了内外部环境变化后,企业发展就会进入下一个更新更高层次的稳定阶段,如此不断循环,企业就在螺旋式发展演进历程中实现提升。

显而易见,企业生命周期的五阶段论强调了企业对内外部环境变化的适应和调整能力,是从企业黑箱理论出发的一种理论延续,由于它没有涉及企业战略调整和企业应变能力提升的内在体制机制和治理结构,因此虽然在理论上具有较强的说服力,但对于实际问题的解释稍显不足,这就造成了该理论的应用范围比较受限制。伴随着经济发展复杂化、企业目标多元化,这一理论弊端日渐凸显,需要进一步发展完善,这就导致了20世纪末期四阶段论的诞生。

(2)四阶段论。完整提出企业生命周期四阶段论的是美国学者理查德·达夫特,1999年他在对葛瑞纳、奎因及梅隆企业生命周期理论进行系统总结的基础上,创造性地提出了企业生命周期四阶段论,即一个企业组织在其发展历程中将先后渐次经历创业、集体化、规范化和精细化等四个有机结合的阶段,其中:

① 创业阶段。企业定位于畅销产品,立足于市场稳定,企业创始人往往集中于企业技术骨干,他们既具有技术骨干的实干精神,又具有企业家的开拓精神,更多地奉行技术导向和市场导向。这一时期企业的主要问题是组织机构不健全、组织结构涣散、内部分工不明确、权力制衡机制不规范。该阶段报酬递增或股权回报成为主要激励手段,最大优势是企业灵活性好,适应低端市场的机动性强;劣势在于企业内部治理结构混乱,为进一步发展壮大埋下了很多隐患。

② 成长阶段。企业组织结构更趋合理,职能分工更加明晰,管理制度日渐完善,市场定位日益长期化,激励制度不断常态化,工作标准逐渐科学化,内部沟通体系完善而有效。该阶段企业最大的优势是组织体制机制日益固定化,市场定位逐渐高端;劣势在于企业高层权利分配未完全成熟,高端矛盾往往会引爆企业更大的危机。

③ 集合阶段。企业已经推行了分权化的组织结构,内部经营权实现了层级配置,企业高层主要从事高端战略制定和重大财务、人事决策和例外事务管理。经营权主要由专业化的经理人员行使,建立了完备的员工考核激励制度,企业正式沟通顺畅而有效。这一时期企业最大的优势是家庭式集权时代的权力配置已经被现代公司治理结构所替代,市场定位于成熟的固定领域;劣势是现代企业分权制度导致的官僚主义有可能成为企业进一步发展壮大的障碍。

④ 精细阶段。企业组织采用矩阵式治理结构,物质奖励覆盖面波及全体员工,企业注重鼓励创新,僵化、守旧的经营思想在企业中失去了存在空间,企

业市场定位成熟且出现多元化趋势，企业战略定位对于企业未来具有决定性影响。此阶段，一部分企业致力于加快改革、创新，借以提升企业实力和延长生命周期；一部分企业则采取维持现状的保守战略，失去更多发展机会；一部分企业则可能因为不能及时化解危机而被迫清算，退出市场；一部分企业则采取转产战略，进入新领域。精细化阶段对于现代企业而言是一个重要战略转型期，既存在进一步发展壮大的机遇，又充满举步维艰的挑战。

很显然，上述关于企业生命周期的四阶段论强调了企业组织结构调整对内外部环境变化的适应，对于现代企业制度构建，尤其是现代企业组织结构建设很有启发，颇具说服力。毫无疑问，企业健康发展除了要借助于组织结构创新之外，还需要企业行为、企业文化等因素跟进。该理论在解释这些问题上的缺陷直接影响了其对企业发展实践的解读能力。

（3）十阶段论。该理论的代表人物是美国学者伊查克·爱迪斯，1989年他明确提出企业生命周期包括创生、成长和衰老三个阶段，并进一步从生物学角度将这三个阶段细分为孕育期、婴儿期、学步期、青春期、盛年期、稳定期、贵族期、官僚化早期、官僚化晚期、死亡期等十个阶段，这种划分借鉴了人的生命周期特征，由于该理论规范、系统的体系，使它在解读企业发展规律上具有不可替代的优势，所以该理论一经提出就受到广泛关注，成为解决企业生命周期的经典文献。十阶段论认为企业产生、成长与老化，主要表现为其可控性与灵活性。一般情况下，企业在年轻时期灵活性强，但控制力弱；相反企业老化期灵活性差，但控制性强。当企业灵活性过大，而控制力不够时，就意味着企业容易变革，此时的企业容易夭折于失去正确的方向；而当企业可控性强，但灵活性不足时，就意味着企业不易变革，没有新鲜血液输入而容易衰老，而只有企业可控性与灵活性合理匹配时，企业生命就达到了盛年期，这也是企业最富竞争力的阶段。

毋庸置疑，该理论最大的优势是辩证地解析了影响企业发展的可控力和灵活性的关系，对于解决企业不同阶段发展领域的深层次问题具有很强的指导意义。但由于该理论对企业生命周期划分过细、特点概况不显著而影响其解释力。

3.企业成长论

该理论是一个内容丰富的体系，大致包括了基于规模经济视角的企业成长理论和基于资源能力视角的企业成长理论。

(1)基于规模经济视角的企业成长理论。该理论认为企业成长往往伴随着规模扩张,亚当·斯密、米勒以及马歇尔是这一理论的早期代表,在他们的代表性著述中均有对企业成长问题的论述。他们认为企业成长过程就是规模不断扩张的过程,而企业规模扩大往往与资本量正相关,在企业规模扩张过程中,分工不断专业化,工人熟练程度、资本有机构成不断增加,劳动量节约促进了生产率提高。与此同时,企业规模不断扩大,大企业不断代替小企业,规模经济决定了企业成长,与此同时,外部经济、企业家理论有限和企业经营垄断性成为制约企业发展壮大的重要因素。斯蒂格勒在继承古典经济学关于规模经济决定企业成长基本观点的基础上,于1951年重新解释了企业成长与稳定均衡相容性,提出规模经济和范围经济是企业成长的动力和原因。科斯进一步提出企业主要表现为规模扩大和功能扩展,而这种扩大和扩展又进一步推动企业边界不断扩大,由此引出另外一个有价值的结论就是:管理费用和交易费用比较决定着企业规模扩张范围。

上述研究表明,企业成长的根本原因在于对规模经济和范围经济的不懈追求,这些外生因素成为企业扩张的原动力,为此决定了企业成长完全是一个被动过程。毫无疑问,该理论过分强调了企业成长的外部因素,忽视了企业内在因素的决定作用,因此该理论只能比较好地解释企业早期的成长动因,因为在这一时期,追求规模经济和范围经济会使企业很快击败竞争对手,占领市场,但当企业发展到一定程度时,过度强调规模扩张将使企业出现管理成本迅速增加、官僚主义盛行等问题,进而出现效率低下、质量下降、效益不佳等问题。

(2)基于资源能力视角的企业成长理论。该理论的倡导者彭罗斯在其1959年的研究中提出,资源构成了企业发展的基础,企业成长的关键是能否有效利用现有资源,但由于众多原因,企业资源总是不充分的。因为在企业生产规模扩张过程中总是表现出旧的未充分利用资源被充分利用的同时,又不断产生新的未利用资源。实践表明,企业成长速度、方式和界限很大程度上取决于企业能力,而企业能力的关键是管理能力,所以管理是企业成长的核心。彭罗斯的企业成长理论强调了创新能力对企业成长的重要性,而发现潜在成长机会、产品创新和组织创新的创新能力构成了企业成长的重要推动力。

彭罗斯的现代企业成长理论将管理功能引入企业成长理论,强调企业成长能力、资源以及知识的重要性,对于推动现代企业成长具有重要意义,但彭罗斯企业成长理论在关注企业内部因素重要作用的同时却忽视了外部因素对企业成长的作用,割裂了企业内外部因素的互动关系和紧密联系,从而使企业成长在外部和内部出现冲突时无所适从,进而削弱了该理论的解释能力。

综上所述,国外学界对于企业阶段划分、企业成长等问题的理论研究,为国内学者开展以我国企业成长为背景的理论尝试提供了规范的理论框架、系统的观念体系和翔实的结论借鉴,成为国内学者争相研读的范本,推动了国内学界在该领域不断探索。

(二)国内研究综述

与国外精彩纷呈的企业生命周期理论研究相比,国内学者对企业生命周期的研究开展时间要晚得多,形成的相关理论成果也比较少。改革开放前国内学界很少开展企业生命周期研究,20世纪80年代以来,国内学者们才逐步涉足该领域,并形成了很多优秀的研究成果。

1.企业生命周期概念界定

20世纪80年代以后,国内学者从不同角度开展了对企业生命周期理论的研究,但由于研究基础比较接近,学者们对于企业生命周期的概念理解和解读基本相同。比较有代表性的研究包括:陈佳贵(1995)从企业规模变化角度,在详细研究正常发育型企业生命周期各个阶段不同特征后指出,企业生命周期包涵了诞生、成长、壮大、衰退、死亡等五个环节,是一个复杂的统一体。作为国内该领域研究的开拓者之一,陈佳贵的概念对于国内学者开展此领域研究具有开拓性贡献,成为后来者引用的典范。谢科范、罗险峰(1999)在上述研究基础上提出,企业生存发展受诸如外部环境、技术进步和企业战略决策等众多因素综合影响,合理的解决思路应该是从多因素综合作用角度分析企业生命周期,为此他们提出企业生命周期应包括以下两层含义:一是企业寿命长短从理论上讲,就是企业从诞生到消亡所经历的全部时间;二是企业从诞生到消亡是一个动态过程。谢科范、罗险峰等的研究对于企业周期问题分析体现了多因素作用的企业本质,对于国内企业生命周期解读有比较强的解释力。黄铁、韩福荣、徐艳梅(1997)则从法律角度研究中外合营企业的生命周期,认为合营企业生命周期是指合营企业由建立到终止全过程所经历的时间,即企业合营执照签发之日起至企业宣布撤销、解散、注销、破产清算等意味企业法人消亡的时间。

2. 企业生命周期阶段及特征

国内学者在上述关于企业生命周期概念界定基础上,就企业生命周期不同阶段特征进行了理论总结,比较有代表性的研究包括:陈佳贵(1995)在将企业生命周期概括为企业诞生、成长、壮大、衰退、死亡等五个环节基础上,将企业生命周期划分为孕育期、求生存期、高速发展期、成熟期、衰退期和蜕变期等六个阶段。杨杜1996年的研究提出,企业经营的目的就是使企业资源达到最有效分配和利用,企业经历由小到大的成长过程,企业规模扩大表现为产品种类不断增加。杨杜的研究将企业生命周期置于动态分析过程,使现代企业由原始的多元化小规模发展到专业化大规模。

3. 企业生命周期理论及其修正

本世纪以来,国内很多学者对于企业生命周期的研究不断向纵深推进,比较有代表性的研究是张钢2001年在借鉴国内外其他学者观点的基础上,提出企业组织创新动因主要源于七个方面:企业新技术、新产品和新工艺导入;企业战略导向变化;人员条件或企业价值取向变化;企业经营规模扩大;企业自身成长;社会政治经济变革推动;市场竞争压力加大。

综上所述,尽管国内学界关于企业生命周期的理论研究起步较晚,但学者们业已形成的优秀成果为开展具有特殊性民族地区企业生命周期研究提供了重要的理论支撑。

二、战略选择

(一)本研究的界定

基于以上研究,结合西藏上市公司特殊性,本研究约定企业生命周期从时间上讲就是指企业从创建开始到最终从市场上消失所经历的时间,主要包括创立期、成长期、成熟期及衰退期四个阶段。企业生命周期理论是将企业类比于生物个体,遵循生、老、病、死的周期,且在生命周期的不同阶段上,有其特殊性,企业这一成长过程被称为生命周期。

表 4-1　企业生命周期三个阶段特征描述

生命阶段	主要目标	增长能力	盈利能力	营运能力	偿债能力	财务分析
创立期	进入市场，存活下来。	几乎没有	几乎为负	开始	无	对现金收支预测和控制能力往往较低。
成长期	站稳脚跟，发展壮大。	规模大，批量生产，销售收入增长率高。	获利能力强，整体盈利好。	较好	较差	扩张过快易造成负债过大、丧失竞争优势，进而在黄金时期夭折。
成熟期	巩固市场，保持成熟，延缓衰退。	发展速度减慢、效益高，由粗放转为集约经营。	利润增加，效率提高，盈利水平高。	较好	很强	稳健经营可能导致资金投入不足、盈利能力不足
衰退期	采用各种手段创新。	发展速度倒退，收入增长为负。	亏损严重，市场反应迟钝	很差	较差	无法获得足够盈利能力。

(二)战略分析

实践表明，企业发展总是呈现波浪型起伏特征，而研究企业生命周期尤其是上市公司的生命周期就是为了帮助企业尤其是上市公司制订长远的发展战略，以削弱周期性变化带来的不稳定。

1.创立期企业战略调整

创立期的企业，其主要目标是使产品或服务为市场所接受，得到消费者认可，并为企业后续发展奠定坚实基础。为此，企业一般没有成本优势，也缺乏多样化、系统化的生产条件，求生存是企业的首要目标，其营运重点集中于产品营销和以市场需求为导向的技术创新和产品创造，往往只能在市场某一领域利用差异化战略求生存，其中市场差异化开发是整个生产经营环节中最重要的战略措施。一般而言，产品差异化发展可以来源于产品材质、原料、工艺、作用、外形、种类等自有属性，也可以来源于产品定价、营销等外加属性，有的甚至可能来源于生产企业针对不同人群或不同季节采用歧视性价格战略，从而使产品在不同市场表现出不同特征。创立期的企业决策必须服务于营销和研发部门，营销部门对产品将要投入的市场作出有针对性的调查，据此制定出市场差异化策略；研发部门则根据市场差异化需求，通过研发新产品，制定产品差异化策略,对产品进行整合以实现市场差异化协同发展,在该阶段后期,伴随企业发展逐步系统化,产品市场规模逐步成形并不断壮大。

2.成长期企业战略调整

实践表明,成长期的企业往往具有很强的增长能力,企业规模迅速扩大,企业发展目标及发展方向更多集中于以下两方面:一方面是使企业资源增加,实现财富累积;另一方面是使企业管理规范化,资源达到优化配置。伴随着企业在市场上站稳脚跟,业务走上正轨,企业产品战略定位开始进入粗略型市场定位,企业战略重点伴随着企业规模扩张开始转向追求规模经济。企业在追求规模效应的基础上,研发新产品、选择新方向,为帮助企业持续发展打下坚实的物质基础。企业将在该阶段采取有限的多元化战略措施,以拓宽市场,但此时企业的实力还比较有限,企业战略制订一定要坚持积极探索、稳妥推进的基本原则,要立足企业核心技术,围绕主体产品发展,立足适度集中战略,适度推进有限多元化,避免扩张过快、负债过大、盈利下降。在成长期就着手实施有限多元化战略,既不会妨碍主体产品市场深入发展,也能为前期主体产品走入衰退期后企业产品战略调整做好铺垫。

3.成熟期企业战略调整

经历了成长期后,企业逐步走向正规化进入成熟期,成熟期企业一定要坚持有序运营。随着企业规模逐渐扩大、组织层次不断细化,企业战略重点将逐步转向内涵发展,此时企业资源积累速度加快,资源配置效率显著提高。该时期企业应不断完善其内部规章制度,加快企业管理正规化建设,但与此同时完善规章制度也可能带来经营僵化和教条主义。

4.衰退期企业战略调整

企业进入衰退期后,将面临三种战略选择:一是求稳策略,此时由于企业没有足够的能力实现快速发展,因此容易选择收缩求稳策略;二是危机管理型策略,此时企业人员流失率高,面对各种危机,因此容易选择危机管理策略;三是破产策略,破产是为了保护投资者及企业自身而采取的保守策略,是进入衰退期而又回天乏力企业的最佳选择。

进一步,本研究认为,由于不同企业性质决定了不同企业在生命周期不同阶段上所停留时间不同,采用的战略调整措施也可能完全不同,所以,在运用企业生命周期理论进行案例分析时没有必要强求案例一致性;相反,从不同视角使用生命周期理论分析企业发展战略选择和调整,恰恰能说明企业发展的生命周期性。

第二节　周期分析

在上文关于企业生命周期理论研究的基础上,本研究选择西藏矿业、西藏天路等上市公司中部分企业为代表,对这些上市公司创立、成长、发展、成熟、资产重组、战略转型等发展状况进行理论性描述,为后文分析做铺垫。本研究中的资料均来源于互联网公开网站或公司官网等公开信息平台,对于西藏上市公司也只做客观性描述,只对公开信息进行归结和整理,不做评价。

一、公司概况

相对于经济发达省份拥有数量众多上市公司而言,西藏上市公司总体上具有数量少、规模小、行业分散、社会影响有限的基本特征。截至目前,西藏仅有十多家上市公司,且主要分布在特色矿业、藏医药业、特色旅游等以西藏特色优势资源为依托的领域和行业。结合需要,本研究主要介绍西藏矿业发展股份有限公司、西藏天路股份有限公司、西藏珠峰工业股份有限公司、西藏金珠雅砻藏药有限责任公司、西藏诺迪康药业股份有限公司、西藏圣地天然矿泉水有限公司、西藏银河科技发展股份有限公司等七家上市公司,并通过介绍这些上市公司概要展示西藏上市公司的基本情况。

(一)西藏矿业发展股份有限公司

西藏矿业发展股份有限公司(以下简称西藏矿业)于1997年7月成立,并在深圳交易所挂牌上市,股本2.5亿元人民币,是经权威机构认证、并经西藏政府批准的首批授信企业。西藏矿业是由西藏矿业发展总公司联合4家相关单位出资成立的综合性矿业开发公司,其前身是1967年5月成立的西藏东风矿业。西藏东风矿业成立之初在规模和建制上很不成熟,不是一个完整的矿业经济实体,直到罗布萨铬铁矿转型,西藏东风矿业才以这一国内最大的铬铁矿生产基地为依托,逐步发展并日益成熟。东风矿业的成立,对于西藏矿业经济发展具有非常重要的意义,标志着西藏矿业经济实现了从无到有、从粗放的手工生产到应用现代化技术水平进行现代生产、从落后到先进的质的飞跃。伴随着经济体制改革的不断深入,为应对激烈的市场竞争,以市场为导向的发展模式推动了罗布萨铁矿和矿产品经销公司的资产重组,成立了西藏矿业发展总公司,并于1997年改组为西藏矿业。目前西藏矿业资产总值达到10亿多元,资产净值达到5.19亿元,是名副其实的西藏矿业经济领军企业和龙头实体,在西藏矿产资源开发领域发挥着不可替代的重要作用。

(二)西藏天路股份有限公司

西藏天路股份有限公司(以下简称西藏天路)于1999年2月成立,由西藏公路工程总公司联合西藏自治区交通工业总公司、西藏拉萨汽车运输总公司、西藏自治区汽车工业贸易总公司、西藏自治区交通厅格尔木运输总公司等4家企业共同出资建立,同年3月正式营业,2001年1月在上海证券交易所挂牌上市。西藏天路主要经营公路工程和基础设施建设,是西藏唯一一家上市建筑企业,公司具有建设部批准的公路路面工程专业承包一级资质、西藏自治区建设厅核准的公路工程施工总承包二级资质、公路路基桥梁工程专业承包二级资质、铁路工程施工总承包三级资质、市政公用工程施工总承包二级资质、房屋建设工程施工总承包二级资质和铁路工程施工总承包三级资质,对西藏工程建设行业具有举足轻重的地位。公司在道路桥梁施工能力、工程质量合格率、西藏公路桥梁及高等级建设工程施工领域等方面都居领先地位,工程建设机械设备现代化程度及施工量处于先进水平。该公司自成立以来,共承建了60多个重要工程项目,完成投资金额累计达30亿元,优质工程率达85%以上,其中,拉萨柳梧大桥作为拉萨市地标式建筑是西藏首例立交桥建设,青藏铁路岗秀1号大桥与岗秀车站工程一起被评为优秀样板工程,贡嘎机场新公路改建工程成为自治区路面样板工程,拉萨金珠西路扩建工程和大昭寺周边环境整治工程成为市政路面样板工程。2006年4月该公司完成了国家质量管理、环境管理、职业健康安全体系的"QES"三标一体化,并于当年6月顺利完成股权分置改革。西藏天路在自身发展过程中,除了创造出卓越的经济效益之外,也创造出了显著的社会效益,赢得了社会普遍赞誉,也获得了很多荣誉。1999年到2001年连续获得全国优秀施工单位荣誉称号,2002年获得全国上市公司综合绩效百强企业、西藏自治区建设银行3A企业、西藏自治区国家税务局"最佳纳税人"等荣誉称号,2003年获得西藏自治区纳税先进单位荣誉称号,2004年获得西藏自治区"青年文明号"荣誉称号,2005年获得西藏自治区优秀建筑企业、2005年先进单位荣誉称号,2006年获得安全生产先进企业等荣誉称号。

(三)西藏珠峰工业股份有限公司

西藏珠峰工业股份有限公司(以下简称西藏珠峰)创立于1998年11月,由西藏珠峰摩托车工业公司联合西藏自治区信托投资公司、西藏自治区土产畜产进出口公司、西藏国际经济技术合作公司、西藏赛亚经贸服务公司共同出资建立,并于2000年12月在上海证券交易所上市,股本1.58亿元。西藏珠峰前身是西藏珠峰摩托工业公司,成立于1994年10月,是西藏本土投资最大、发展最迅速的民族工业企业,曾被授予"国家民族工业之花"称号。公司发展之初就推行高起点战略,将引入高技术、创造高效率作为发展源泉,积极引进台湾地区的先进生产设备与经营模式,与国际著名品牌进行合作,自主研发出了4大系列、8种排量、64个车型的摩托车,并以品种丰富、性能优越等特点得到消费者认可。由于公司本身具有强大的技术支持,在1999年摩托车行业步入低谷时,仍保持了强劲增长,并且成为西藏的纳税大户,被中国银行西藏分行确定为授信企业。随着市场需求多元化及企业资源限制,摩托车行业供过于求,盈利水平逐步下降,西藏珠峰决定进行重组,于2006年3月收购了西部矿业股份有限公司部分锌、铟冶炼资产,公司主营业务逐步转向锌、铟等有色金属冶炼、回收及有色金属产品销售。目前的西藏珠峰通过紧抓国家西部大开发和西藏经济发展巨大商机,顺利实现了战略转型,提高了公司综合实力与市场竞争力,并向着建成自主创新、可持续发展的大型有色金属矿产资源集团目标迈进。

(四)西藏金珠雅砻藏药有限责任公司

西藏金珠雅砻藏药有限责任公司(以下简称金珠公司)前身是西藏雅砻藏药股份有限公司,创建于1985年,顺应市场需要,逐步转型为现代化新型制药企业。金珠公司位于西藏自治区山南地区泽当镇,是山南地区重要的招商引资企业和纳税大户,为山南地区经济发展做出了突出贡献。金珠公司秉承质量为先、信誉发展的理念,以高新技术研发、高级人才管理、科学安全生产为宗旨,建成为具有一定规模的藏药生产企业。金珠公司目前拥有19个国家药品生产批准文号,其中:二十五味珍珠丸、二十五味松石丸、二十五味珊瑚丸等名贵藏药被列为国家中药保护品种，并获得中国民族医药学会推荐产品和西藏名牌产品称号。金珠公司建于藏药发源地，拥有得天独厚的藏药资源，企业充分发挥特色产业优势，在获得诸多殊荣基础上再接再励，目前有二十五味珊瑚胶囊、十五味乳鹏胶囊等获得国家新药证书及生产批文，为西藏企业中药品类胶囊剂品种最多的厂家。目前，金珠公司的经营范围已经扩大到进出口贸易、国内贸易、出口商品制造加工、矿产品加工、实业投资、经济技术开发与咨询、通讯器材、房地产开发、旅游资源开发、农用生物制剂销售、农药销售、农肥销售、农用机械及器具销售、销售五金交电、日用品、技术进出口。金珠公司正通过不懈努力，依托优势资源，顺应西藏经济大发展新形势，借力自治区将藏医药列为六大支柱产业的战略机遇，为弘扬祖国藏医药文化事业，推动全人类健康做出更大贡献。

(五)西藏诺迪康药业股份有限公司

西藏诺迪康药业股份有限公司(以下简称诺迪康药业)是一家以天然藏药为产品原料加工生产纯正藏药的制药企业，该公司1997年7月由西藏华西药业集团有限公司、西藏自治区藏药厂、西藏自治区科技开发中心、西藏科龙建筑建材有限公司、西藏科光太阳能工程技术有限公司等五家法人股东共同出资设立，于同年7月6日在上海证券交易所上市。诺迪康药业自成立以来立志于用现代化技术推进藏药事业发展，主营范围包括诺迪康胶囊、诺迪康颗粒、诺迪康口服液、小儿双清颗粒等以藏药为主要产品成份的医药产品生产及销售，藏药产品及医疗器械、卫生保健品经营，医疗器械、保健用品、化妆品、中成药、藏药、原料药、药材、保健食品、食品进出口。

诺迪康药业秉承科学成就健康、健康成就未来的理念，依靠科技力量，采用自主开发和合作开发相结合的方式，与四川大学华西医学院等科研院所进行合作，创立研发机构，形成了科研实力极强的年轻化的研发团队，通过对传统藏药自种、自采、自制、自用模式的改造推动了藏药业发展，提升了藏药产品的科学价值及药用价值，被西藏自治区政府认定为高新技术企业。诺迪康药业在加快推进藏药现代化的同时，积极开展藏药原料相关的生物制品和传统药品研发，产品涵盖生物制品、藏药和中药、化学药产品系列，其中具有自主知识产权的生物制品一类新药新活素，代表着目前国际急性心衰急救治疗药物的最高水平，填补了国内空白，为藏药产业发展奠定了坚实基础。

诺迪康药业在运用高科技手段研发生物制品、藏药及中药的同时,高度重视利用现代科技支持企业管理与销售,实现企业内部管理系统化、财务管理电算化和安全监控自动化。目前诺迪康药业拥有覆盖全国的销售网络,有西藏诺迪康医药有限公司、西藏金罗汉医药有限公司、成都诺迪康生物制药有限公司、四川诺迪康威光制药有限公司、西藏康达药业有限公司、西藏诺迪康藏药材开发有限公司、四川本草堂药业有限公司等下属子公司,并在全国建立了近百家协议单位及20多个联络处,拥有区内数家连锁药店,是西部乃至全国规模大、功能全的中外药品、保健食品、医疗器械展示、销售和配送枢纽。其生产销售的产品诺迪康胶囊、诺迪康颗粒、诺迪康口服液、小儿双清颗粒及其他藏药产品、卫生保健品在西藏及内地市场获得较高评价。

(六)西藏圣地天然矿泉水有限公司

西藏圣地天然矿泉水有限公司(以下简称西藏圣地)原名为西藏圣地股份有限公司,1992年筹建,1996年成立,拥有先进的吹塑机、水处理设备、灌装生产线设备及检测设备仪器等固定资产,形成了从制瓶、灌装到产品入库的现代化流水生产作业线,年生产能力达两万吨,所生产的喜玛拉雅、圣地等矿泉水水源来自海拔5500米的果拉山口的两条大山沟交汇处400米下的花岗岩构造裂隙中,其高品质、纯正甘冽的口感,赢得了区内外广大消费者的喜爱,是西藏自治区人民政府成立三十周年大庆唯一指定饮用天然矿泉水,并且先后获得西藏自治区级、国家级优秀产品称号。西藏圣地奉行质量就是生命、信誉就是市场的企业精神,用科学技术武装生产,不断推进技术改造,加强生产安全,努力提高产品品质。目前西藏圣地不断顺应市场发展要求,在生产销售矿泉水、饮料、酒店服务、娱乐、酒吧、饮食基础上,加大了出口矿泉水的力度。近年来该公司还兼营旅游观光、徒步、特种旅游、探险活动的组织接待、旅游运输及旅游景点开发,机械设备、建材、体育用品进口以及允许经营的其他边境贸易,公司在多元化经营之路上稳步推进。

(七)西藏银河科技发展股份有限公司

西藏银河科技发展股份有限公司(以下简称银河科技)前身为西藏拉萨啤酒有限责任公司,该公司1996年12月经西藏自治区人民政府批准成立,1997年由西藏拉萨啤酒有限责任公司联合西藏明珠股份有限公司、西藏自治区矿业发展总公司、四川英达资讯信息公司、圣地亚(食品)有限公司四家共同出资并面向社会公众募集资金设立的股份有限公司,于同年6月上市。2001年8月由西藏拉萨啤酒股份有限公司更名为西藏银河科技发展股份有限公司。由于银河科技的成立基础是西藏拉萨啤酒有限责任公司,因此公司经营实行主业突出、多种经营模式,经营范围主要有啤酒、饮料类产品生产与销售、藏红花及系列产品开发研制,并兼涉饲料、养殖业、计算机软硬件系统集成产品、网络及信息技术产品的研制、开发、生产、销售和出口业务。如今,银河科技的优秀产品拉萨啤酒已成为西藏乃至内地市场上的知名品牌。

通过上述对西藏上市公司发展现状的介绍,可以看出,以西藏上市公司发展做为企业生命周期理论分析的典型案例从理论上还略显单薄,因为西藏特殊的地理和人文环境对上市公司发展的促进作用和限制作用都明显不同于内地。但与此同时,我们也发现企业的成长是一个动态过程,因此本研究选取西藏上市公司作为案例研究,并从企业生命周期理论某阶段的发展战略上进行分析,具有一定的分析价值。

二、发展分析

为追求企业生命周期各阶段完整性及避免分析上的重复,本研究只对上述提及的上市公司进行分析,借以揭示西藏上市公司发展战略的特殊性。

(一)创立及成长阶段分析——以西藏矿业为例

上文分析表明西藏矿业前身是西藏东风矿,这家矿产企业在成立之初并不具有规模效益,也很不规范,不具有良好的矿山企业发展基础。此时的西藏东风矿正处在企业生命周期的初创期,面临的主要问题是生存压力,最大的挑战是资金不足和发展机遇缺乏,如果此时有足够的资金支持,有良好的市场机会,企业就会获得发展的生机和活力;如果企业不能及时获得足够的资金支持,或者缺乏良好的市场机会,就有可能走向没落直至关闭,最终退出市场。为此,该阶段新的市场机会对于企业发展非常重要,此时国内最大的铬铁矿基地——罗布萨铬铁矿对于东风矿实现转型产生了决定性影响,实践表明,罗布萨铬铁矿不仅使东风矿实现了转型,而且为东风矿提供了充足的原料支持,也标志着东风矿进入了成长阶段。

成长期企业具有较强的发展能量,其主要目标就是发展壮大,而快速发展又促进着企业成长,成长中的东风矿有原料依托便能够及时组织大规模生产,此时东风矿已由罗布萨铬铁矿和矿产品经销公司通过资产重组组建成了西藏矿业发展总公司。此时制约西藏矿业发展总公司快速发展的瓶颈是生产技术落后及管理模式不先进,而要获得先进生产技术必须有大量的资金支持,而大量的资金支持往往依靠企业资产重组和资本运作,为此西藏矿业发展总公司及时联合其他4家企业共同出资,成立了西藏最大的综合性矿业开发公司——西藏矿业发展股份有限公司。伴随西藏矿业成立,企业管理水平上升,资金增加,实力增强,技术提高,促进了生产发展,实现了西藏矿山企业从落后到先进的跨越。伴随着西藏矿业规模扩张,西藏矿业规模效应显现,盈利增长促使管理者产生多元化经营要求,公司业务范围不断扩大,此时,西藏矿业创新热情高、创造能力强,西藏矿业经营范围从单纯的铬铁矿开采为主,逐步发展为以铬铁矿开采为主导,兼营锂、铜等多种矿的开采、加工销售的经济实体,生产领域逐步拓宽,生产专业化水平不断提高。企业理论和管理实践反复证明,当一个企业专业化水平提高时,企业产品将不断得到市场主流消费者的认可,需求旺盛导致供不应求,迫切需要与其他企业开展横向联合和纵向合作,逐步构建起规模大、带动作用强的供销链和产业链。该阶段西藏矿业与西宁钢厂、大冶特钢、重庆钢厂、大连钢铁集团等国内十几家大型钢铁企业建立了稳定的供销关系,并形成了系统的营销网络。此时西藏矿业从初创期只有一种或少数几种主导产品为主发展为多元化经营,公司业务范围扩展到铬、锂、铜三大领域,企业发展显示出成熟期的主要特点,规模扩大,由创立初期3家分公司发展为下辖4个分公司、1个办事处、6家控股联营公司的矿业经济实体,企业生产经营逐步实现了规范化、科学化、现代化和国际化。

(二)成熟阶段分析——以西藏天路为例

上文分析表明,由于得到了公共部门的强大资金支持,西藏天路成立初期就表现出强大的资金实力,并未遇到其他企业在创立期所遇到的生存挑战,这与西藏天路从事的道路交通运输与建设事业具有的公共性有关。在国家优惠政策引导下,西藏天路以其过硬的资质成为西藏道路基础设施建设领域的佼佼者,创立以来稳扎稳打,以优秀工程质量和尖端技术水平为基础逐步走向成熟。一般而言,成熟阶段企业规模相对较大,企业目标已不仅仅局限于全力以赴搞销售,从追求单纯的营业额逐步转向追求利润最大化,这从西藏天路公布的经营目标就可见一斑:2009年该公司预计经过5年发展达到产值6亿元,实现利润5 000万元,税收2 000万。理论研究显示,成熟期企业一般会逐步走向多元化经营,不仅拥有自己的特色产品,还会向其他相关领域或潜在相关领域延伸并形成立体的产业链,或者仅仅为不相关领域注入资金,为涉足的不相关领域提供强大的资金支持,推进发展,形成多元化经营格局。西藏天路在公路、桥梁、水泥产品基础上,逐步走向兼营物流运输、汽车贸易、机械修理、进出口贸易、旅游等领域,充分印证了这一结论。目前的西藏天路不仅产品得到了市场认可,企业本身也得到社会良好的评价,已经发展为西藏自治区内家喻户晓的优质名牌企业。

(三)衰退阶段分析——以西藏珠峰为例

西藏珠峰的前身是西藏珠峰摩托工业公司,该公司1994年创立,在国家有关部委和西藏自治区党委、政府关心支持下迅速成长。不同于西藏天路由国家控股整合资金组织生产的发展模式,西藏珠峰是在政府帮扶下迅速发展起来的。由于有政府的大力支持,西藏珠峰在创立之初就可以引入高端设备和先进技术,在与国际知名品牌展开广泛合作的同时,公司还被指定为摩托车定点生产企业。由于整合了众多优质资源,西藏珠峰可以开发出众多产品以满足各阶层消费者的需要,即使在1999年摩托车行业处在低谷时期,西藏珠峰仍实现了41%的业绩增长。考察西藏珠峰发展历程我们可以发现,该公司一直在政府扶持下创立、发展、壮大、成熟。在该公司处在成熟期时,摩托制造行业很快出现了饱和,产品供过于求,西藏珠峰的产品品种虽然达到64种之多,但大部分处在亏损状态,导致企业整体盈利水平迅速下滑,企业出现衰退期的很多特征,为了实现企业扭亏增盈,西藏珠峰果断进行资产重组,成功收购了西部矿业,借国家西部大开发与大力发展西藏经济的机遇实现战略转型,发展成为大型矿产资源集团。

第三节 对策建议

理论研究表明,企业发展一般呈波浪型上升态势,由此决定了企业战略分析也必须是动态的,有成长必定有衰退。而要实现企业持续成长和经久不衰,必须把握不同时期的发展特性,制定恰当的发展战略。本研究认为西藏上市公司要实现可持续发展,必须坚持政府主导与优势推进相结合的基本原则,大力实施特色营销战略、技术创新战略、人才促进战略和特色推进战略。

一、战略原则

西藏特殊的自然资源和独特的人文基础决定了西藏上市公司的发展战略与内地企业相比而言,在基本原则上应有其特殊性,主要表现在:

(一)政府主导发展原则

从上文西藏上市公司的基本描述可以看出,因为经济发展相对落后,为维护边疆稳定,加快经济跨越式发展步伐,实现各民族共同繁荣,中央在西藏实施了大量优惠政策,特别是1980年以来中央先后召开了五次西藏工作会议,投资建设了大量专项工程,推动对口援藏政策的深入实施,为西藏经济社会发展提供了强大的政策后盾和资金支持,特别是中央第三次西藏工作会议以来,西藏经济实现了由稳定发展向快速发展的转变。与此同时,这些优惠政策也成为西藏上市公司发展的重要支撑力量。实践表明,无论哪种类型的西藏上市公司,政府扶持对于其战略转型均产生着重要的推动作用,为此在相当长的时期,西藏上市公司要实现跨越式发展还必须依靠政府的政策扶持和资金倾斜。

(二)优势推动发展原则

根据中央第五次西藏工作会议提出的加强基础设施建设和能源资源开发的战略,西藏应把民生改善、社会事业发展、生态环境保护、基础设施建设作为经济工作的主攻方向,全面发展交通、运输、邮电、通讯、教育、科技、卫生等事业,加大对特色优势经济领域的投资力度,提升市场化空间,实现市场化取向,通过基础设施建设为西藏市场经济发展创造条件,形成优势资源循环利用,优先发展特色经济,在优惠政策基础上夯实上市公司的综合实力,顺应市场发展需求,迎接机遇与挑战。

二、发展战略

(一)特色推进战略

由于地处青藏高原,特殊的地理、人文环境使得西藏具有不同于国内其他地区的特色和优势,这种优势决定了西藏上市公司依靠自然特色建立起来的优势具有不可复制性,如西藏雅砻、诺迪康药业和西藏圣地等公司。其中:西藏雅砻和诺迪康药业都是以天然药源为原料加工生产纯正藏药产品的上市公司,藏药原料是西藏特有的天然原料,加上西藏纯净的生态环境及不受污染的自然环境,甚至有人开玩笑地认为西藏圣地员工的工作就是对矿泉水进行罐装与打包,从另一个侧面反映出西藏产业原材料的不可复制性。这很可能是资源型产业加快发展的不竭动力。资源型企业实施特色推进战略的核心是充分挖掘特色资源优势,重点是借助援藏力量搭建特色营销平台,核心是实现优势资源和现代科技有机结合,载体是优惠政策持续扶持。

(二)技术创新战略

科学技术是第一生产力,现代经济发展的根本在于如何充分发挥科学技术对生产力的推动作用。企业发展初创期,由于产品推广成为企业战略重点,技术创新往往被忽视,当企业进入成长期与成熟期后,立足于核心技术和主打产品基础的拓宽市场和产品多元化就成为企业进一步发展的重要任务。近年来随着全球经济增长放缓,企业面临的大量不确定性迅速改变着市场竞争,企业传统的竞争优势已不复存在,这就要求企业必须持续提高自身技术能力,加快技术创新,使企业获得不竭的发展动力,并永葆青春。而包括上市公司在内的西藏本土企业,实施技术创新战略的核心是充分挖掘现有技术优势,重点是借助援藏力量搭建技术创新平台,核心是实现现代科技本土化、特色化,加快现代科学技术与西藏传统工艺融合,载体是持续的优惠科技扶持政策。

(三)人才促进战略

由于受自然条件、经济发展、社会文化和教育发展不足等多种因素的制约,包括上市公司在内的西藏本土企业普遍存在人才储备不足、人才外流严重等问题。而社会活动归根结底是人的活动,企业发展以人为中心,技术创新战略依靠智力支持,企业发展的关键在于人才促进,企业管理人才和技术人才成为企业持续发展的推动力。增加人才储备已经成为西藏企业发展必须解决的重要问题,成为西藏企业发展任务中不可或缺的重要一环。而包括上市公司在内的西藏本土企业,实施人才促进战略的核心是充分挖掘现有人才潜力,发挥好本土化技术人才的引领作用和核心带动作用,重点是借助援藏力量搭建人才引进培养平台,核心是实现人才培养的本土化,载体是多措并举推进人才兴区、人才兴企、人才富民战略。

第五章

西藏农牧区消费者行为问题研究

研究农牧区消费者行为对于繁荣西藏城乡市场,实现经济跨越式发展和社会长治久安具有重要意义。近年来,围绕改善民生大局,西藏各级党委政府始终围绕改善农牧民生活条件、增加农牧民收入加快推进各项工作,促进了西藏农牧民收入持续增长,农牧民消费不断提高,农牧区消费市场持续扩大。但与此同时,制约农牧区消费增长和农牧民消费行为加快改善的一系列问题也不断出现,如何因地制宜、总结成绩,加快推进农牧区消费发展,形成农牧区消费新格局,已经成为摆在各级各界面前的迫切问题。正是基于上述考虑,本研究采取调查问卷和个别访谈相结合的方法,在全面总结西藏农牧区消费者行为现状、影响因素和存在问题的基础上,对西藏农牧区消费者行为特征进行了全面总结,最后提出进一步改善西藏农牧区消费者行为的着力点在于稳步提高农牧民收入,近期的工作重点在于做好消费引导,完善市场建设,强化消费保障。

第一节 理论基础

为了将本研究置于规范、严谨的理论体系,本节从消费者行为的概念总结出发,从国外、国内、区域和西藏等四个方面综述消费者行为的基本理论,并结合研究需要对有关文献进行评价,以形成对本研究的全面支持。

一、研究综述

国外对于消费行为的研究总体表现出范围广、领域宽、角度多的特点,研究成果富有代表性。本研究从一般性理论研究和区域性研究两个层面选取了一些有代表性的成果简要综述如下。

(一)一般研究

国外对于消费者行为的关注最早可追溯到18世纪,伴随着经济发展、社会进步和消费增加,英国出现了消费社会的发展迹象,由于大量农牧民涌入城市,城市新型居民开始关注自身的社会地位,重视那些能够表现自身社会地位的商品,人们对商品的态度发生了根本变化,购物环境、企业策略、广告营销越来越成为影响消费的重要因素。进入19世纪以后,消费型社会开始在美国和法国相继出现,推动了社会转型(保罗·彼德等,2000),与此同时,应对这种社会消费形态变化的需要,企业经营观念逐步由关注自身发展转向更多地关注消费者喜好。

从20世纪60年代开始,企业生产经营取向从以往过度重视生产的生产取向和重视销售结果为重点的推销取向逐步发展为以整体销售服务为核心的营销取向,市场营销理念充斥经济生活,在这种潮流的冲击下,企业生产服务理念发生变化,以围绕消费活动表象、总结消费者行为特征、揭示消费者行为规律为主要内容的西方消费者行为研究逐步发展起来。这一研究领域注重从相关学科汲取营养,健全学科框架,扩大学科领域,壮大学科队伍,完善学科体系,成功地将生活方式这一概念从社会学引进到消费者行为研究领域。从此之后有关消费的研究成为人类生活方式研究的重要内容,社会学中的生活方式理论探索迅速演化为具体而个性鲜明的消费生活方式研究。与此同时,受跨学科研究需求强力推动,消费者行为学理念加快渗透和反作用于社会学,从20世纪50年代开始,学者将更多注意力投向了消费的社会性,这种变化使得消费外部性问题逐步成为理论研究的重点。进入20世纪80年代后,关注消费问题研究的学者迅速增加,社会学家、人类学家纷纷进入人类消费行为的研究领域,市场营销理念、模式、推动力研究成为理论热点,新兴的跨学科、跨领域消费问题研究纷至沓来,消费社会学、消费地理学、消费人类学、消费政治学、消费历史学、消费符号学等研究领域相继问世并日益完善,这些新兴学科不仅丰富了消费行为研究的理论范式,同时也使得学界关于消费行为研究的成果更加符合实际,经得住实践检验(王宁,2001)。毫无疑问,上述跨学科、跨领域的消费者行为研究,以及由此而形成的优秀成果为消费者行为研究奠定了广泛的理论基础,推动了消费者行为问题研究向纵深发展。伴随着消费者行为理论的日益壮大,消费方式研究不断扩展,优秀成果不断涌现,最具代表性的是20世纪五六十年代的消费者理性研究,其中又以弗里德曼的持久性收入假说、莫迪利亚尼的生命周期假说和理性预期理论最具代表性。这些优秀理论成果立足市场经济背景,以消费者理性为前提,采用实证研究方法,以收入—消费分割稳定性为重点,着重测算了消费—收入比例的稳定性。进入70年代后,世界经济的周期性波动和不稳定性更趋激烈,消费者支出倾向发生了重大变化,外生不确定性因素对消费者行为选择影响增强,消费期望成为消费者行为分析中不可缺少的因素,传统上只讨论内生因素的理论由于难以解决实际问题而力不从心,反映消费者消费预期变化的消费者情绪指数被引入到分析模型中(奥托·埃克斯坦,1983),对消费者行为理论研究产生了革命性影响。

毫无疑问,从凯恩斯消费函数理论诞生以来,理论界对消费函数的理论探讨始终没有停止,从早期的绝对收入假说理论、相对收入假说理论,到后来的生命周期假说理论、持久收入假说理论,直到近期的随机游走理论、预防性储蓄假说理论、流动性约束假说理论等;理论演进从研究即期消费扩展到研究跨期消费,从研究确定性消费扩展到研究不确定性消费。近年来,关于我国居民尤其是农牧区居民消费问题也逐步成为国外学者关注的重要问题之一,学者们围绕消费领域中的众多问题展开了卓有成效的研究,取得了不少优秀的理论研究成果。但是,由于研究视角不同、使用方法各异、数据来源有别,获得的结论也存在较大差异,概括地讲,大致分成两类:一是应用即有消费理论对我国农牧区居民消费行为进行检验,此类研究大多是解释性质的,由于国情差异,这种研究得出的结论往往与我国实际差距较大,对实践的指导意义价值有限;二是立足西方经济学的基本研究范式,从转轨时期我国消费实际尤其是农牧区消费实际出发,构建符合我国国情的消费者行为理论模型,并利用这些模型对我国农牧区消费者行为进行理论解读,借此将我国消费者行为研究纳入规范分析框架。与前者相比,这一研究视角最大的贡献是运用普适工具,得出的结论更加符合我国国情。

(二)区域研究

国际学界对于区域消费者行为问题的研究主要基于以中国和印度为代表的新兴市场经济国家的迅速崛起,这些国家数目庞大的农牧区消费人口对于经济发展的推动作用日益彰显,成为学术界与实业界关注的重点(Craig and Douglas,2010)。与西方发达国家比较成熟的农牧区消费市场相比,广大发展中国家农牧区消费还处在哺育期,表现出规模小、不健全和影响小的特征。Nana(2008)在加纳的研究显示,由于发展中国家农牧区金融服务远落后于发达国家,由此导致广大农牧区居民必须经历长时间的金融消费文化教育阶段。当然发展中国家农牧区居民有其特殊的消费行为特征,伴随着这些国家消费者行为研究成果国际化加快,未来将会有更多的以新兴市场国家农牧区消费者为对象的优秀研究成果问世。近年来,印度学者特别关注农牧区市场开发、农牧产品营销、农牧区消费者行为问题研究,重点研究领域集中在子女与父母情感依附对家庭消费的影响、包装对消费者购物行为的影响、外出购物行为对农牧区消费市场构建的影响、农牧区市场开发模式选择、农牧区消费者零售渠道选择及其惠顾行为等。

由于中西方国家农牧区存在较大的社会经济结构差异、市场发育差异、消费水平差异、消费观念差异,国外有关消费者行为尤其是农牧区消费者行为的研究成果不能简单移植到我国,用于解释我国农牧区消费市场开发问题,学界必须立足于我国实际,开展大量具有中国特色的农牧区消费者行为模式和决策本土化探索,以此推动我国消费者行为尤其是农牧区消费者行为研究。

综上所述,由于不同区域消费者消费行为存在较大差异,而与经济发展国际不均衡和地区不平衡相比,消费者行为更多地受制于文化等区域因素的影响而表现出强烈的地域性、阶段性、文化性。依据上述逻辑,我国消费市场具有地域广阔、差异显著、特色鲜明的特征,且存在大量差异化细分子市场,因此研究我国不同区域消费者行为特征,对于深刻解读我国消费者行为、精确预测消费行为变化、追踪消费潮流时尚、制定差异化营销策略均具有非常重要的现实意义,而在具体研究实践中,如何解决好不同区域消费文化构建和区域消费市场细分成为这一领域的两大难题。

二、国内研究

国内学界在国际学术界业已形成的众多优秀研究成果基础上,结合我国消费市场实际,对国内消费者消费行为问题进行了卓有成效的研究。本研究主要选取了一些代表性成果,从一般性理论研究和西藏消费者行为研究两个层面阐述。

（一）一般研究

国内学界对于消费者行为的理论研究在我国经济发展和社会进步的各个阶段表现出不同的特殊性。

第一阶段,计划经济时期的消费者行为理论研究。由于我国居民的收入—消费制度环境完全不同于西方市场国家,外生的经济体制因素成为影响消费者行为的重要因素。为了推进以重工业为特征的跨越式发展,消费者行为与消费支出被宏观的经济体制规定下来,收入被冻结,消费品通过配给提供,各类服务被城市福利体系包揽,城乡居民无消费选择自由和储蓄决定权,作为补偿,国家为城市居民提供了无风险、低水平的全面保障,城市居民无需为日后风险进行必要的财务安排,收入的消费和储蓄分割失去了存在基础,消费积累的比例关系由个人决策转化为国家决策,并通过行政命令方式强制推行,以社会消费积累比例形式存在。

第二阶段,改革开放初期国内消费者行为的理论研究。改革开放后,伴随着城乡居民收入迅速增加,消费品市场逐步放开,国内形成了以耐用消费品为龙头的扩张性消费增长势头,尤其是1992年以后伴随着居民深层次的利益改革不断深入,住房、医疗、就业、退休和教育等关系国计民生的改革先后启动,影响城乡居民消费行为的深层次制度因素发生变化,从历史视角和制度变迁视野分析消费者行为日显重要。围绕上述变化,伴随着1988年和1994年高水平消费物价指数引起的经济波动,学界对消费者行为的讨论不断深入,如宋国青先生(1995)分析认为我国城乡居民在前述价格较快波动时期表现出的价格预期导致了不同的储蓄倾向,对经济波动产生了不同的短期影响,从表面上看消费者的错误预期似乎隐含非理性因素,实际上可能恰恰是消费者行为的理性表现。类似的情况也曾经发生在20世纪70年代后期的英国,伴随着通货膨胀的加剧,人们的储蓄倾向不是降低而是提高的,这是因为对未来收入的不稳定预期增强,迫使人们为稳定日后生活不断提高储蓄率。由此断定我国城乡居民在价格不稳定时提高储蓄也不是对市场短期变量的错误预期,而是从预期角度对消费储蓄行为的理性调整。

第三阶段,20世纪90年代以后国内消费者行为的理论研究。从20世纪90年代开始,国内学界特别是香港和台湾地区的学者,对于消费者行为问题给予了巨大的理论热情,比较有代表性的成果包括杨中芳(1997)对我国消费者研究方法的研究、卢泰宏(1997)采用本土化研究方法对消费者行为的研究、部分学者正在开展的关于我国区域性消费差异及特征测度的研究、我国消费群世代细分问题研究、我国E时代消费形态研究和我国消费者品牌行为问题研究等。在国内消费者行为研究深入开展的过程中,许多学者从收入、支出、物价、贫富差异、地区行业角度切入,借助消费函数等优秀理论方法,对影响城乡居民消费支出的因素进行实证考察,形成了大量优秀研究成果。主要包括:钱颖一(1988)、马国南(1993)、王燕(1993)等对于消费与储蓄相互关系问题的研究;臧旭恒(1994)采取实证研究方法对我国城乡居民消费行为的系统考察;王军(2001)对我国消费函数的实证探讨、贺菊煌(2000)对我国宏观生命周期消费函数的理论研究;孙凤(2002)利用预防性储蓄理论对我国消费函数的研究;朱信凯(2003)围绕我国农牧户消费行为构建的我国消费函数理论以及提出的浴盆曲线理论;刘颐权(2005)从消费主体、客体结构关系角度探讨了影响城乡居民消费的主要因素;姜波克、陈学彬(2005)从货币政策微观效应角度对城乡居民消费行为影响的研究;冯鑫明、田剑(2005)研究了预期因素对我国城乡居民消费行为的作用;陶伟军(2006)从产权角度研究了消费行为的产权机制问题及其影响;徐永兵(2007)实证考察了我国城镇居民消费行为与经济增长的关系;田学斌(2007)探讨了制度变迁对我国消费结构演进的影响;李培林和张翼(2001)、王宁(2001)、杨晓燕(2003)等运用社会学方法,将社会转型和文化传统等因素引入到我国消费者行为问题研究中,使该问题的理论研究逐步本土化。

综上所述,国内学界对于消费者行为的理论研究无论从广度还是深度上都有了巨大突破,呈现百花齐放、百家争鸣的良好势头,来自不同领域的研究人员通过运用成熟的实证分析工具对于我国城乡居民消费行为的研究和规律揭示,将有助于社会各界对我国消费者行为做出更为准确的判断。但不可忽视的问题是:在国内城乡消费者行为研究不断繁荣的同时,该领域的研究方法、研究角度等仍需加快创新,探索出更多符合我国社会文化传统的消费者行为研究方式方法,加快我国消费者行为理论研究的创新和本土化发展。

(二)西藏消费者行为研究

本世纪以来,关于西藏消费问题以及消费者行为的研究成为国内理论研究的热点,不同学者基于自身的研究兴趣和专长在该领域进行了卓有成效的探索,取得了很多优秀的研究成果。中国藏学研究中心社会经济研究所研究员罗绒战堆同志基于入户调查和经济人类学视角,采取田野调查法持续关注并开展的关于西藏信教居民宗教消费的研究成为该领域的典范,该研究在多年调查数据基础上进行了严谨的理论分析,提出在一般情况下,西藏农牧户宗教消费受家庭预算约束程度较大,近年来,宗教消费支出与家庭收入曲线保持平行向上的增长态势,这与近年来农牧户收入增加有很大关系。与这种向上趋势相对应的是,由于西藏宗教活动中的替代用品及替代方式正逐步出现并呈现较强的发展势头,今后,相对于农牧户收入不断增长的实际,信教居民宗教消费支出或将出现一定程度的下降。罗绒战堆的研究不仅从实践上为制定相应的政策措施提供了参考,更重要的是他的研究为后继者们提供了切合西藏实际的理论研究范式。

除了研究宗教消费在西藏农牧户消费领域的重要性之外,大量的学者将研究视野集中在西藏农牧民消费的其他领域,比较有代表性的研究包括:洛桑达杰(2004)从理论上揭示了西藏农牧民增收缓慢的原因;普布次仁、吴晓琼、师晓娟等(2006)综合考察了西藏城乡居民的整体消费状况;徐伍达(2006)采用实证分析法研究了西藏城镇居民的消费结构;徐瑞华(2007)深入探讨了西藏农牧民收入现状与增收途径;焦国成(2007)研究了西藏新农牧区建设、农牧民增收与科研进步的关系;西藏农牧民增收对策研究组(2007)综合研究了西藏农牧民增收的主要对策;杨春伟(2007)研究了西藏农牧区公共产品供给机制体制;曾绍龙(2008)分析了西藏居民消费与经济周期的关系及其影响程度;曾健(2009)初步探讨了西藏的区域经济差异;袁庆娟(2009)讨论了西藏农牧民增收的制约因素;覃朝晖(2009)采用回归分析法研究了西藏人均消费的影响因素;吕文治、董亚龙(2009)讨论了西藏农牧区居民消费需求与农牧区市场建设的关系;曾维莲(2009)揭示了西藏地区农牧民消费现状;李继刚(2010)分析了西藏居民消费结构变化对第三产业的影响;达瓦(2010)预测西藏农牧区居民消费支出发展的趋势;中国人民银行拉萨中心支行(2011)调查研究了西藏农牧区金融体系建设与农牧区经济发展的关系;尼玛普赤(2012)实证研究了基于农牧区税费改革的西藏财政运行问题;龚祖辉(2012)研究了扩大西藏农牧区消费需求、增强经济发展内生动力的相关问题;白玛玉珍(2012)研究了新农牧区建设视野下的西藏农牧民安居工程问题。上述研究虽大多未形成系统体系,但均从不同程度揭示了西藏消费领域存在的主要问题,不同程度触及了消费者行为的决定领域,为进一步开展此类研究提供了有益借鉴。

综上所述,国内外学者们从不同角度对消费者行为的研究不仅扩大了该领域的研究范围,更新了该领域的研究角度,丰富了该领域的研究方法,同时也为进一步推进该领域研究提供了新思路。上述成果将从理论、方法、思想、观点等方面支撑本研究,使之置于更为规范的框架、更为恰当的体系之中。

第二节　调查分析

基于上文对于国内外研究文献的理论综述以及建立起来的分析框架,为全面揭示西藏农牧区消费者行为的内在决定机制,本节将从西藏农牧区消费者行为的现状入手,揭示西藏农牧区消费者行为的主要特征及其特殊性,以此构建本研究的分析体系。

一、问卷调查

本研究通过对那曲和昌都地区108名藏族农牧民进行的消费者行为随机抽样调查,发出自填式问卷108份,收回108份,其中无效问卷4份,104份试卷真实有效,调查问卷有效率96.3%。在回收问卷的基础上,通过分析农牧民收入、消费倾向及影响因素等16个问题,对那曲、昌都两地区农牧民消费者行为进行定量研究。

(一)问卷设计

为了准确揭示西藏农牧区消费者行为的现状与特征,本问卷设计了性别、年龄、受教育程度、收入来源、收入是否固定、月可支配收入、购物欲望、消费支出、消费倾向、宗教消费比例、影响消费因素、消费所占比例、消费贷款、物价水平对消费需求的影响、对消费想说的话等16个问题。各问题设计意图如下：

1. 性别和年龄项目的设计意图

理论研究表明，城乡居民的消费选择与性别年龄高度相关，通过该问题主要为揭示不同年龄段和性别组在西藏农牧区消费群组中的比重，以此判断西藏农牧区消费者的特殊性。

2. 受教育程度项目的设计意图

理论研究表明，城乡居民的消费选择与受教育程度高度相关，而且受教育程度往往构成居民消费层次提升的重要因素，通过该问题可以揭示西藏农牧区消费者行为受文化程度的影响情况。

3. 收入来源、收入是否固定、月可支配收入等项目的设计意图

理论研究表明，城乡居民的消费选择和收益直接相关，而且收入高低、收入稳定性往往对消费行为产生决定性影响，通过该问题主要为了揭示农牧区消费者行为受收入的影响程度，借以探索未来农牧区消费者行为的发展趋势。

4. 其他因素

购物欲望、消费支出、消费倾向、宗教消费比例、影响消费因素、消费所占比例、消费贷款、物价水平对消费需求的影响、消费者想说的话等问题主要是为了揭示西藏农牧区消费者行为受购物欲望、消费支出、消费倾向、宗教消费比例、影响消费因素、消费所占比例、消费贷款、物价水平等因素的影响程度。

(二) 问卷解读

由于西藏农牧区地域广阔，信息传输不便，决定了本次调查问卷的发放数量有限，只能对来自那曲、昌都两个地区的104份（其中：昌都39份；那曲65份）问卷进行分析，其结果如表5-1所示。

由于学生不具有独立的经济能力，不属于真正意义上的消费者，所以在以下数据统计中不统计在内。从接受调查的104名消费者看，男性62人，占59.6%；女性42人，占40.4%，上述情况说明相对而言男性消费者更愿意表达自身的消费意愿。

表 5-1　性别、职业构成

单位：人

	男	女
牧民	39	17
农牧民	11	11
公务员	11	14
学生	3	1
工人	1	

1. 年龄构成

本次接受调查的 104 名农牧区消费者中，18 岁以下（少年）的有 4 人，占 3.8%；18～40 岁（青年）的有 71 人，占 68.3%；41～65 岁（中年）有 23 人，占 22.1%；66 岁以上（老年）有 6 人，占 5.8%。上述分析说明相对而言中青年消费者已经成为西藏农牧区消费市场的主力。

2. 受教育程度

本次接受调查的 104 名农牧区消费者中，小学文化程度的 51 人，占总人口的 47.2%；初中文化程度的 6 人，占总人口的 6%；高中文化程度的 3 人，占总人口的 3%；大学本科文化程度的 19 人，占总人口的 17.6%；没有接受过教育的 25 人，占总人口的 23.1%。这说明在西藏普及九年义务教育以来，基础教育已经成功覆盖了全西藏，西藏各族人民群众接受教育的程度大大提高，但在广大农牧区，教育普及程度还有待进一步加强，农牧民普遍受教育程度还主要集中在初中以下。进一步调研表明，接受教育程度与农牧民消费选择有着必然联系，农牧民文化程度不同，他们的生活追求差异很大。比如，文化程度低的农牧民思想相对封闭，消费观念不强，更加强调消费的实用性。

3. 收入来源

本次接受调查的 104 名农牧区消费者中，收入主要来源于畜牧业等农牧业收入的有 51 人，占总人口的 49%；收入主要来源于外出打工的有 23 人，占总人口的 22.1%；收入主要来源于工资的有 23 人，占总人口的 22.1%；收入主要来源于政府资助的有 2 人，占总人口的 2%；其他收入来源有 5 人，占总人口的 4.8%。进一步调研表明，改革开放以来西藏农牧民的收入来源呈现出多元化发展态势,这种多元化态势大大降低了收入风险,为消费选择多元化提供了可能。

4.收入是否固定

本次接受调查的104人中有100人填写了此项内容,其中25人认为他们的收入比较固定,占接受调查人数的25%,且这25人全部是国家工作人员。75人认为他们的收入不固定,占接受调查人数的75%,且这75人均是农牧民。延伸调研显示,近年来自治区各级党政机关针对农牧业发展和农牧区建设的种粮补贴、草场补贴、公益林补贴、农机购置补贴等扶持措施初显成效,这些惠农政策不仅提高了农牧民生产积极性,同时也拓宽了农牧民增收渠道。与此同时,农牧区各种合作社、加工厂、种植基地等在带动农牧民增产增收方面均发挥着重要作用,但广大农牧民收入不稳定问题仍未根本解决,究其原因主要是各种优势资源型收入来源的不稳定性和外出务工的季节性。

5.月可支配收入

本次接受调查的104人中,月可支配收入在500元以下的有17人,占接受调查人数的16.3%;月可支配收入在500元至1000元的有40人,占接受调查人数的38.5%;月可支配收入在1000元至1500元的有16人,占接受调查人数的15.4%;月可支配收入在1 500元至2 000元的有7人,占接受调查人数的6.7%;月可支配收入在2 000元至2 500元的有5人,占接受调查人数的4.8%;月可支配收入在2 500元以上的有14人,占接受调查人数的13.5%。上述情况表明,西藏农牧民的收入普遍偏低,且受气候、环境等外在因素的影响较大,增收阻力不可小视。进一步分析,这种收入的不稳定性很可能成为长远制约西藏农牧区消费增长和消费者行为优化的重要因素。

6.购物欲望

本次接受调查的104人中,只有5人表示有很强的购物欲,占接受调查人数的4.8%;表示购物欲一般的有52人,占接受调查人数的50%;表示平时生活自给自足,没有太多购物欲的有47人,占接受调查人数的45.2%。调查认为随着西藏经济加快发展,西藏农牧区农牧民在衣食住行等方面不断释放出大量需求。物美价廉是农牧民的消费追求,勤俭节约是农牧民的消费基准。农牧民的购物欲望和他们的收入水平有一定关系。富裕家庭农牧民购物欲望强,因为他们有更多资金购买众多商品,满足其消费意愿。相反收入微薄、家庭生活艰难的农牧民消费欲望普遍不强。调研显示,农牧民在消费过程中最关心的是物价问题,物价局部、阶段性不稳定,一定程度上影响了农牧民消费者的购买欲望。

7.消费倾向

本次接受调查的104人中,在消费倾向上,有84人表示倾向于维持家庭基本保证,占接受调查人数的77%;倾向于购买畜牧等生产资料的34人,占接受调查人数的31.5%;倾向于购买住房的18人,占接受调查人数的16.7%;倾向于购买通信产品的47人,占接受调查人数的43.5%;倾向于茶馆的7人,占接受调查人数的0.06%;倾向于在朗玛厅消费的1人,占接受调查人数的0.01%;倾向于其他消费的13人,占接受调查人数的12%。为此,本研究认为西藏农牧民消费主要集中在日常生活、畜牧生产和通信产品等方面。

进一步调查显示,西藏农牧民消费的商品主要包括食品、衣物、化肥、手机、住房等,少数农牧民还购买了电脑等新型产品。在性别方面,男性和女性农牧民的购物习惯不相同,男性农牧民购物欲大,而且购买活动注重大领域,如住房、汽车等,而女性农牧民购物更注重家庭的食品衣着等细节领域。

8.影响消费的因素

调查显示,影响西藏农牧民消费的因素主要包括收入因素、政府政策、自然环境、家庭人口等。

(1)本次接受调查的104位消费者中,53.7%的接受调查者选择"自然环境"这一因素,在众多影响农牧民消费的因素中居第一。调查表明,西藏农牧区自然灾害频发,农牧民抵御灾害的能力不足、灵活性差,一旦出现较大的自然灾害,损失巨大,将直接影响农牧民生活水平的提高。也正是由于气候环境制约,农牧区消费市场建设相对滞后,农牧民购买的商品大多与生产生活息息相关。

(2)本次接受调查的104位消费者中,41.7%的接受调查者选择"收入水平",在众多影响农牧民消费的因素中居第二。调查表明,富裕的农牧民其衣着、住房、饮食需求较大,但购买过程中强调商品的适用性,且在区域间存在较大攀比。相对而言,家庭收入微薄的农牧民消费简单节约,且注重生产生活等维持性消费。

(3)本次接受调查的104位消费者中,40.8%的接受调查者选择"政府政策"这一因素,在众多影响农牧民消费的因素中居第三。调查表明,近年来西藏广大农牧区响应国家支农惠农政策号召,组织了大量农牧业合作社,不仅有效缓解了农牧区剩余劳动力的就业压力,增加了农牧民收入,也进一步改善了农牧区消费环境,为农牧民消费水平夯实了基础。

(4)本次接受调查的104位消费者中,40.8%的接受调查者选择"商品价格与成本"这一因素,在众多影响农牧民消费的因素中居第四。

(5)本次接受调查的104位消费者中,29.6%的接受调查者选择"商品质量"这一因素,在众多影响农牧民消费的因素中居第五。调查表明,西藏农牧民生活简朴,购买欲不强,生产生活中购买的商品有限,商品周期长,因此对商品质量要求高。

(6)本次接受调查的104位消费者中,25%的接受调查者选择"商品使用便捷性"这一因素,在众多影响农牧民消费的因素中居第六。调查表明,西藏农牧民受教育程度普遍不高,由于档次高、自动化程度高的商品使用不便,大大制约其在农牧区的推广普及购买使用。

(7)本次接受调查的104位消费者中,13.9%的接受调查者选择"商品安全和售后服务"这一因素,在众多影响农牧民消费的因素中居第七。调查表明,商品安全关系到消费者切身利益,因此,西藏农牧民在其购买活动中较为注重商品的安全性。与此同时,商品的售后服务也关系到农牧民的消费选择。

(8)本次接受调查的104位消费者中,12.8%的接受调查者选择"家庭人口数量"这一因素,在众多影响农牧民消费的因素中居第八。调查表明,由于特殊的自然与传统影响,农牧区家庭人口多,在消费上,他们会充分考虑家庭人口数量和收入水平决定其消费结构和水平。

(9)本次接受调查的104位消费者中,6.7%的接受调查者选择"商品外观"这一因素,在众多影响农牧民消费的因素中居第九。调查表明,由于收入水平不高,农牧民消费较少考虑到商品外观,只有少数收入水平高且稳定的农牧民在消费中才会注重商品外观。

(10)本次接受调查的104位消费者中,5%的接受调查者选择"周围人影响"这一因素,在众多影响农牧民消费的因素中居第十。调查表明,大多数农牧民消费较少,消费受周围环境的影响低,只有少数收入较高的农牧民,在使用通信产品(如手机)上才会受到其他人的影响。

9.各项消费占家庭消费比例

此次调查显示,西藏农牧民各项消费占家庭消费的比例由高到低排列如下:第一是食品。在农牧区虽然很多主食,如糌粑、青稞等均可由家庭加工,但随着生活水平不断提高,农牧民的消费选择呈现多元化趋势。第二是衣着支出。受风俗、习惯影响,西藏农牧民喜好盛装参加节日,对传统服装比重看重,服饰头饰等大多使用黄金、白银、玛瑙等,因此开支较大。第三是畜牧等生产性支出。第四是住房支出。第五是交通和通讯。西藏农牧民购买摩托车和大卡车的很多,大多是为出行方便和载运货物需要,伴随着农牧民生活水平不断提高,手机等通信产品在农牧区广泛使用。第六是医疗方面的支出。伴随着农牧区合作医疗制度加快推进,西藏各级政府加大了医疗设施投入,提高了医疗补助标准,大大减轻了农牧民医疗负担,因此农牧民的医疗支出相对较少。

10.消费贷款

此次调查显示,西藏农牧区消费者认可汽车消费贷款的42人,占接受调查总人数的38.9%;无贷款的42人,占接受调查总人数的38.9%;申请其他贷款的25人,占接受调查总人数的23.1%;申请住房贷款的22人,占接受调查总人数的20.4%;申请助学贷款的9人,占接受调查总人数的0.08%。为此,本研究认为由于国家推行了众多优惠贷款措施,以支持农牧民加快脱贫致富,因此农牧民贷款主要用于建房、搬运沙石木材以及做生意。

11.物价水平变化对消费需求的影响

此次调查显示,西藏农牧民认为物价水平变化对消费需求影响很大的有85人,占接受调查总人数的78.7%;认为物价水平变化对消费需求影响很小的有17人,占接受调查总人数的15.7%;认为物价水平变化对消费需求影响一般的有5人,占接受调查总人数的0.05%;认为物价水平变化对消费需求基本没影响的有1人,占接受调查总人数的0.01%。因此,本研究认为物价水平对消费有一定影响,近几年西藏物价水平一直不稳定,工资上涨对农牧民消费产生了一定影响。

12.对消费想说的话

此次调查显示,西藏农牧区消费者认为消费领域存在的主要问题可以归纳为以下几方面,第一,农牧民消费受气候环境和收入因素影响较大。由于西藏农牧区消费环境不理想,很多贵重物品如优质家具都需要前往县城等区域购买,而有些行政村离县城和地市较远,交通不便,或者所在县域物品不齐全,限制了广大农牧民的消费选择。第二,农牧区消费者普遍表示国家在西藏推行的农牧区合作医疗、免费义务教育、养老保险、农机购买补助等政策,对推动西藏农牧区综合改革发挥了重要作用,但由于物价较高、收入有限,消费潜力挖掘的难点依然较大。第三,接受调查的农牧民普遍认为,由于物价不稳定,西藏农牧区消费受到一定影响。

二、定点访谈

为了获得具体的关于西藏农牧区消费的一手资料,了解真实的农牧区消费,本研究采用访谈法,采访了八位西藏基层工作者。现将对他们的访谈以及表现出的西藏农牧区消费者行为总结如下。

(一)西藏视角

对于西藏农牧民消费行为,本研究选择了一位在日喀则地区某镇基层工作多年的同志,她以其切身感受总结了西藏农牧区消费者的消费特征。受访者认为,2012年西藏社会消费品零售总额年增长18.2%,达到213.69亿元,其中:城镇消费品零售额比上年增加18.9%,达到179.01亿元;乡村消费品零售额增加14.3%,达到34.68亿元。这些数字,以不可辩驳的事实证明西藏农牧区蕴含的巨大消费潜力。为此,受访者认为要发展经济、增强消费,首先要增加农牧民收入。中央提出在本世纪前20年全面建设小康社会,为此千方百计增加农牧民收入是当前西藏农牧区的一项战略任务。而推动西藏农牧区经济发展的出发点和落脚点应放在帮助群众脱贫致富、提高农牧民生产生活水平上,应把国家对西藏的巨大投入同实现各族群众的根本利益结合起来,加大扶贫力度,扩大就业,改善生活,在实践上走出一条促进农牧民不断增收的新路。为此,受访者认为要增加农牧民收入应从以下方面入手:一是加强基础设施建设,不断改善生产生活条件;二是建立健全农牧民增收长效机制;三是发展县域经济,拓宽增收渠道,促进劳动密集型产业发展;四是启动科技入户工程,提升农牧业科技支撑;五是全面提高农牧民素质;六是抓好农牧民外出务工工作,加快农牧区富余劳动力转移。

农牧民收入持续快速增长,提高了农牧民消费水平,改善了农牧民消费结构,加快消费结构由生存型向发展型、享受型转变。截至2012年年底,西藏农牧民安居工程惠及40.83万户,累计完成投资246.4亿元,受益农牧民206.4万人,安居工程使农牧民人均住房面积增加了20%~30%,根本上改变了房屋窄小、人畜混住的状况。统计显示,2011年农牧民人均生活消费支出2 742元,比1985年的269.6元增长10.2倍,年均增长7.3%;恩格尔系数由1985年的68.6%下降到2011年的50.5%。农牧民对耐用消费品需求已由普及型向娱乐型、享受型转变。也就是说,农牧民收入已不仅用于购买食品,非食品消费稳步提高,农牧民人均教育文化娱乐支出增长了近一倍,人均医疗保健支出增加了53.1%,人均家庭用品支出增加1.1倍,人均居住支出增加2.2倍。与此同时,西藏农牧民家庭平均每百户拥有摩托车、电视机、电冰箱、电话机等耐用消费品,分别由2005年的14.73辆、49.39台、4.39台、13.04部增加到2011年的76.14辆、104.72台、29.39台、168.51部。家用轿车、电脑、电动自行车等现代耐用品也进入了寻常百姓家。安居工程建设使农牧民住上了宽敞的住房。安居工程累计投资219.27亿元,覆盖西藏35.05万户农牧民,改善了农牧民的住房条件,优化了农牧区环境,拉动了自治区内需,在改善民生、促进和谐、推动发展上发挥了重要作用。"十二五"以来,在已建成的35.05万户安居房基础上,又建设了10.98万户农牧民安居房,确保让所有农牧民住进经济、安全、适用的房屋。上述事实表明,西藏农牧民生活质量显著提高,消费观念发生了重大转变,已经由仅限于吃饱的数量型消费向讲究吃好的质量型消费转变,由生存型消费结构向享受型消费结构转变。近年来,西藏各地连锁经营、物流配送、特许经营等现代流通方式以及超市、便民店、专卖店等新型流通业快速发展,新建和改造万村千乡农家店2 070家、配送中心40家,累计销售家电家具下乡产品50万台(件),销售总金额达到7.03亿元,兑付补贴资金1.5亿元,在解决工业品下乡、农产品进城、农牧民买卖难、构建农畜产品现代流通体系等方面均发挥了重大作用。

上述访谈显示,西藏农牧区消费者行为伴随着收入不断增长、农牧民消费观念转变,正在发生着翻天覆地的变化,主要表现为:消费数量稳步增加,消费市场加速健全,消费层次不断提升,消费领域不断拓展,消费观念加快改善,而这些变化均得益于持续健康的经济发展,得益于各项优惠政策全面落实。

(二)基层视角

由于本研究主要基于农牧区消费者消费行为开展的访谈,为此选择了7

位在西藏林芝、昌都和那曲等基层工作的同志,以其亲身感受概括了农牧区消费者消费行为的变化特征。

1. 来自林芝地区工布江达县某村的访谈

工布江达县为林芝地区的一个农牧业县,受访者所在村共有54户241人,地处偏远,既没有黑色柏油路,又不在旅游、国道沿线,整个村庄经济发展落后。近年来,该村农牧民收入不断增加,衣食住行全面改善。衣着从单调的色彩和款式,不断向款式开放、颜色多样、富有新意的方向发展;饮食从单一的糌粑酥油等主食为主的习惯逐渐向多样、营养的需求变化。伴随着经济发展水平不断提高和农牧民安居工程加速推进,农牧民从最初只求一屋挡风遮雨,到今天不断向房屋建设现代化、主体结构多元化、建房材料美观化、房屋等级优质化、房屋抗震性能优良化等安全舒适要求发展。受访者表示:出行在农牧民日常消费中居于重要地位,因此道路改善和交通工具提高是促进出行消费的关键,在信息化时代,如果没有良好的道路和交通工具,就无法与外界交流,更无法打开封闭的思想,消费观念也就不会有根本改变。

2. 来自昌都地区江达县某村的访谈

该村位于江达县县城附近,下辖两个自然村,全村资源缺乏,主要经济来源于虫草、打工、少数经商。全村97户3 450人,有在校生81人,耕地218亩,牲畜143头,全村低保户33人,老寿星5人,三老人员1人,护林员14人。僧尼4人,党员16人,贫困户38户,已享受安居工程53户;洗车场3个,大车6辆,拖拉机4台,面的7辆。村级组织活动场所已修建,美化亮化工程已实施。全村通电、通水、通路、通讯畅通、通邮、通广播电视。近年来,该村把改善农牧民生产生活条件,主要以搞运输、采挖虫草、外出打工、部分经商等增加农牧民收入,作为经济社会发展的首要任务。2012年人均纯收入3 400元,增加12.5%,农牧民收入持续快速增长为提高消费水平提供了坚实基础。农牧民消费结构进一步改善,由生存性向发展型、享受型转变。2012年该村农牧民人均消费支出1 200元,比2010年增加320元,增长62.5%,年均增长10%。其中,人均交通、通信消费占全部支出的比重提高到35%,人均住房和教育文化支出45元,比2011年增加13元,增长24.5%,平均增长9.3%,消费结构进一步改善。

近年来,国家对农村扶持力度逐步加大,支农惠农政策加快实施,比如,财政直接补贴政策:(1)村干部待遇。从2009年1月1日起,将原村干部误工补贴改为村干部基本报酬及业绩考核奖励,并建立村干部体检制度,每两年体检一次,实现了基本报酬及业绩考核奖励资金标准与该村干部当年工作量和工作业绩全面挂钩。(2)五保户供养经费。2003年农村税费改革试点工作全面启动后,实行农村五保供养体制,供养标准先后进行了36次调整:2003年由原来每人每年588元提高到900元;2004年由原来每人每年900元提高到1 200元;2007年由原来每人每年1 200元提高到1 500元;2008年由原来每人每年1 500元提高到1 600元;2009年由原来每人每年1 600元提高到2 200元。上述惠农政策使该村农牧民收入持续稳定增长,消费状况改善,消费水平提高,消费结构优化,但与城市和其他资源丰富的村庄相比,该村农牧民消费水平总体依然偏低,消费质量不高,所以,增加农牧民收入成为该村的首要任务。为此受访者认为未来应该做好以下工作:一是加大专业协作,大力发展专业户、专业村,充分发挥示范带动效应,形成规模大、层次高、有影响的村级组织,逐步形成一村一品、一片一个,由分散走向集约的专业化协作体系。二是加快土地规模化经营,充分利用农牧区人口向非农产业加快转移的有利时机,通过有偿转让、租赁,引导土地向大户适度集中,实现土地规模化经营。

3.来自昌都地区类乌齐县某村的访谈

该村位于国道214沿线,距离镇政府所在地8公里,平均海拔4 088米,耕地面积323.71亩,草场面积1 974.52亩;下辖四个自然村,124户、696人,其中:男486人,女210人;护林员5人,草场管理员25人,党员20人,低保户51户,五保户2户,寿星老人38人,残疾人35人;人均收入4 030元,在校学生89人;牲畜2 333头,其中牦牛2 124头,马72匹,羊137只。该村主要存在的问题是受环境制约,至今尚未通电,给群众生产生活带来不便。本研究认为家用电器是居民家里的重要财产,由于不通电,家用电器无法正常使用,大量家用电器只能被搁置,国家惠农政策、家电下乡无法顺利推行,群众根本无法通过电视媒体了解国家相关政策法规。

4.来自山南地区噶县某村的访谈

该村地处国道附近,交通便利,共207户,802人。农牧民收入主要来源于种青稞、小麦。消费开支集中在生活开销和衣食住行。由于经济发展滞后,消费水平低,国家一系列优惠政策均无法正常享受,很多农牧民根本盖不起房。

5. 来自林芝地区朗县某村的访谈

该村共64户、246人,农牧民收入主要来源于挖虫草、外出务工、在家务农,农牧民家中还饲养了鸡、牛、猪等牲畜,人均年收入6 000元。消费主要集中在衣食住行上,农牧民以前出门靠打车,随着收入水平不断提高,农牧民家中几乎都购买了摩托车或者电动车,国家种子补贴、农药免费、家电下乡等对于农牧民收入增长起到重要作用。

6. 来自拉萨市林周县某村的访谈

20世纪80年代到21世纪初期,该村农牧民收入来源少,每家年收入仅200元,消费水平极低。通过调查,该村消费结构如表5-2所示。

表5-2 拉萨林周县某村20世纪80年代的消费结构

消费用途 所占比例	买大米等粮食	供孩子上学	存钱	购买日常生活用品	购买服装
%	30	20	20	20	10

21世纪以来,农牧民生产生活水平不断提高,有力地促进了消费。2005年以来很多农牧民不再待在农村,而是涌向拉萨或者劳动力需求大的县城,靠外出务工提高生产生活水平。据统计,该村常年在外地打工的有100多人,每人每日平均收入250元左右,未转移劳动力除了干农活,还组建了一些非公有经济组织、农村合作社或者在拉萨周边干副业,也能够获得较满意收入,并改变了该村农牧民的消费习惯,变化包括:(1)以吃穿为主的消费结构被取代,以人力资本投资为主的教育、保障、卫生等新消费结构正在形成;(2)随着国家扶持项目不断增多,农牧民思想解放,副业投资率增大;(3)农牧民精神需求增加,过林卡等消费支出不断增大。

表5-3 拉萨林周县某村现在的消费结构

消费用途 所占比例	买大米等粮食蔬菜	供孩子上学	存钱	购买日常生活用品	购买服装	投资类	享受类
%	10	30	10	10	15	20	5

从该村消费结构变化可以得出以下结论:(1)收入水平提高是决定该村消

费结构变化的基本因素。收入增加引起消费水平提高,而消费水平提高又引起消费结构升级。(2)消费观念和消费心理对消费结构的影响。在生活水平不断提高的同时,农牧民不再吝啬对家庭及个人的投资,保障意识不断增强,医疗保险、农业保险资金每年按时上交,且参保人数不断增多。(3)教育发展,该村农牧民子女受教育率为100%,教育投资占消费比重增大。

7.来自那曲地区比如县某村的访谈

该村共98户549人,农牧民人均年收入3万~4万元,消费主要用于买车(小车)、首饰(装饰品)。影响农牧民消费的最主要因素是环境因素。近年来,农牧民消费发生了一些新变化,随着收入水平不断提高,有的农牧民去内地消费,并在内地投资买房,到内地治病。农牧民对自身消费现状比较满足。牧区奶制品统一收购,农牧区发展趋势良好。本地发展存在的问题包括:农牧民认为读书无用,学习积极性不高,低保户少,残疾人缺乏补贴。

简单评价:毫无疑问,受访对象从偏僻小村到交通发达的县郊村子,经访谈本研究认为,伴随着西藏经济社会快速发展,农牧民生产生活水平稳步提升,农牧民开始致力于提高生活质量,精神消费不断增加,相当多的农牧民将闲散资金用于投资,很多农家拥有小轿车等交通工具。由于西藏特殊的地理环境,农牧民消费还存在不少问题,主要包括:消费觉悟还不够高,大多数农牧民群众还停留在满足生产生活需要阶段,农牧区资源优势还不能全面转化为经济优势,很多偏远农牧区基础设施不健全,农牧民群众生活依然贫困,很多地方不能用电,影响了家电和通信设备的使用。

因此,本研究认为西藏党委政府应抓住国家扩大内需的有利时机,重点培育消费热点,积极推动家电、家具、农机、汽车和摩托车下乡,向农村低保户、五保户、三老人员、优抚对象、城市低保人员和国有企业退休人员发放购物券或现金,保障低收入群体基本消费,加快推进新农村建设,提高农牧民收入水平,有效推动农牧区消费快速增长。

三、决定机制

到底是什么因素决定着西藏农牧区消费者的消费行为?本研究认为影响西藏农牧区消费者行为的基本因素可以分为主观和客观两方面。

(一)主观因素

正如前文论述,消费者行为是由多因素共同决定的,而这些众多因素中,主观因素是涉及面广、类型复杂、影响多元的因素,包括:个人因素、价值因素、心理因素、需要因素、认知因素、审美因素等。为此本研究将从个人因素、价值观念、心理因素、需求因素、认知因素、审美标准因素、态度因素、学习因素等出发,综合分析主观因素对农牧区消费者行为的影响。

1.个人因素

影响消费者行为的个人因素主要包括:年龄、职业、收入和生活态度四方面。由于消费是一个主体的主动行为,因此年龄对于消费者行为影响很大,一般而言,消费者年龄越小其消费时尚性越强,年龄越大消费习惯越持重。从事职业不同,消费者消费行为也表现出不同特征。实践证明,职业种类对于消费影响不大,但职业稳定性对于消费影响巨大,且这种影响往往通过影响收入体现出来。一般而言,职业越稳定,收入越稳定,恒久性收入越有保障,消费潜质越好;职业越不稳定,收入越不稳定,其消费变化越大。就收入而言,毫无疑问,收入水平是决定居民消费水平的根本因素,它从根本上改变着消费者的行为选择,为此要提高居民消费能力,必须提高他们的收入水平,使他们有更多的钱增加消费。进一步分析,收入增长从两个方面改变着消费者的消费行为:一方面收入增加会提升消费层次,进而引导城乡局面消费从满足基本生存向享乐演变;另一方面收入增加会提高消费档次,使人们更加注重产品质量、美观、品牌等,这种影响在发达国家消费演进中已经得到验证。相对而言,生活形态则是一个比较主观化、情绪化的影响因素,它主要指人们所遵循的一种生活方式,包括使用时间和花费金钱的方式。一个人生活形态通过自身活动、兴趣和意见表现出来。就西藏农牧区消费者而言,正如前文叙述的那样,由于大量消费者从事稳定程度不高的职业,其收入稳定性不够,决定了他们的消费具有较大的波动性。

2.价值观念

简单地说,价值观念就是指人们对事物的态度和看法。价值观念的形成与其文化背景、收入水平、职业习惯等因素密切相关,为此人们的价值观念相差很大,市场经济的流行趋势会因为价值观念不同而表现出不同特点。这种价值观念上的内在规律,可以引导企业制定促销策略时将产品与目标市场的文化传统尤其是价值观念联系起来,从而制定出切实可行的方案。作为我国西部重要民族地区的西藏,广大农牧区消费者倾向于将攒钱消费作为自己的消费信条,因而不愿意选择更大的消费信贷支持。

3. 心理因素

众所周知,消费者消费行为受心理因素影响,消费者需求千变万化,购买行为也千差万别。消费者心理活动是指消费者在消费决策中支配购买行为的心理过程,消费者心理活动对于消费行为会产生重要影响。而决定消费者心理活动过程的因素有需要、认知、学习、态度等。西藏广大农牧区消费者由于普遍存在文化程度低、知识视野窄的问题,由此导致西藏农牧区消费者消费行为更趋保守。

4. 需求因素

需要是指在一定环境下,人们为延续和发展对客观事物的欲望。研究表明,人的需要是自身缺乏某种生理因素而产生的不平衡状态,需要是推动人们从事既定经济活动的内在驱动力。根据马斯洛需要层次论理论,人的需要总是由低级向高级发展,只有满足了低层次需要,才能产生高层次需要。只有当各层次需要从数量上满足后,才会趋于追求各层次需要的质量满足。西藏农牧区消费者由于收入低、阅历浅、视野窄,消费需求一般是低层次和基本的,由此决定生产者和经销商没有更多动机开辟更广阔和更高层次的需求。

5. 认知因素

消费者对商品的感觉与知觉、记忆与思维构成了认知,认知是决定人们消费行为的重要因素,一般表现为人们根据视觉对商标文字及图案的判断,通过视觉、听觉、味觉、嗅觉和触觉对商品的区分,通过广告刺激,对商品产生的印象。知觉是感觉的延伸,它受到消费者自身兴趣爱好、个性及对品牌的偏爱。为了加深对商品的认识,消费者会利用记忆、思维等心理活动完成认知过程。消费者通过对商品印象的分析、比较、判断、推理、综合等提高认识,做出消费决策。西藏农牧区广大农牧民消费者由于信息缺乏,对于商品名称、商标、包装、广告等认可度低,由此决定他们的消费认知能力有限,这就需要在加大基础设施投入、改善基础条件的基础上,不断提高认知能力,提升消费层次。

6. 审美标准因素

审美标准是指人们对事物好坏、美丑、善恶的评价。如果一个社会审美标准缺乏文化上的正确理解,就可能导致消费群体出现审美迟钝,产品款式与包装不仅不能发挥效力,甚至可能会冒犯潜在消费者,造成不良印象。西藏广大农牧区消费市场存在很多假冒伪劣商品,影响着农牧民消费者的购买决策,而要解决好这些问题就要求企业必须正确定位消费群体,迎合农牧民消费者的需求变化,以达到购买活动中的双赢。

7.态度因素

消费者态度是指消费者在购买商品时对商品的反应,即对商品的好恶、肯定与否定情感。消费者若持肯定态度,则会推动购买活动;若持否定态度,则会阻碍购买行为。消费者对商品持不信任态度对于消费选择具有重要影响,一般很难自动解除,只有通过多种途径不断消除消费者的怀疑和不信任,改变消费态度,激发购买欲望。而引起消费者态度转变的主要因素有经验、个性、信息、广告、宣传、消费者相互影响、群体压力等。这要求企业和营销人员必须加大产品宣传、操作表演以向消费者传递产品信息,提高认可度,通过提高产品质量、改进产品性能,树立企业形象,促进消费者亲和力,转变消费态度。随着西藏农牧民收入不断增加,生活水平快速提高,消费态度发生了根本转变,除日常生活、生产用品外,通信产品被广泛使用,商品质量和服务已成为影响农牧区消费者购买行为的重要因素。

8.学习因素

人类行为主要是通过学习形成的,对于消费者而言,消费行为的形成往往与学习有关,消费者学习是消费者不断获得知识、经验和技能的过程,包括模仿式学习、反应式学习、认知式学习等形式。通过学习可增加产品认知,丰富购买经验,提高辨别能力,激发重复购买行为以引导消费行为。毫无疑问,西藏农牧区消费者由于自身文化水平、产品认知能力等方面存在差距,难以形成前沿性消费学习,这既需要国家的消费政策支持,又需要不断提高农牧民的消费知识水平,提高他们对商品的认知水平。

(二)客观因素

毫无疑问,消费者行为模式除受上述主观因素影响外,还受大量客观因素影响,主要包括社会因素、文化因素、政治因素以及物质因素等。

1.社会因素

经济学意义的人,既是经济人,又是社会人,因此社会因素将会直接或间接地影响到消费者的行为选择,而影响消费行为的主要社会因素包括家庭、参与群体、社会阶层等。

(1)家庭。家庭是消费者参与消费活动,学习消费知识最基本的单位,其消费知识很多都来源于家庭和父母,一个人从父母亲和家庭学习到的消费理念和习惯,将会伴随其很多年,即使长大离家,父母亲的很多消费教导仍然有显著影响。受特殊的自然、人文因素影响,西藏的家庭结构仍以大家庭为主,其消费选择受父母和其他旁系家庭成员的影响很大。

(2)参与群体。实践表明,个人消费行为受到其参与群体的影响,包括朋友、邻居、同事、专业组织和同业工会等,这些群体从不同角度影响着消费者的行为选择,很多时候消费者的选择不是自身需要,而是自己参与群体的成员拥有和消费该种消费品。西藏农牧区消费者由于长期处在相对封闭的参与群体中,因此在同一个区域内的不同参与者往往表现出相同的消费偏好。

(3)社会阶层。社会阶层是指按照收入、教育程度、职业、社会地位及名望等将社会成员划分为不同的等级。同一阶层的群体一般有共同的价值观、生活方式、思维方式和生活目标,一般比较容易形成统一的消费意见,并影响着他们的购买行为。美国市场营销学家华纳将美国社会分成六个阶层,并认为每个社会都有不同阶层,其消费需求同样具有相应层次,也就是说收入水平相同的群体,其所属阶层不同,生活习惯、思维方式、购买动机和消费行为均存在明显差别,因此营销人员可根据社会划分进行消费品市场细分,进而选择目标市场。正如前文描述的那样,西藏农牧区消费者表现出一定程度的层次性,不同性别、职业、年龄、受教育程度和收入构成不同层次的消费群体,在生活习惯、思维方式、购买动机和消费者行为方面均存在明显差别。

2.文化因素

毫无疑问,文化是人类知识、信仰、道德、法律、美学、习俗、语言文字以及作为社会成员所获得的能力和习惯的总称。文化是在社会实践中形成的一种动态历史现象,处于不断发展变化中,一般由核心文化和亚文化组成。西藏农牧区消费者由于具有相同的文化背景,因此在消费模式上具有相同的行为选择。

3.政治因素

影响消费者行为的政治因素主要包括政治制度和国家政策两个方面。其中:政治制度是指一个国家或地区的社会政治制度,对于消费者的消费方式、消费内容、消费行为均具有实质性影响。政治制度对于消费者行为的影响是客观而全面的。国家政策是指国家在既定时期提倡消费什么、反对消费什么，以政策形式对消费行为进行有效引导。党中央历来重视对西藏农牧区的政策扶持，因此其消费模式受国家政策影响较大，农牧区消费者在国家政府关怀下，消费水平不断提高。

4.物质因素

物质因素包括技术和经济，它影响消费者的需求水平，对产品质量、种类、款式等的需求，也影响产品生产与销售，不断增长的西藏农牧区物质水平全面影响着农牧区消费者的行为选择。

四、对策建议

基于上述分析，本研究认为要进一步改善农牧区消费者行为，必须从切实增加农牧民收入、加大农牧区消费引导、健全农牧区消费保障等方面下功夫、做文章、求突破。

(一)切实增加农牧民收入

西藏城乡居民收入差距本质上是西藏第一产业、第二产业、第三产业的效益差别问题，城乡居民收入增长差距实质上是第一产业、第二产业、第三产业的效益增长差距问题。而要根本改善农牧民消费行为，使之不断提升的关键，就是要切实增加农牧民收入。

1.大力发展现代农牧业

大力发展现代农牧业，加快农牧业科技创新，推进农牧业优化升级，提高农牧业经济效益和社会效益，使农牧民从农牧业经营中获取更多实惠。必须充分利用中央赋予西藏的特殊优惠政策，扩大对农牧业的消费支持。而大力发展现代农牧业的重点是：首先，认真落实支农强农惠农政策，持续加大对"三农"的政策性投入，不断夯实农牧业的现代化基础，加强动植物疫病防治、农技咨询、农机具作业维修、市场信息服务，推进粮食主产区高标准农田建设，确保粮食稳步增长。其次，改善农牧区交通、能源、农田水利等设施建设，加大农牧区科技信息服务网建设，推进草原畜牧业向生态畜牧业转变，培育畜产品加工龙头企业，做大做强农牧业消费市场，确保农牧业生产。最后，加强科技援藏，健全地县乡三级农牧业科技推广体系，优化科技咨询服务队伍，大力培训农牧专业示范户和技术人员，深入实施科技入户工程。

2.拓宽农牧民增收渠道

首先,加大劳务输出,组织农牧区群众有序参与工程建设,从事旅游、交通、运输业,使更多农牧区剩余劳动力从传统第一产业中解放出来,通过转移就业增加收入。其次,鼓励农牧民紧抓旅游热的大好形势,通过组织农家乐、牧家乐等实现创收增收。引导、支持农牧民积极发展庭院经济,促进家庭特色种养殖业加快发展,增加农牧民收入。最后,落实好粮食生产、农资综合直补和优质畜种推广,确保各项惠农政策全面贯彻落实。

3.改善农牧民生活条件

以农牧民安居工程建设为突破口,集中力量改善农牧民生产生活条件,加快建设建制村通公路,切实解决好农牧区用电人口的用电问题,以及农牧区牲畜饮水安全问题。健全扶贫长效机制,形成扶贫开发合力,着力解决好西藏农牧区贫困人口的温饱问题。

(二)加大农牧区消费引导

为促进社会消费稳步增长,西藏各级党委、政府应该采取有效措施引导鼓励农牧民消费,促进消费增规模、上档次。

1.大力刺激消费

努力扩大农牧民消费需求,引导广大农牧民转变消费观念,科学规划消费,提高消费质量。继续推进万村千乡网络与农资、医药网络连接,提高农家店综合服务水平。继续实施家电、家具、汽车和摩托车下乡,增加下乡产品种类,落实好购买补贴,健全售后服务。着力发展商贸餐饮、文化健身、社区商业、家政物业等服务性消费。优化金融服务,鼓励信贷消费、巩固消费热点、扩大消费需求。加强市场整顿,优化消费环境,保障消费权益。

2.积极培育市场

以万村千乡市场工程、地县农贸市场、虫草交易市场和开展家电家具下乡活动为抓手,完善城乡商品流通体系,着力解决工业品下乡难、农畜产品进城难问题,活跃城乡市场。积极开拓消费空间,大力培育热点消费,扩大消费规模,提高消费层次,促进消费升级。充分利用民间节日资源,积极组织民俗消费,促进休闲消费。利用投资补贴、就业用工补贴、政府财政贴息、货币政策扶持发展农牧区,提高农牧民生产生活水平。规范市场秩序,保持物价稳定,加大价格监管,认真落实产品质量责任制,严格市场准入和生产流通全过程监管,严厉打击假冒伪劣,进一步改善消费环境。

3.发展银行信贷

认真贯彻落实好中央赋予西藏的特殊优惠金融政策,紧紧抓住农牧区投资消费双拉动、增加农牧民收入、加强农牧区龙头产业发展,着力健全农牧区金融服务网点,加大特色农牧业贷款力度,丰富农牧区小额信贷。增强金融对经济的服务功能,加强银企合作,引导金融机构加大信贷支持,搞活投资消费,拉动经济增长。加强和改善对中小企业的金融服务,充分发挥中小企业信用担保公司的作用,健全中小企业信用贷款担保,切实解决中小企业贷款难问题。增强农牧区金融服务,大力发展农牧业保险。

(三)健全农牧区消费保障

1.加强综合整治

根据新农村村容整洁标准,按照清洁水源、清洁能源、清洁家园、清洁田园的要求,加强村容村貌综合整治,改善农牧区环境质量。扎实抓好草原改良、棚圈、鼠虫害防治等基础工程。完善农牧业防灾抗灾体系,实施好整乡推进扶贫开发项目和农业综合开发项目,推动农牧区加快发展。加大农牧区新增劳动力、失业人员、富余劳动力职业技能培训。落实好就业优惠政策,鼓励高校毕业生到基层就业、自谋职业、自主创业。

3.发展县域经济

树立全局观,增进大局观,打破区域封闭、部门壁垒,大力发展区域融合经济,促使结构调整区域化、合理化,不断壮大县域经济,全力推进经济强区建设进程。依托产业基础和资源禀赋,有序发展能够增加县域财力和带动群众致富的优势产业。在优化发展方式、保护生态环境、确保生产安全的前提下大力发展主导产业。

4.推进社保改革

首先,以基本养老、基本医疗、最低生活保障制度建设为突破口,大力推进社会保险扩面工作,将符合条件的城乡非公有制经济组织及其从业人员、灵活就业人员全部纳入城镇基本养老保险和基本医疗保险范围,加强社会保险费征缴监管,确保社会保险基金安全运行。其次,大力实施扶贫帮困工程,进一步完善城乡居民最低生活保障制度,妥善安排受灾群众、特殊群体、弱势群体的基本生活。最后,全面发展社会福利、社会救济、优抚安置和社会互助事业。

第六章

拉萨市非公有制经济发展调查研究

实践证明,西藏经济发展的核心在于非公有制经济,非公有制经济发展的重点在拉萨。作为西藏自治区(以下简称西藏)的首府城市,拉萨市(以下简称拉萨)的首位度地位决定了拉萨非公有制经济发展在西藏非公有制经济中具有特殊地位,因此为了发展好西藏非公有制经济,就必须发展好拉萨非公有制经济的带动作用。为了全面掌握拉萨七县一区非公有制经济发展基础、发展环境、存在问题、优势特色,详细了解拉萨各非公有制经济主管部门、拉萨工商联会员企业对拉萨非公有制经济发展的构想与规划,使拉萨非公有制经济发展基础更加扎实,问题揭示更加客观,政策措施更加务实,使拉萨非公有制经济发展既有理论遵循,又有政策遵循,既有操作性,又抓住拉萨特点,切合拉萨市非公有制经济发展实际,应拉萨市工商业联合会(以下简称拉萨市工商联)邀请,调研组于2013年7月至8月赴拉萨开展了非公有制经济发展专项调查,通过召开座谈会、深入非公有制经济组织,与非公有制经济主管部门和非公有制经济人士,就拉萨非公有制经济发展重点、难点、方式方法等进行了讨论,最终形成本调研报告。

第一节 调研概况

一、调研思路

本次调研以党中央关于非公有制经济发展的理论为指导,以西藏自治区党委政府和拉萨市委市政府关于发展非公有制经济有关政策措施落实为重点,以全面掌握拉萨市所属七县一区非公有制经济发展基础、优势、机遇与挑战为核心,立足拉萨市"十一五"以来非公有制经济发展现状,通过与拉萨市工商联、拉萨市统计局、拉萨市工商局、拉萨市工信局、拉萨市发改委、拉萨市财政局、拉萨市土地局、拉萨市社会保障局等职能部门和七县一区政府部门召开座谈会,走访四川会馆饮食文化有限公司、西藏曼杰拉实业有限公司、西藏坎巴嘎布卫生用品有限公司、西藏同泰集团有限公司、拉萨市城关区地毯厂、拉萨青达公司、拉萨运高国际酒店有限公司等十多家会员企业,对拉萨非公有制经济发展取得的成绩、优势劣势进行深入分析,进而揭示拉萨非公有制经济发展的特殊性,为促进拉萨非公有制经济中长期健康发展出谋划策。

二、研究方法

本调研主要运用召开座谈会、实地走访等方法。一是召开座谈会。调研组在藏调研期间,分别与拉萨市统战部、拉萨市工商联、七县一区政府、拉萨市主要职能部门、拉萨市经开区管委会、拉萨市柳梧新区管委会、达孜工业园区管委会等部门进行座谈,先后召开座谈会 20 余次,全面掌握了上述部门对拉萨非公有制经济发展的总体设想,为促进非公有制经济中长期发展提供了一手资料。二是实地走访。根据研究需要,调研组对拉萨运高国际酒店有限公司等 10 多家会员企业进行走访,重点了解这些非公有制经济组织的经营状况、社会贡献、发展困境、存在问题以及对政府的诉求,为有针对性地提出对策建议提供支持。

第二节 发展分析

一、发展现状

调研表明,作为拉萨社会主义市场经济重要组成部分的非公有制经济[①],是拉萨实现跨越式发展和长治久安重要的物质基础,是加快拉萨转变经济发展方式的活力源泉,是拉萨走符合"中国特色、西藏特点"要求发展路子最富活力、最具潜力、最有创造力的基石。因此,进一步大力发展拉萨非公有制经济,是在科学发展轨道上实现跨越式发展的必然要求,是在解决民生就业问题中实现富民强市战略的必然要求,是在加强党的建设过程中实现长治久安的必然要求。调研组认为,拉萨要发挥好首府城市首位度作用,特别是要在科学发展、实现中国梦的过程中发挥好带头引领作用,潜力在非公有制经济,希望在非公有制经济,关键突破口也在非公有制经济,这是拉萨各级党委政府、社会各界都必须坚守的重要理念。调研组进一步认为,改革开放以来,特别是"十一五"以来,在党中央、国务院、西藏自治区党委政府、拉萨市委市政府发展非公有制经济一系列方针政策指引下,拉萨各级统战部门和工商联组织充分发挥桥梁纽带作用,立足首位度,围绕首善之区建设,服务大发展,引领大潮流,实现大跨越,着力在非公有制经济实力壮大上下功夫,在强市富民求发展上出实招,在产业优化促升级上做文章,使非公有制经济组织和代表人士在繁荣城乡经济、缩小区域差距、改善民生福祉、维护和谐稳定等方面发挥了重要作用,做出了突出贡献。具体来说,所取得的显著成效集中体现在以下三个方面:

---

① 非公有制经济,是指除国有和国有控股企业之外多种所有制经济的统称。狭义的非公有制经济包括私营企业和个体工商户;广义的非公有制经济包括私营企业、非公有制经济成份控股的有限责任公司和股份有限公司、港澳投资企业,以及非公有制企业出资人、个体工商户、在内地投资的港澳工商界人士、原工商业者等。

(一)实体经济快速发展

1.非公有制经济规模不断壮大,对 GDP 增长的贡献显著增强

调研表明,2005 年至 2013 年年底,拉萨登记注册私营企业由 612 户发展到 3 349 户,年均增长 24.0%。注册资本金由 5.54 亿元增加到 65.2 亿元,年均增长 36.1%。登记注册个体工商户由 22 488 户增加到 39 586 户,年均增长 7.4%。注册资金由 5.07 亿元增加到 19.4 亿元,年均增长 18.3%。非公有制经济组织对 GDP 增长的贡献显著增强,投资拉动和强市富民作用稳步提升,已经成为拉萨国民经济的重要组成部分。

2.非公有制经济已成为城乡就业的主要渠道

调研表明,2005 年至 2013 年年底,拉萨私营企业吸纳社会就业由 7 512 人增加到 70 130 人,年均增长 32.3%。个体工商户吸纳社会就业由 39 791 人增加到 94 437 人,年均增长 11.4%。截至 2013 年年底,拉萨登记注册农牧民合作社 294 户,比 2012 年年底的 164 户增加 130 户,出资总额达到 3.5 亿元,同比分别增长 79% 和 39.5%。可见,非公有制经济为加快农牧区富余劳动力就地实现就业、提高收入水平和消费能力发挥了重要作用,已经成为拉萨城乡就业的主要渠道。

3.非公有制经济纳税已成为财政收入的重要来源

调研表明,2005 年至 2012 年年底,拉萨非公有制经济组织纳税由 1.95 亿元增加到 22.96 亿元,年均增长 42.2%。税收总额占地方税收总额比重由 2005 年的 63% 提升到 2012 年年底的 94%(不含车船使用税),成为拉萨财政一般预算收入的主要来源,为支持拉萨民生福祉提高、实现和谐稳定做出了突出贡献,已经成为拉萨财政收入的重要来源。

4.非公有制经济已成为招商引资的主导力量

调研表明,"十一五"以来,在拉萨市委市政府坚强领导下,在自治区工商联大力支持下,在北京市和江苏省工商联组织无私援助下,拉萨工商联围绕中心工作,先后配合开展了全国民营企业西藏行和光彩事业西藏行等活动,接待北京、江苏等省市工商联组织 31 个、著名非公有制企业负责人 8 名来拉萨考察调研,签订意向性投资协议 169 项,投资金额 1 400 多亿元,落地投资项目 144 项,投资金额 1 100 多亿元。北京市和江苏省各级工商联组织和非公有制经济代表人士多次赴拉萨考察,捐赠款物,开展企业联谊和项目对接。瑞吉酒店、娃哈哈绿色食饮品公司等一批实力雄厚、带动力强、全国知名的非公有制企业落户拉萨,为拉萨招商引资工作扩实力、提档次、树品牌奠定了坚实基础,产生了显著的拉动效应,已经成为拉萨招商引资的主导力量。

5.非公有制经济已成为经济社会改革发展的主导力量

调研表明,"十一五"以来,拉萨非公有制经济在消费品零售额、外贸进出口额以及市场主体增加数等方面均取得了显著成就,有力地推动了拉萨七县一区跨越式发展和长治久安,已经成为拉萨改革发展的主导力量。在各项优惠政策的鼓励引导下,拉萨非公有制经济组织以多种形式参与国有经济产权改革,加速了拉萨所有制结构优化。目前,拉萨非公有制经济多集中于第二产业的加工业、矿产业、建筑业、建材业,以及第三产业的旅游业、餐饮业、服务业、商贸物流等,产业贡献增大,改革步伐加快,经济效益提高,社会效益凸显,一个西藏经济发展看拉萨,拉萨经济发展靠非公,以非公有制经济为拉萨乃至西藏改革发展提供持续推动力的市场经济发展新格局已初步形成。

6.净土健康产业成为非公有制经济新的增长点

调研表明,净土健康产业已经成为非公有制经济新的增长点,围绕市委、市政府净土健康产业①发展战略,拉萨各级政府部门抓净土健康产业主动性进一步增强,服务净土健康产业全局意识进一步凸显,净土健康产业资金投入明显增多,产业提升速度明显加快。截至 2014 年 5 月底,拉萨奶牛存栏 73 153 头,比 2013 年年底增长 25.7%,建设奶牛养殖标准化小区 19 个;饲草种植 73 428 亩,同比增长 293%;生猪存栏 4.3 万头,比 2013 年年底增长 4.9%;藏鸡存栏 24.6 万只,比 2013 年年底增长 26%;种植特色经济作物 7 980多亩,同比增长 741%,玛咖种植实现从无到有,种植面积达到 4 600 多亩,其品质、内含物等指标均高于全国其他产区;种植藏药材 2 040 亩,同比增长 580%;以饮用水为主的饮品企业发展到 18 家,5100、卓玛泉等一批知名品牌成功走向国内,迈向世界,年产值过亿元的饮品企业超过 4 家。拉萨净土健

---

① 净土健康产业是指以青藏高原纯天然环境和无污染大气、土地、水源为条件,以提高高原生态环境服务生命的效能和价值为核心,以推进高原有机农牧业生产为基础,以开发高原有机健康食品、高原有机生命产品、高原保健药品、心灵休闲旅游为主体,以先进技术改造和提升传统产业为重点,以聚合多种独特资源,实现产业升级和效益倍增为目标的地域型、复合型产业。

康产业美誉度和知名度不断提高,已经成为非公有制经济新的增长点和产业聚集点。

表 6-1 "十一五"以来拉萨市非公有制经济发展概况

年份	名称	户数	从业人员	注册资金（亿元）	纳税（亿元）	同比增长（%）	税收比重（%）
2005	个体	22 488	39 791	5.07	1.95		63
	私营	612	7512	5.54			
2006	个体	25 111	47 660	7.6	2.7	38.5	71.92
	私营	899	9 525	8.5			
2007	个体	27 791	57 907	9.1	4.7	74	82.52
	私营	1 189	24 969	10			
2008	个体	29 085	58 949	9.6	5.14	9.4	79.28
	私营	1 460	29 200	13.8			
2009	个体	29 866	61 724	10.4	5.82	13.31	84.79
	私营	1 815	36 300	19.8			
2010	个体	32 477	65 144	12	8.54	46.74	87.51（税收总收入中含车船税,占76%）
	私营	2 118	42 360	27			
2011	个体	36 085	74 805	15	16.5	92.81	89.76（不含车船税）
	私企	2 439	57 419	32.7			
2012	个体	37 009	81 428	15.7	22.96	39.43	94（不含车船税）
	私企	2 765	59 010	39.3			

资料来源:拉萨市工商联。

(二)代表人士健康成长

调研表明,在拉萨市委市政府的坚强领导下,拉萨非公有制经济代表人士主动学习中国特色社会主义理论,积极践行社会主义核心价值观,全面贯彻落实党的路线方针政策,把非公有制经济加快发展和非公有制经济代表人士健康成长与党和国家的命运紧密联系起来,坚定不移地走符合"中国特色、西藏特点"要求的非公有制经济发展之路、非公有制经济人士健康成长之路,一支政治成熟、思想过硬、管理先进、实力强劲的优秀非公有制企业家队伍初步形成,为拉萨非公有制经济加快发展奠定了强大的人才基础。

1.非公有制经济代表人士科学管理能力全面提升

调研表明,拉萨非公有制经济代表人士顺应新形势,响应新召唤,立足自身实际,围绕建设现代企业法人治理结构,坚持用制度约束权力,用制度管理事务,用制度调动人才,发扬优良传统,借鉴成功经验,逐步建立起涵盖计划、财务、人事、成本等各个领域,涉及材料、产品、市场、生产等各个环节,程序规范、管理科学的企业内部控制制度,提升了非公有制经济组织管理水平,提高了非公有制经济组织的经济效益,夯实了非公有制经济组织的惠民基础。

2.非公有制经济代表人士社会责任意识显著增强

调研表明,拉萨非公有制经济代表人士始终把发展企业、推动就业和关爱员工作为首要社会责任,积极参与"光彩事业",广泛投身公益事业,倾力贡献帮扶事业。在抗击汶川、玉树大地震以及西南干旱等重大自然灾害中,捐款捐物折合人民币达1 000多万元。

3.非公有制经济代表人士参政议政能力大幅提高

调研表明,拉萨非公有制经济代表人士紧紧围绕党和国家的大政方针,服从自治区党委政府、拉萨市委市政府中心工作,参政能力显著提高,议政水平全面提升。市委市政府、市委统战部、市工商联等部门对非公有制经济代表人士政治安排稳步推进,目前非公有制经济代表人士担任各级人大代表、政协委员、工商联执委的分别达到35人、77人、101人,充分发挥了非公有制经济代表人士在经济发展和社会管理领域谏言献策的聪明才智,扩大了党的执政基础,推进了民主协商事业。

(三)基层组织显著加强

1.工商联县区基层组织不断完善

拉萨市委市政府高度重视工商联基层组织建设,将工商联七县一区基层组织建设作为统战工作的重要内容,在人员编制、设备配备、经费投入等方面全力保障。调研显示,截至2013年年底,拉萨七县一区均建立了工商联组织,建立了6个行业协会组织。一批在行业促进领域有影响力、在发展壮大方面有示范性、在强市富民战线有领头作用的非公有制经济组织成为拉萨市工商联会员单位。截至2013年年底拉萨市工商联有企业会员359家,个人会员948人,个体工商户会员77户,社团会员6家,为非公有制经济组织权益保护,为非公有制经济人士参政议政,为发挥好工商联组织桥梁纽带作用,构建了平台,夯实了基础,创造了条件。

2.非公有制经济组织党建加快推进

调研显示,截至2013年年底,拉萨非公有制经济企业基层党组织已发展到78个,党员发展到545人。随着非公有制经济企业基层党组织不断完善,党的群众基础进一步扩大,非公有制经济基层党组织的创造力、凝聚力和战斗力进一步增强,战斗堡垒作用显著提升。

3.非公有制经济基层社团逐步健全

调研显示,截至2013年年底,拉萨非公有制经济组织基层工会已发展到160个,共青团组织发展到62个,妇联组织发展到43个,为贯彻落实党和国家一系列方针政策,联系群众,依法维护非公有制经济组织职工合法权益,提升非公有制经济组织吸引力发挥着重要的桥梁纽带作用。

基于以上发展事实,本研究认为,总结改革开放以来,尤其是"十一五"以来,拉萨非公有制经济发展取得的宝贵经验,概括地讲就是"一个根本保障、一个坚强基石、一个成功关键"。其中:"一个根本保障"是指立足首位度地位,挖掘首府城市优势,把党中央、国务院、自治区党委政府、市委市政府发展非公有制经济的方针政策与拉萨实际紧密结合起来,解放思想、转变观念、实事求是、创新发展,是拉萨非公有制经济快速健康发展的根本保障。"一个坚强基石"是指充分发挥各级统战部门、工商联组织和行业协会的桥梁纽带作用,以建设首善之区为核心,以促进非公有制经济健康发展为抓手,借力对口援助,优化投资环境,拓宽服务领域,拓展发展空间,提升发展档次,是拉萨非公有制经济快速健康发展的坚强基石。"一个成功关键"是指把实现好、维护好、发展好拉萨各族人民根本利益作为非公有制经济发展的出发点和落脚点,用好用足优惠政策,形式多样引资金,千方百计增就业,多种渠道拓市场,形式多样引人才,使发展成果惠及群众,用发展成就造福群众,是拉萨非公有制经济快速健康发展的关键。

二、问题和机遇

(一)存在问题

基于整个调研过程,结合拉萨区位优势,本调研报告认为,拉萨非公有制经济发展存在的主要问题包括：经济总量不够大，企业家素质不够高，总体实力不够强；思想解放不到位，发展理念不超前，发展步子不协调；管理机制不健全，潜力挖掘不充分，发展平台不高端；区域发展不均衡，结构矛盾较突出，统筹布局欠合理；经营模式家族化，管理制度随意化，生产工艺不规范；用地融资困难大，科技人才制约多，一弱三低较普遍等。这些问题既有与西藏乃至全国非公有制经济发展相同的方面，也有拉萨非公有制经济发展特殊的方面。目前集中反映在以下几方面：

1. 发展观念存在差距

调查显示，很多同志对非公有制经济还存在一定歧视，唯成分论、所有制补充论、所有制成分机械数量论、所有制优越程度排序论等还有一定市场。个别部门对非公有制经济组织还不能一视同仁，对非公有制经济重要性的认识有待提高，这些观念束缚了拉萨非公有制经济发展壮大。调查中很多企业反映，政府承诺的很多优惠不能兑现，非公有制企业手续难问题还比较普遍。

2. 分布不均比较突出

调查显示，拉萨非公有制经济从总量上与全国乃至西部十二个省（市、区）仍存在很大差距：一是组织数量偏少；二是资金额度偏低；三是从业人员偏少；四是规模以上企业数量少；五是行业分布不平衡。目前拉萨非公有制企业主要集中在工业和矿产业、建筑建材业以及第三产业中的旅游业、餐饮业、零售业、社会服务业，在能源、交通通信、金融、市政公用、基础设施等领域涉入不够。这种行业分布不利于产业结构优化升级。

3. 电力供应还有缺口

调查涉及的能耗大的水泥和建材类非公有制企业普遍反映每年冬季和春季都会因为断电而停产，停产期最长可达5~6个月，能源短缺和季节不平衡已经成为非公有制经济快速发展的重要障碍。

4. 融资困难未得到根本解决

调查显示，拉萨非公有制企业融资渠道不畅、贷款困难的老问题依然存在，主要表现在：一是驻藏金融机构对非公有制企业融资支持力度不大，主要原因在于驻藏金融机构享受信贷政策优惠使它们没有太大业务开拓压力；二是政府扶持政策存在明显行业倾向，对大多数非公有制企业辐射、带动作用不高；三是小型非公有制企业不能参与直接融资；四是民间借贷加重了非公有企业的负担;五是企业素质不高,发展后劲不足,调研发现目前拉萨非公有制企业中家族经营问题比较严重。

(二)发展机遇

调查显示,随着拉萨经济体制改革步伐进一步加快,促进非公有制经济加快发展的方针、政策、措施的进一步贯彻落实,适合非公有制经济发展的商品市场、产权市场、要素市场不断完善,非公有制经济发展空间将更加广阔,非公有制经济市场主体将迅速增加,行业分布将更加广泛,企业内部管理将更加科学,企业上市步伐将显著加快,利用先进生产要素的能力将明显增强,开拓国内外市场能力将不断提升,加快发展的基础将更加扎实,拉萨非公有制经济将迎来加快发展新时期。拉萨非公有制经济的发展机遇主要包括:

1. 发展环境日趋优良

(1)独特的自然生态人文禀赋,是拉萨非公有制经济进一步加快发展的坚实基础。①拉萨是一座人文的圣城。拉萨有1300年历史,是整个藏传佛教文化的中心,是一座活着的历史古城,是国务院确定的第一批24座中国世界文化名城之一,也是联合国教科文组织颁布的世界文化名城之一,有包括罗布林卡、大昭寺、布达拉宫等在内的200多个世界级和国家级文物单位。人文拉萨是非公有制经济跨越式发展的摇篮,为非公有制经济组织投身文化产业提供了无尽滋养。②拉萨是一座宜居的净城。拉萨是当今世界上一座最清静、最圣洁的城市,没有任何污染,天空是最蓝的,云是最白的,空气是最纯净的,河水是最清澈的,阳光是最灿烂的,除南极北极外,拉萨空气中的PM2.5含量是全球城市中最低的,拉萨是世界上空气质量最好的城市,是一座名副其实的宜居城市。宜居拉萨会成为非公有制经济代表人士创业成才的乐土,为非公有制经济组织发展房地产业创造了无与伦比的优质平台。③拉萨是一座生态的高城。拉萨海拔3 658米,是世界上海拔最高的城市,雪山、湖泊、草原,特别是高原的阳光,是非常有特点的,是世界上最高的一座城。生态拉萨为非公有制经济组织发展环保、低碳、绿色产业提供了无可替代的外部环境。④拉萨是一座繁荣的新城。作为一座新城,60多年来,在党中央国务院的亲切关怀下,在全国各族人民的大力支援下,在自治区党委政府的坚强领导下,历届市委市政府带领拉萨各族人民群众,使这座城市每年都在发生着历史性剧变,这座城市每月都有着夺目变化,它的变化是整个地球上再也找不到的、一个短短60

多年跨越上下千年剧变的代表。新城拉萨正以崭新的面貌、焕发的魅力展示在世人面前,为拉萨非公有制经济加快发展奠定了坚实的环境基础。

(2)科学发展战略和城市定位,是拉萨非公有制经济进一步加快发展的重要保障。①环境立市重大战略是拉萨非公有制经济进一步加快发展的基础。市委市政府立足拉萨独特的自然生态环境和人文资源禀赋,立足生态文明建设和国家生态屏障建设高度,顺应时代潮流确定环境立市重大战略,切实保护好雪域高原一草一木、山山水水,建设天蓝、地绿、水净的美丽家园,为拉萨非公有制经济发展营造了一流的环境,提供了一流的服务。②文化兴市重大战略是拉萨非公有制经济进一步加快发展的核心。市委市政府坚持文化是民族血脉、是人民精神家园的理念,以高度的文化自觉性和文化自信心,确定文化兴市重大战略,为大力促进非公有制经济组织投身推进社会主义文化大发展大繁荣历史洪流,加快文化惠民工程,加强传统文化保护创造了坚实的产业条件。③产业强市重大战略是拉萨非公有制经济进一步加快发展的关键。市委市政府立足一产上水平、二产抓重点、三产大发展的经济发展战略,确定产业兴市重大战略,为引导非公有制经济组织投身到打造旅游文化产业、生物产业、能源产业、建筑建材产业、优势矿产业、民族手工业大发展潮流铺平了道路,通过产业入园、要素集中、集约发展,加快拉萨经济技术开发区、中国西藏文化旅游创意园、达孜工业园、堆龙德庆工业园、曲水工业园建设,建成高原特色工业发展的示范区、西藏经济增长的带动区、转变经济发展方式的先行区。④民生安市重大战略是拉萨非公有制经济进一步加快发展的宗旨。市委市政府坚持把保障和改善民生作为一切工作的出发点和落脚点,及时确定了民生安市的重大战略,引导非公有制经济组织参与到发展教育等民生工程中来,为扩大就业、提高医疗水平、健全社会保障体系打下了扎实基础。⑤法治稳市重大战略是拉萨非公有制经济进一步加快发展的保障。市委市政府以党的十八大,十八届二中、三中、四中全会精神为指引,深入贯彻落实习近平总书记"治国必治边、治边先稳藏"重要战略思想和俞正声主席"依法治藏、长期建藏"重要指示要求,紧紧围绕全面建成小康社会总目标,扎实推进平安拉萨、法治拉萨建设,为非公有制经济可持续发展提供有力的法治保障。

2.扶持政策不断完善

为促进非公有制经济快速健康发展,国务院先后出台了《国务院关于鼓励支持和引导个体私营等非公有制经济发展的若干意见》、《国务院关于进一步促进中小企业发展的若干意见》、《国务院关于鼓励和引导民间投资健康发展的若干意见》。自治区党委政府先后出台了《〈西藏自治区人民政府关于贯彻国务院关于鼓励支持和引导个体私营等非公有制经济发展的若干意见〉的实施意见》、《〈西藏自治区人民政府关于贯彻国务院关于进一步促进中小企业发展的若干意见〉的实施意见》、《中共西藏自治区委员会、西藏自治区人民政府关于加快推进非公有制经济跨越式发展的意见》、《中共西藏自治区委员会、西藏自治区人民政府关于加强和改进新时期工商联工作的实施意见》。市委市政府先后出台了《中共拉萨市委员会、拉萨市人民政府关于加快推进非公有制经济跨越式发展的意见》、《中共拉萨市委员会、拉萨市人民政府关于加强和改进新时期工商联工作的实施意见》。这些法规的出台，完善了非公有制经济发展政策体系，为拉萨非公有制经济加快发展确立了新目标，提出了新要求，拓展了新空间，注入了新活力。

3.首位度优势更加凸显

拉萨作为西藏政治、经济、文化中心和交通枢纽，集聚了区内其他地区无法比拟的人才、资金、信息等要素优势，为非公有制经济发展提供了得天独厚的土壤。伴随着以拉萨为中心，以青藏铁路、拉日铁路为辐射带的铁路网络的初步建成以及覆盖西藏的航空支线陆续通航，拉萨在西藏交通运输、政治经济、文化科技等领域的首位度地位更加凸显，一个围绕拉萨市全方位、多层次、宽领域的改革发展格局初步呈现，日益增长的人流、物流、信息流，以及不断扩大的购物、置业、消费，为非公有制经济人士在拉萨投资创业提供了新条件，为非公有制经济加快发展提供了新商机，为非公有制经济平衡发展带来了新机遇。

4.产业转移更趋迅猛

伴随着全国经济结构不断优化和产业升级步伐显著加快，拉萨得天独厚的区位优势、交通优势、资源优势以及首府城市优势，为拉萨非公有制经济承接东部、中部产业转移，弥补产业先天不足，促进产业结构调整，加快发展方式转变，实现全面协调可持续发展创造了新空间。

5.优惠政策效果显著

中央第三次、第四次特别是第五次西藏工作座谈会，制定了一系列推动西藏社会经济发展的特殊优惠政策，全国支援西藏的格局不断强化，中央国家机关、北京市、江苏省等对口支援省市和中央直属企业对拉萨市项目建设的支持力度不断加大,一大批投资大、影响广、带动强的重大项目、重点工程开工建设,为非公有制经济参与项目建设、加快发展拓展了新渠道。

第三节 对策建议

立足上文拉萨非公有制经济发展现状,围绕拉萨非公有制经济发展的主要问题,调研组深入拉萨七县一区、四大园区以及十多家会员企业,与主管部门、企业经营者座谈交流,对各县区、各园区发展非公有制经济优势、劣势进行了总结梳理,并对拉萨非公有制经济中长期发展提出了对策建议。

一、发展战略

(一)指导思想

高举中国特色社会主义伟大旗帜,以邓小平理论、"三个代表"重要思想和科学发展观为指导,全面贯彻落实十八大以及十八届二中、三中、四中全会精神,全面贯彻落实习近平总书记关于西藏工作一系列重要讲话精神,全面贯彻落实中央第五次西藏工作座谈会精神,全面贯彻落实自治区党委政府、拉萨市委市政府关于非公有制经济发展一系列会议精神。坚持公有制为主体、多种所有制经济共同发展的基本经济制度,确立公有制经济和非公有制经济都是社会主义市场经济重要组成部分,都是我国经济社会发展重要基础的基本思想,毫不动摇地鼓励、支持、引导非公有制经济发展,激发非公有制经济活力和创造力。充分发挥非公有制经济在支撑增长、促进创新、扩大就业、增加税收等方面的重要作用。坚持权利平等、机会平等、规则平等。全面落实好政治上放心、思想上放开、政策上放宽、发展上放胆、工作上放手的工作要求,解放思想,深化改革,切实营造有利于非公有制经济发展的开放环境、法治环境、政策环境和社会环境,切实发挥非公有制经济在实现一产上水平、二产抓重点、三产大发展经济发展战略中的重要作用,切实拓宽符合"中国特色、西藏特点"要求的非公有制经济发展路子,加强非公有制经济人士队伍建设,推动非公有制经济在新起点上实现跨越式发展、差别式发展、特色化发展、可持续发展。

(二)发展目标

1.总体目标

调研组认为拉萨非公有制经济发展的总体目标应该是:立足首位度,挖掘新优势,到2015年基本建立起在西藏具有引领示范作用、适合拉萨非公有制经济综合素质和核心竞争力显著提高的发展环境。非公有制经济增加值、上缴税收在2010年基础上翻一番,力争年均增长15%以上,实现财政收入35亿元左右;非公有制经济组织发展到5万户以上,上市公司新增3家以上,吸纳社会就业超过17万人;拉萨非公有制经济总量占西藏非公有制经济总量的70%以上。到2020年,构建起完善的保障非公有制经济发展的政策体系,彻底解决制约非公有制经济发展的体制机制问题,全面建成优质、高效非公有制经济发展环境,确保非公有制经济在拉萨国民经济中所占比重显著增加,增长质量显著提高;非公有制经济组织达到6.3万户以上,上市公司新增5家以上,吸纳社会就业人员超过21万人,实现财政收入达到53亿元以上

2.具体目标

(1)净土健康产业大发展。调研组认为,拉萨净土健康产业到2016年年末应构建起引导非公有制经济组织全面投身拉萨净土健康产业加快发展的良好环境基础和产业支撑体系,形成推动拉萨净土健康产业加快发展的合力和张力,加快拉萨净土系列品牌走向全国,形成若干国内外知名品牌,培育20家自主创新能力强、发展水平高、年销售超亿元的净土健康龙头企业。到2020年年末应初步建立起引导非公有制经济组织全面投身净土产业加快发展的技术创新体系、产业组织体系、政策法规体系、行业管理体系和创新服务体系,将拉萨净土健康产业构建成国内领先、世界知名的净土健康产业基地。应以拉萨河谷县(区)为依托,突出世界第三极净土特色,大力发展健康生物农业体系,打造健康生物农业种养和产业化发展基地。应以拉萨经济技术开发区为依托,突出碧水蓝天特色,加快高原特色生物资源创新研发和产业化进程,打造面向国内外市场的藏药研发出口基地。应以西藏文化旅游创意园区为依托,突出心灵净土特色,打造高端身心健康理疗基地。应该强化独一无二的健康自主品牌开发,并使净土健康产业成为拉萨重要的支柱产业。应该培育10

家年销售额超10亿元的净土健康龙头企业,20家年销售额超亿元的净土健康优秀企业,50家年销售额超千万元的净土健康重点企业。

表6-2　2011—2020年拉萨非公有制经济发展主要指标

项　目	计量单位	2005年	2010年	"十一五"增长率(%)	2012年	"十二五"增长率(%)	2015年目标数	"十三五"增长率(%)	2020年目标数
私营企业户数	户	612	2 118	19.4	2 765	8	3 480	8	4 384
私营企业注册资本	亿元	5.54	27	25.4	39.3	15	59.8	15	109.4
私营企业从业人员	人	7 512	42 360	28	59 010	7	71 250	7	87 284
个体工商户数	户	22 488	32 477	5.4	37 009	8	46 520	8	58 602
个体工商户注册资本	亿元	5.07	12	13.1	15.7	15	23.88	15	36.32
个体工商户从业人员	人	39 791	65 144	7.3	81 428	7	98750	7	120 973
税收贡献	亿元	1.95	8.54	23.5	22.96	15	34.92	15	53.11
从业人数	人	47 303	107 504	17.8	140 438	7	170 000	7	208 257
经济组织户数	户	23 100	34 595	8.4	39 774	8	50 000	8	62 986

(2)科技进步。调研组认为,到2015年年末拉萨非公有制经济组织中规模以上企业应达到30%以上,并普遍采用同期国内先进技术和质量体系认证标准,其中取得ISO9000认证的非公有制经济组织应占规模以上企业的50%以上,非公有制经济组织申报专利数应占拉萨申报专利经济组织的70%以上。非公有制经济组织获得国家、自治区、市级名牌产品应占拉萨经济组织的70%以上。到2020年年末拉萨规模以上非公有制经济组织应普遍采用国内同期先进技术和标准,其中取得ISO9000认证的非公有制经济组织应占规模以上企业的80%,非公有制经济组织技术装备应达到国内先进水平,安全生产、劳动减负等应达到国内平均水平。

(3)骨干企业。调研组认为,到 2015 年年末拉萨非公有制经济组织中骨干企业应达到 60 个,上市非公有制经济组织应达到 10 个左右。2020 年年末拉萨非公有制经济组织中骨干企业应达到 80 个,上市非公有制经济组织应达到 15 个。

(4)社会保障。调研组认为,到 2015 年年末私营企业实现依法参加社会保险、规范管理全覆盖,个体工商户依法参加社会保险、规范管理的应达到 20% 以上。到 2020 年年末个体工商户依法参加社会保险、规范管理的应达到 40% 以上。

(5)节能减排。调研组认为,拉萨非公有制经济发展应该立足环境立市战略,围绕构建一座更宜居净城目标,用最严格的环保标准、最严厉的环保措施,规范约束拉萨非公有制经济组织,到 2015 年年底拉萨非公有制经济组织万元 GDP 能耗应比"十一五"末下降 20% 以上,比 2012 年年底下降 10%。建筑节能、污染物排放等各项环保指标均达到国内先进水平。非公有制经济组织资源高效利用、综合利用和循环利用效率应显著提高。新工艺、新装备、新技术、新材料使用力度加大、范围扩大。严控有色金属、建筑建材等排放和污染重点行业和重点企业,严格执行投资退出标准。力争到 2020 年年底初步建立起环境污染少、经济效益好的新型工业化格局。

(三)发展原则

1.自主发展与顶层设计相结合

调研组认为,拉萨非公有制经济发展应该放开市场这只看不见的手,用好政府这只看得见的手,促进非公有制经济健康稳定增长。充分发挥市场的资源配置基础作用,确保非公有制经济自主发展、全面发展、科学发展,在政策引导、政治安排、区域平衡等事关非公有制经济发展全局、发展环境、发展方向、发展重点、发展措施等领域强化顶层设计,使非公有制经济发展环境与拉萨经济发展要求相适应,发展方向与拉萨产业结构升级相统一,发展重点与拉萨经济特色优势相一致,发展措施与拉萨经济社会目标相吻合。

2.主体平等与要素公平相统一

调研组认为,拉萨非公有制经济发展应该通过加强非公有制经济制度设计,实现公有制与非公有制经济组织在法律、政策、管理方面一视同仁,不歧视。通过营造规范有序、公平竞争的生产要素市场,实现各类市场主体平等获取生产要素,使各类市场主体在规则相同的环境中参与市场竞争,获得发展机会。全面建设竞争有序、持续高效,既注重效率,更注重公平的市场体制机制。

3. **发展方向与拉萨大局相一致**

调研组认为,拉萨非公有制经济发展必须与拉萨经济发展和社会进步大局保持一致,按照一产上水平、二产抓重点、三产大发展的经济发展战略,把非公有制经济作为推进拉萨跨越式发展的持续推动力,引导非公有制经济组织把自身发展与拉萨发展结合起来,使非公有制经济代表人士个人富裕与职工共同富裕相统一,追求商业利益与履行社会责任相一致。

4. **放宽准入与提高实力相促进**

调研组认为,拉萨非公有制经济发展应该废除对非公有制经济各种形式的不合理规定,消除各种隐性壁垒,制定非公有制企业进入特许经营领域的具体办法。鼓励非公有制企业参与国有企业改革,鼓励发展非公有资本控股的混合所有制企业,鼓励有条件的私营企业建立现代企业制度。通过政府引导,强化非公有制经济组织改革创新,将改革创新化作拉萨非公有制经济组织加快发展、全面发展和可持续发展的不竭动力,化作拉萨非公有制经济组织立足优势、发挥特色,实现做大、做优、做精、做强的强大基石。

5. **走出去与引进来相配合**

调研组认为,拉萨非公有制经济发展应该借鉴内地非公有制经济发展成功经验,尤其是北京市、江苏省等对口支援省市的经验,切实改善拉萨非公有制经济投资环境,切实推进非公有制经济走出去和引进来战略,鼓励非公有制经济组织与内地非公有制经济组织加强经贸交流与合作,鼓励内地非公有制经济组织到拉萨办实业、兴商贸、求发展。

6. **区域平衡与可持续发展相协调**

调研组认为,拉萨非公有制经济发展应该统筹规划七县一区非公有制经济发展布局和发展重点,充分挖掘比较优势,切实改善薄弱环节,有序缩小区域差距,全面构筑优势互补、主体功能定位清晰、资源利用高效的拉萨市非公有制经济平衡发展格局。坚持以人为本,全面协调非公有制经济发展与环境承载力的关系,切实转变非公有制经济粗放型增长模式,在尊重自然规律,注重环境承载能力,倡导环境文化,推进生态文明的基础上,构建既追求经济效益,又追求优质环境的非公有制经济发展社会评价体系,坚决避免以环境污染和生态环境破坏为代价的发展风险,实现拉萨非公有制经济可持续发展。

(四)发展战略

1.壮大小微企业

调研组认为,拉萨实施壮大小微企业战略应该围绕扩大就业,提倡小户创业模式。在农牧产业化领域,鼓励创办产前、产中、产后服务的小微企业,鼓励创办以家庭经营或家庭联合经营为主要形式的交通运输经济实体和农牧产品加工型小微企业。鼓励创办具有地方特色的城镇加工型和产品技术开发型小微企业。鼓励创办小商业、小食店、小修理、小咨询等服务型小微企业。夯实非公有制经济行业基础,丰富非公有制经济产业形式,提升非公有制经济整体实力。

2.创新体制机制

调研组认为,拉萨实施创新体制机制战略应该切实转变政府职能,加强对非公有制经济的政策服务和引导,寓监督于服务中,寓提高于创新中。各县区要按照市场经济规律,结合当地非公有制经济发展实际,充分挖掘特色和优势,加强管理创新、体制创新、机制创新、服务创新,完善生产要素市场,为非公有制经济加快发展打造优质的体制机制基础。非公有制组织要不断加强自身建设,加快生产市场化、技术现代化和营销国际化,探索现代企业制度,完善法人治理结构。鼓励非公有制经济企业借鉴国内外成功经验,引进先进的管理方法,建立科学的决策机制,构建先进的企业文化,建设目标明确、管理科学、运行良好、效益显著的优质非公有制经济组织。

3.加快扩量提质

调研组认为,拉萨实施加快扩量提质战略应该坚持非禁即入原则,鼓励支持实力雄厚的骨干非公有制经济组织投资于高新技术产业,扶持非公有制经济组织影响力大的企业加快产品研发,兴办咨询实体,成为拉萨支柱产业的主力军,新兴产业发展的生力军。引导扶持非公有制经济组织开展农牧、交通、水利、能源、市政、电信、土地整治和矿产资源勘探开发。鼓励支持非公有制经济组织以独资、控股、参股方式投资基础设施建设,引导民间资本有序投资于农田水利、水资源综合利用、水土保持等水利。鼓励非公有制经济组织投资建设粮食生产基地、农牧业科技示范基地和高效生态农牧业生产基地。鼓励支持拉萨非公有制经济组织投资经适房、廉租房、公租房等保障性住房建设。

4. 做大做强做精

调研组认为,拉萨实施做大做强做精战略应该坚持差异化发展,鼓励非公有制经济组织资本扩张,全面提升自身素质和核心竞争力,瞄准拉萨乃至西藏、全国一流企业目标,扩大规模、创新机制、拓宽市场,对于适宜大规模经营的非公有制经济组织,鼓励其实施规模扩张战略,对于适宜小规模发展的非公有制经济组织,鼓励其实施产品做精战略,最终使规模不同、特色各异的非公有制经济组织都能在不同平台上、不同领域内和不同方向上实现强实力、强品牌、强效益,获得高水平回报,争取在5~10年内涌现一批达到在国内具有一定竞争力和市场占有率的非公有制经济组织。鼓励支持已经实施做大做强战略的非公有制经济组织加强横向联合,引导它们有序参与到拉萨、西藏乃至全国国有企业资产重组中。

5. 推进外向发展

调研组认为,拉萨推进外向发展战略应该积极引导拉萨非公有制经济组织审时度势,大胆实施走出去战略,承接产业转移,加强产业协作,扩展市场空间,提高自身效益。通过招商引资帮助拉萨非公有经济组织与内地非公有制经济组织加强横向联合与合作,实现投资扩张、规模提升,增强发展后劲。通过技术引进增强非公有制经济组织研发能力,有效提升信息化水平和技术创新能力,实现资源共享,提升非公有制经济组织市场竞争力和市场占有率。

6. 强化人才兴企

调研组认为,拉萨强化人才兴企战略应该按照西藏、拉萨人才发展战略目标要求,营造适合非公有制经济组织高级经营管理人才脱颖而出的优质环境,结合非公有制经济组织发展实际,加强非公有制经济组织职工在岗培训,逐步实现全员继续教育。坚持引进与培养相结合,加大非公有制经济组织高级人才引进力度,着力创造高级人才充分发挥作用的待遇和环境。统筹兼顾,充分发挥空降兵和子弟兵两方面优势,用好用活现有人才,构建非公有制经济组织健康发展的人才储备。在市场竞争中抢占人才制高点,建立拉萨非公有制经济人士培训中心,加快开展非公有制经济人士业务培训、法律维权、信息咨询,提高非公有制经济人士综合素质和管理水平。

7. 提升新型工业化

调研组认为,拉萨提升新型工业化发展水平应该立足创意园区和主体园区建设,创新招商引资工作体制机制,实现招商引资转型,逐步将招商引资重点由量性扩张转向质性提升,强力推进环评一票否决的非公有制经济组织准入制度,在七县一区重点发展一批技术高、无污染、劳动密集的新型工业化非公有制经济组织,充分发挥非公有制经济组织在践行新四化战略中的主动性和积极性。

(五)产业布局

1.第一产业

调研组认为,拉萨第一产业发展应该立足服务首府、服务西藏、辐射全国,坚持以市场为导向,以效益为中心,以资源为依托,以科技为支撑,以农牧合作组织为载体,以农牧民增收为目标,以加快农畜产品基地建设为抓手,加大科技投入,加快科技创新,健全科技服务,强化品牌意识,推行绿色种养,提高机械化水平,大力发展特色畜产品养殖、特色农产品种植。站在确保舌尖上的安全的高度,高标准制定农畜产品标准,严要求净化市场秩序,不留情打击制假贩假,为第一产业可持续发展提供洁净的市场环境。

(1)产业化种植。调研组认为,拉萨产业化种植发展应该围绕满足拉萨市场农产品供应目标,确保将饭碗牢牢端在自己手中制定栽培标准,加快结构调整,坚持绿色种植,引导标准化种植,加大科研投入,提高产品品质。加强优质农产品品种选育,实现专用化、优质化、多样化。继续实施提高粮油单产行动计划,稳定播种面积,优化品种结构,实行科学种田,切实提高粮食综合生产能力。围绕拉萨市场对优质蔬菜、水果、花卉等产品的需求,引导非公有制经济组织从事城郊设施农业基地开发与建设,在集约化生产上求规模,在标准化生产上求发展、在设施化生产上求效益,将加快农牧民合作组织建设与一村一品的特色种植业紧密结合起来,实现以农牧民合作组织为平台的企业增效、农民增收、经济发展。围绕拉萨市优质藏药产业原料供应,加强沟通,搭建平台,鼓励非公有制藏药厂与当地农民加强合作体制机制创新,构建包括"公司＋农户"在内的多种合作模式,实施濒危藏药材抢救种植计划,促进直接合作,减少流通环节,在为藏药厂建立固定原材料种植生产基地的基础上,实现农牧民脱贫致富。通过打造拉萨市周边产业化种植精品基地,整合拉萨乃至西藏优质种植业资源,实现在拉萨范围内实现"一产上水平、二产抓重点、三产大发展"的经济发展战略,为西藏种植业产业化发展总结经验,探索道路,创新模式。

近期重点是抓好城关区周边、堆龙德庆、曲水、尼木、达孜、墨竹工卡以及林周等县(区)的蔬菜、瓜果、花卉、藏药材等种植基地建设。

(2)产业化养殖。调研组认为,拉萨产业化养殖业发展应该围绕满足拉萨市场畜产品供应目标,鼓励农牧民通过构建农牧民合作组织加强横向合作,以农牧民合作组织为依托和平台,加快实施畜产品改良工程,加快发展绿色和有机养殖,加强技术配套,全面贯彻农业部无公害养殖标准,普及标准化养殖技术,提高动物防疫水平,加大对城郊规模化畜禽养殖场粪污综合治理扶持力度,使养殖业成为贯彻生态保护的模范。加大资金投入,加强产业整合,鼓励集中投入、规模经营,着力培育3~4个养殖业示范县、10个左右养殖业示范乡和一批养殖业示范户。实施养殖业领头雁工程,充分发挥养殖业基地和合作组织的引领作用,逐步建立起以优质畜产品养殖加工为核心的养殖、供应、销售、加工为一体的安全肉制品基地。坚决维护畜产品产地品牌声誉,严把畜产品养殖标准,规范畜产品养殖市场,确保拉萨畜产品货真、质优、价实。重点抓好当雄县、堆龙德庆县等县区的奶牛、牦牛、绵羊、藏猪、藏鸡等养殖基地建设。

2.第二产业

调研组认为,拉萨第二产业发展应该围绕壮大二产,立足一区四园,坚持引进、重组、改造、提高,鼓励和引导非公有制经济组织投身增强第二产业实力、优化第二产业结构中来,开展技术创新,用高新技术尤其是适用型先进技术改造传统加工工业,淘汰一批落后的生产工艺和产品,关闭一批高能耗、高污染、低效益企业,进一步优化产业结构、行业结构和产品结构。全面改造和提升建筑业可持续发展能力。

(1)农畜产品加工。调研组认为,拉萨农畜产品加工业发展要充分发挥拉萨农畜种养殖业资源优势,鼓励引导非公有制经济组织建设起点高、规模大、外向型、形式多样、辐射面广、带动力强、市场占有率高、经济效益好的农牧产业化龙头企业群,延长农牧产业链,提高农牧产品附加值。研发和推广虫草保护与开发相结合,强化资源保护型采集技术,实现虫草采集可持续发展,依托曼杰拉实业有限公司等虫草行业的知名企业推动虫草加工走高精尖、高附加值之路,切实提高虫草综合利用率,探索形式多样的虫草采集、生产、销售新模式,实现虫草加工高质高价,变地方资源优势为地方经济发展优势和致富奔小康优势。依托现有农业产业化龙头企业逐步建立起产前管理科学、产后处理合理、加工销售市场化的一条龙青稞产业群,抓好堆龙德庆、林周、曲水等县域的绿色、无污染青稞基地建设,在保持传统工艺的基础上探索青稞深加工性技术。立足当雄县、林周县优质畜产品优势发展高原牦牛、绵羊肉制品、乳制品加工,在狠抓肉、鲜奶和乳制品质量上下功夫,调整产业结构和产品结构,根据市场需求开发新产品。鼓励和支持非公有制经济组织和农牧民直接合作建立起互利共赢和稳定和谐的奶源基地,在确保当地居民食肉需求的基础上,因势利导就近引进规模适当的牦牛肉加工生产线、奶制品生产线。特色食品加工要立足地方资源实际,做好产地商标注册保护工作,在尽可能保持传统加工工艺的基础上,采用先进的真空包装和生物防腐技术。大力发展安全食品、保健食品、保鲜食品、养生食品。加快啤酒饮料业结构调整,开发类型多样、风味各异的啤酒产品。重点扶持好拉萨啤酒、藏缘青稞酒等重点啤酒建设项目,使之成为拉萨啤酒业的领头羊。充分利用拉萨高原矿泉水资源优势,打造一批竞争力强、销路广的特色矿泉水品牌。加快拉萨矿泉水企业重组,广泛采取收购、技术入股、设备折股等方式方法,整合现有矿泉水产业,构建拉萨矿泉水集团公司,提升整体竞争力。

(2)新型建材业。调研组认为,拉萨新型建材业发展应该按照调整结构、淘汰落后的要求,加快淘汰拉萨小型水泥生产线,全面普及新型干法窑生产技术。全面禁止实心黏土砖生产,加快推广各种轻质板材、空心砌块、非黏土砖、优质石料为主的新型墙体材料。立足生态保护和资源集约开发,重点鼓励和扶持一批以青达公司为代表、在藏历史久、行业声誉好的本地非公有制新型建材企业,采用先进技术,开发新产品,探索组建拉萨新型建材集团公司。加强新型建筑材料企业落地审查,提高建材行业引资标准,规范建材行业生产行为,防止重复建设,避免产能过剩。引导拉萨水泥企业加快重组步伐,构建拉萨水泥集团公司,抓好重点新型干法水泥生产线和建材建设项目,切实淘汰落后产能。

(3)藏药业。调研组认为,拉萨藏药业发展应该支持非公有制经济组织积极投身藏医药传承、教育、研究、医疗体系建设,鼓励非公有制经济人士参与到藏医药从业人员培育中来。搭建平台,鼓励非公有制藏药企业开展联合科研攻关,加快传统藏医药产品研发,出精品、出珍品,提升拉萨非公有制藏药制药企业综合实力。发挥工商联内引外联纽带作用,引进区外高级人才、先进技术和关键设备,采用现代先进科技成果,支持藏药创新研究,培育一批非公有制藏药大企业大品牌。鼓励非公有制制药企业和农牧民直接合作,建立藏药材种植基地,扩大种植面积,规范栽培工艺,确保原料质量。引导拉萨非公有制藏药制药企业加快藏药集团化建设,鼓励非公有制藏药企业走向全国、走向世界,提升传统藏药国内、国际知名度。

(4)能源业。调研组认为,拉萨能源业发展应该鼓励非公有制经济组织积极投身新能源开发,在切实保护好生态、水资源和文物的基础上,支持太阳能发电、地热能发电、风能发电,非公有制电力开发企业电力上网价格按照自治区价格主管部门制定的上网价结算。在重点做好达孜光伏发展基地建设的基础上,积极创造条件在条件具备的其他县区有重点、有选择地建设2～3个光伏发展基地,变资源优势为经济优势和产业优势。

(5)矿产业。调研组认为,拉萨矿产业发展应该立足国家生态屏障对环境保护的特殊要求,坚持保护优先、合理开发原则,鼓励和支持实力强、技术优的非公有制矿业企业有序开发优势矿产资源。通过强化地质勘查,摸清资源家底,统筹兼顾、科学规划,合理开发、绿色建设,实现矿产资源开发和保护有机统一。要做到用最严格监管、最严厉处罚、最严肃问责,坚决治理矿产资源开发中的资源浪费和环境污染,切实保护好拉萨的净土蓝天。

(6)民族手工业。调研组认为,拉萨非公有制经济发展应该鼓励引导非公有制经济组织积极从事以藏式家具、民族编织、服装、民族首饰、宗教用品加工等为代表的民族手工业。藏式家具制造要大力开发个性化产品,大力发展绿色环保家具,加快家具样式、风格更新。大力发展品牌专卖店,拓展形象经营,为消费者定制个性化产品。民族编织业要重点发展以拉萨市地毯厂为龙头的高档藏式挂毯及高档地毯、帐篷,在保持传统的基础上,积极引进先进技术,用先进技术改造传统工艺,发挥传统工艺和先进技术两个优势,强化品牌创新,提高经济效益。藏式服装业要将引进先进数字化技术与传统工艺结合起来,提高产品文化内涵和技术含量,提升本地产品内在价值,通过强化设计创新、品牌建设和形象包装,创建知名企业,培育知名品牌。

(7)特色建筑业。调研组认为,拉萨特色建筑业发展应该围绕国家新型城镇化规划,引导非公有制经济组织参与到农牧区城镇化工作中来,严格执行建筑节能环保标准,拓展建筑业发展空间。一是以房地产企业为龙头,整合带动建材业、装饰业、装潢业综合发展,组建集开发建设、市场销售、物业管理为一体的建筑产业链。二是鼓励支持非公有制建筑企业及时更新设备,引进国际国内先进设备,提高企业市场竞争力,推动拉萨建筑企业走外向型发展之路,参与国内外建筑市场竞争。三是加快体制机制创新,鼓励条件成熟的非公有制建筑企业建立现代法人治理结构,加强内部管理,创建精品工程,提高工程质量。四是鼓励支持特色鲜明、历史悠久、实力雄厚的非公有制建筑企业传承和弘扬特色建筑工艺,切实提升西藏特色建筑影响力,把特色建筑建设成为拉萨建筑业的名片。

3.第三产业

调研组认为,拉萨第三产业发展应该围绕产业强市战略,积极发展旅游业、现代物流业、文化产业、批发零售业、住宿餐饮业、房地产业、金融服务业、中介服务业、信息产业和社区服务业,坚持市场化、产业化、社会化发展方向,运用现代经营理念提升传统服务业,扩展产业门类,提高发展档次。

(1)旅游业。调研组认为,拉萨旅游业发展应该立足建设拉萨历史文化旅游中心城市,鼓励和引导非公有制经济组织投身位于拉萨次角林的西藏文化旅游创意园建设,按照一城、一园、三谷总体功能分区,着力打造民俗商业区、创意文化区、藏风酒店区、藏式聚落区、艺术度假区、养生休闲区、高端活动区等七大功能分区,使之建设成为藏文化的世界总部基地、藏文化旅游产品标准输出地、藏文化创意发祥地、高端休闲度假地、市民休闲理想地。围绕以拉萨为龙头的东西南北六条旅游环线建设,发挥拉萨旅游集散地作用,深度开发文化体验、生态观光、休闲度假等专项旅游产品,丰富发展乡村旅游,提高旅游业的带动作用和综合效益,加快建设世界旅游目的地,提高非公有制经济组织旅游业参与度。

(2)现代物流业。调研组认为,拉萨现代物流业发展应该依托青藏铁路和骨干公路枢纽,充分发挥辐射作用,围绕拉萨物流中心,鼓励和引导非公有制经济组织积极发展以连锁经营、物流配送、电子商务为代表的现代流通方式,建立健全商业网点体系。推广以供应链管理技术为核心的物流服务方式,提高运输、仓储、装卸、加工、整理、配送效率。按照市场特点和居民规模,统筹发展大中型食品超市、连锁店、专卖店、便利店等方便居民生活的现代流通企业,加快家电、电脑、汽车、图书、石油等行业的品牌专营。完善商业智能体系，大力发展电子商务，提高网上交易比重。重点抓好堆龙德庆县物流园区建设和各县区物流分中心配套建设。

（3）文化业。调研组认为，拉萨文化业发展应该鼓励引导非公有制经济组织着力发展特色文化产业，以城关区为中心重点发展文化创意、文化旅游、影视制作、演艺娱乐、出版发行、民族手工艺、广告宣传等特色文化产业，逐步形成全方位、多层次、宽领域的人文景观商标注册与保护体系。加强八廓街、布达拉宫等文化古籍的普查、保护。建设拉萨市非物质文化遗产博物馆、保护传承中心。继续实施重点文物保护维修工程，加大重要历史和革命文物保护利用力度。加快发展特色文化产业，培育和扶持重点文化企业，组建文化产业集团，把文化产业作为拉萨战略新兴产业，大力推动文化与旅游共同发展，提升旅游文化品味。实施文化产业标准化战略，制定文化旅游资源等级标准和保护、使用、合作办法，制定文化工艺品制作生产鉴评标准。实施重大文化产业项目带动战略，建设民族文化产业发展园区、文化传播基地。建设文化产业项目库，挖掘资源优势，推进小规模、大群体开发，加强文化市场监管，加快文化产业发展。

（4）批发零售业。调研组认为，拉萨批发零售业发展应该利用做大做专的市场契机，鼓励非公有制经济组织投身集散能力强、辐射范围广、交易规模大、管理水平高的特色专业市场和物流配送中心建设。有序发展仓储式超市、连锁超市、便利店等现代零售业，鼓励发展社区商业便民店、特色店、专业店，着力提升聚集、辐射功能。重点抓好七县一区及拉萨周边批发市场建设。

（5）住宿餐饮业。调研组认为，拉萨住宿餐饮业发展应该鼓励非公有制住宿餐饮业组织强化标准化、规范化服务，按照厉行节约、反对铺张浪费的总体要求，统筹发展高、中、低各类档次星级饭店，在确保高档星级酒店够用，不铺张的前提下，引导非公有制经济组织积极发展中、低档饭店，将注意力和服务中心下移至普通消费者。创造条件积极推进高档饭店加快创新转型，面向大众消费群体提供经济实惠的消费组合。组织饭店餐饮企业参与各种形式的促销和餐饮文化交流。大力发展住宿餐饮业连锁经营，壮大实力。立足餐饮业商会组织推进餐饮业技术创新、管理创新、营销创新、菜品创新和服务创新，改善环境卫生，强化饮食安全。

（6）房地产业。调研组认为，拉萨房地产业发展应该以拉萨市中长期城市发展战略和国家对房地产业的宏观调控为导向，围绕更宜居净城建设目标，加大拉萨市房地产行业结构性调整，强化行业监管，积极引进国内外知名房地产开发企业进入拉萨，扶持一批具有发展潜力的本土优秀房地产企业，促进房地产业市场健康发展，有效带动关联产业发展。

（7）金融服务业。调研组认为，拉萨金融服务业发展应该适应经济社会发展对金融服务多样化的要求，大力优化金融环境，推进社会诚信文化建设，加快建立和完善企业和个人信用服务体系，建立信用监督和失信惩戒制度。健全非公、中小企业信用担保体系，形成商业银行和担保机构收益共享、风险共担的良性机制，通过金融控股公司和其他适合国情的综合经营组织形式，提高金融企业经营能力和竞争实力。探索发展普惠金融、社区银行、村镇银行，切实解决非公有制小微企业融资难问题。

（8）中介服务业。调研组认为，拉萨中介服务业发展应该鼓励引导非公有制经济组织发展律师、会计、项目策划、财务顾问、并购重组、上市等投资与资产管理服务业。支持发展市场调查、工程咨询、管理咨询、资信服务等咨询服务。积极培育企业化经营、规范化管理、社会化服务的中介服务机构。鼓励中介服务机构加强联合，壮大实力，形成具有一定规模和咨询力量的顾问队伍及民间智库组织，满足企业和社会多样化信息、咨询、管理需求。逐步建成符合市场经济、功能完备、公正执业、管理规范、高度自律的中介服务体系。

（9）信息产业。调研组认为，拉萨信息产业发展应该在保证信息安全前提下，鼓励非公有制经济组织投资于信息产业，充分发挥网络技术在管理和营销上的优势，促进网络技术与民族经济有机结合，使信息产业成为非公有制经济组织提高市场竞争力的重要途径。

（10）社区服务业。调研组认为，拉萨社区服务业发展应该遵循市场经济规律，在保证基本社区服务社会公益方向的基础上，鼓励非公有制经济组织投身可商业化社区服务领域，逐步形成便民服务、资源调配、信息交换、中介服务统一管理、体系完善的社区服务经济。一是探索适合拉萨实际的社区服务业运作方式，大力发展多种经济成分并存的社区服务实体，广泛吸纳社会资源，鼓励非公有制经济组织以资金、房产、设备、技术、信息、劳务等形式投入社区服务，增加就业，推进社区服务事业由政府主办向市场化方向转变。二是完善街道居委会管理、服务功能,探索街道工作社区化、社区工作社会化途径,以项目为载体,推动社区服务整体水平提高,着重发展快餐配餐业、家庭服务、维修服务、接送服务、幼儿服务、养老服务、保健服务、文娱服务等兼具社会福利性和商业开发性的综合社区服务中心。

(六)投资导向

调研组认为,拉萨非公有制经济发展应该围绕拉萨全面建设小康社会目标,坚持政治上放心、思想上放开、政策上放宽、发展上放胆、工作上放手原则,切实扫清制约拉萨非公有制经济健康发展的体制机制问题,鼓励非公有制经济组织组建跨第一、二产业的企业联合体。鼓励引导非公有制经济参与国有经济结构调整和国有企业改革;鼓励引导非公有制经济进入公用事业、基础设施领域;鼓励引导非公有制经济进入社会事业领域;鼓励引导非公有制经济参与三农建设和扶贫开发;鼓励引导非公有制经济进入特色优势产业领域;鼓励引导非公有制资本进入金融服务领域;鼓励非公有制资本进入商贸流通服务领域。

(七)区域布局

1.城关区

通过与城关区政府、城关区工商联以及四家会员企业实地座谈,调研组认为,城关区发展非公有制经济的优势在于:拉萨确定的首府城市总体规划将城关区作为核心予以重点发展;城关区具备交通便利、市场潜力较大、人力资源相对集中、信息资源较为密集、文化资源丰富等独特优势。城关区发展非公有制经济的劣势在于城关区受周边工业园区的挤压,非公有制经济总体水平偏低,产业单一化、服务低层次化比较严重,以前的优势在不断削弱,新的问题逐步显现。科学发展的体制机制还不完善,城乡和区域发展不平衡,非公有制经济量性发展和质性提升的服务体系尚不健全。

通过实地调研,结合拉萨市委、市政府对城关区的发展定位及城关区非公有制经济发展实际,调研组认为,城关区非公有制经济发展应该在加强与周边工业园区产业分工协调的基础上,鼓励和支持非公有制经济组织增加规模、优化结构,在提升发展能力上下功夫,在产业组合上做文章,在总体实力上求突破,逐步构建起以高原特色旅游为主导、以市域商贸为依托、以现代服务业为支撑、以特色优势加工为补充的非公有制经济产业体系,促进非公有制经济产业转型和结构优化,实现城关区非公有制经济量性扩张及质性提升。

(1)旅游业。调研组认为,城关区非公有制旅游业发展应该坚持藏文化旅游核心区、西藏旅游门户和集散中心的产业发展原则,鼓励引导非公有制经济组织着眼构建世界旅游终极地目标、打造世界级旅游精品线路和旅游景点要求全面改善旅游服务设施,着眼西藏旅游集散地目标提升旅游接待能力,按照立足精品、定位多元的原则开发多层次特色鲜明的旅游服务项目和旅游产品,在旅游服务上求突破,在旅游设施上塑精品,在城郊旅游上见实效。重点在拉萨市周边以藏家乐为重点着力发展观光旅游、休闲度假旅游,大力开发商务旅游、兴趣旅游、节庆旅游和主题旅游,加强旅游产业与交通、酒店、餐饮、娱乐、购物、城郊都市现代农业沟通对接,带动城关区经济全面发展。

(2)商贸业。调研组认为,城关区非公有制商贸业发展应该依托城关区独特的区位优势、便捷的交通优势、雄厚的商贸基础优势,鼓励和引导非公有制经济组织立足繁荣拉萨市场,投身于资源合理配置、商业网点完善上来,将城关区建成文化特点鲜明、空间布局合理、业态设施先进、综合体系完善、信息化程度高、传统与现代融合,立足拉萨、辐射西藏,最具活力、最富魅力、最有创造力的商业中心。通过加快门店改造,推进商贸规模化建设。通过加快八廓街特色街区建设,彰显拉萨商贸区域优势和特色。通过打造规模适度的商业街、提升社区商业服务能力推动商贸产业深度开发。

(3)现代服务业。调研组认为,城关区非公有制现代服务业发展应该立足建设西藏服务业高地目标,充分挖掘城关区服务业核心区辐射带动潜力,鼓励支持非公有制经济组织大力发展商务服务业,积极培育文化创意产业,积极发展信息服务业。

(4)都市现代农业。调研组认为,城关区非公有制都市现代农业发展应该围绕满足拉萨城市需要目标,大力发展特色种植业,大力推进温室暖棚增量、提质、上档次,在保持原有种植业传统优势基础上,重点引进玫瑰、葡萄等新型种植品种,推动城郊设施农业现代化。在城郊农业示范基地引进2~3家规模大、档次高的非公有制经济组织,采用"农户+公司"模式,实现现代农业产业链延伸。加快发展休闲观光农业,形成现代农业产业多元化的利益分配格局。

(5)高原特色加工业。调研组认为,城关区非公有制高原特色加工业发展应该鼓励支持非公有制经济组织着力发展以唐卡、藏毯、藏香为代表的民族手工业,鼓励支持非公有制经济组织着力培育发展以藏餐厅为载体的民族饮食品业,创新方式方法实现民族手工业、民族饮食品业与观光旅游行业结合,挖掘传统手工业和民族旅游食品加工业潜力。大力发展新型建筑建材业,有选择有重点地扶持1～2家规模大、技术强、信誉好的新型建材企业,使新型建筑建材稳步成为城关区经济发展和社会进步另一个支撑点和发动机。

(6)其他产业。调研组认为,城关区非公有制其他产业发展应该鼓励支持非公有制经济组织大力发展具有西藏特点的健康产业,加快以虫草、藏红花等名贵藏药材为原料的健康养生加工工业,用健康、环保、生态理念指导健康养生类藏药材种植、采集、加工、营销,培育1～2个虫草龙头企业,实现产、供、销一条龙服务。严格虫草资源保护工作,制定严格的虫草采集标准、收购标准,支持虫草贸易企业与农牧民合作社联合攻关,充分发挥合作社的积极性、主动性,开发环保、生态、保护型虫草采集工具,坚决杜绝对虫草资源的掠夺式开采。制定藏药材行业标准,规范藏药材市场,坚决打击欺行霸市和制假贩假,从源头上杜绝名贵藏药材市场不规范问题。加强健康类特色产品宣传和知识产权保护,推进健康养生类特色产业快速发展。

2.堆龙德庆县

通过与堆龙德庆县、堆龙德庆县工商联以及三家会员企业的实地座谈,调研组认为堆龙德庆县发展非公有制经济的优势在于区位优势、交通优势、工业园区集聚效应、基础优势、环境优势、信誉优势、待遇支持。劣势在于非公有制企业普遍规模不大、实力不强、品牌不响、发展不平衡、高新技术企业少;服务体系不健全;优惠政策落实难、见效慢、内耗大;从业人员素质较低;企业经营能力较差。

通过实地调研,结合市委、市政府对堆龙德庆县的发展定位及堆龙德庆县非公有制经济发展实际,调研组认为,堆龙德庆县非公有制经济发展优势显著,产业结构表现出一产二产优势明显、三产不足的特征。为此,堆龙德庆县非公有制经济发展应该围绕做强城郊设施农业和加工工业,加快工业园区建设,做大做强新型建材、藏药、农产品加工等支柱产业,推动工业特色化、新型化、现代化进程。支持、协助非公有制经济组织成功上市。积极引导非公有制经济组织投身物流产业,在县域内建立起辐射西藏的物流集散地和物流园区。努力将羊达工业园区建成自治区级的民族新型加工业生产基地。

3. 曲水县

通过与曲水县、曲水县工商联以及4家会员企业的实地座谈，调研组认为，曲水县发展非公有制经济的优势在于明显的区位优势，土地面积较大，农业基础好，工业园区粗具规模，产业集聚效应初步显现。劣势在于非公有制企业规模不大，人才素质不高，现代管理人才缺乏，县域内矿产资源贫瘠，旅游资源规模小、开发成本高、开发经济价值不大。

通过实地调研，结合市委、市政府对曲水县发展定位以及曲水县非公有制经济发展实际，调研组认为，曲水县应该鼓励支持非公有制经济组织立足园区，做足优势，做强特色。首先是立足农业生产优势，围绕做强城郊设施农业，巩固加强江村西瓜种植基地、曲水镇草莓基地，稳步推进才纳乡烟草基地、郁金香基地和玫瑰花种植基地、达嘎乡土豆基地、均皮乡皮具基地，逐步发展俊巴村度假村、民族手工业和攀岩旅游，维护好色麦村桃花基地，使之成为县域推广的名片，特色旅游线路上的精品驿站。其次是以科技为先导，以人才为主线，以品牌为重点，加快园区建设，做大做强新型建筑建材业、民族手工品加工业、藏药业、民族食饮品业；用绿色环保理念整改钢铁厂，逐步建立起带动全县、辐射拉萨，以循环利用为核心的钢铁基地。充分利用交通便利优势，加大招商引资力度，加快生物产业、太阳能产业发展，着力打造拉萨市数字技术产业基地。加快推动工业特色化、新型化、现代化进程。积极引导非公有制经济组织投身基础设施和公共事业，尽快将曲水工业园区升级为自治区级工业园区。

4. 尼木县

通过与尼木县、尼木县工商联以及六家会员企业的实地座谈，调研组认为，尼木县发展非公有制经济的优势在于独特的区域位置、独特的生态环境、独特的文化背景、独特的藏工艺产品——尼木三绝（藏香、尼纸、雕刻）。劣势在于总体发展水平低，基础薄弱，融资难度大，从业人员素质偏低，企业管理水平低。

通过实地调研，结合市委、市政府对尼木县的发展定位以及尼木县非公有制经济发展实际，调研组认为，尼木县应鼓励支持非公有制经济组织在做足优势上下功夫，在做强特色上求突破，围绕以尼木三绝为重点的藏工艺产品加工、矿产探矿和特色旅游业抓整合、抓统筹、抓突破。一是抓整合。围绕尼木三绝,加大产业整合,通过组建合作社或企业集团将分散的藏香生产者联合起来,加强品牌建设,凝聚品牌优势,实现品牌提升,使品牌优势转化为经济优势、富民优势。探索使用现代防伪标志,构建尼木三绝品牌保护体系。二是抓统筹,围绕铜、钼、泥炭等优势矿产资源,坚持统筹兼顾、科学规划、有序开发、合理利用,构建生态、环保和可持续绿色矿业体系。三是抓突破,围绕尼木吞弥·桑布扎故里,着力打造吞巴景区,使之建设成为拉日旅游线上的明星景区、特色旅游的引领典范、藏文字的传承基地。

5. 当雄县

通过与当雄县、当雄县工商联以及四家会员企业的实地座谈,调研组认为,当雄县发展非公有制经济的优势在于作为拉萨市传统牧业大县,该县牧业发展基础雄厚,交通优势显著,国道109线由东向西横贯全境,北部纳木措是世界上海拔最高的湖泊,吸引着无数中外旅游者光顾。劣势在于企业规模小、资金短缺、融资难,服务体系建设滞后,企业研发能力低下,高技术型企业缺乏。

通过实地调研,结合市委、市政府对当雄县的发展定位及当雄县非公有制经济发展实际,调研组认为,当雄县应鼓励支持非公有制经济组织围绕做强县域经济,做大特色旅游业,做强特色资源加工业,做精农牧特色产品加工业。一是立足羊八井、纳木措等优质旅游资源,以世界旅游终极地构建为目标,着力打造羊八井温泉基地和纳木措旅游产业群,使羊八井、纳木措景区成为拉萨旅游环线上的旅游精品、县域经济的引擎、富民强县的航标。二是立足当雄县优质农牧产品资源,坚持做优特色、做精品牌,探索农牧特色产品原产地保护机制体制,将农牧特色产品打造成与世界级旅游目的地相适应的国际精品,坚决打击市场侵权,理顺市场关系,实现精品优价,使资源优势全面转化为经济优势、富民基础。三是立足国道109交通优势,大力发展交通运输业,适应自驾游、房车游等新型旅游方式需要,在羊八井、当雄县城和纳木措等地建立自驾游基地和房车营地,拓展旅游服务门类,提升旅游服务水平,增强旅游服务能力,通过旅游服务一体化推进县域富民顶层设计一体化。四是大力发展农牧民专业合作组织,规范合作社行为,使合作社组织成为带领农牧民致富的舵手,使农牧特色种养殖业真正成为农牧民奔小康的基石。

6. 墨竹工卡县

通过与墨竹工卡县、墨竹工卡县工商联以及三家会员企业实地座谈,调研组认为,墨竹工卡县发展非公有制经济的优势在于该县境内温泉多样、矿山丰富、交通便利,招商引资力度大、政策优惠多。劣势在于人才储备不足,专业技术人才缺乏,与企业沟通协调难度大。

通过实地调研,结合市委、市政府对墨竹工卡县的发展定位以及墨竹工卡县非公有制经济发展实际,调研组认为,墨竹工卡县发展非公有制经济应立足温泉、矿产、旅游等优势资源,按照拉萨整体规划,大力发展温泉产业、整顿开发矿产业、规划发展旅游业。墨竹工卡县应鼓励支持非公有制经济组织大力发展温泉产业,整顿整合矿产业,规划发展旅游业。加快开发以日多温泉为代表的温泉资源,规划开发松赞干布出生地为代表的文化旅游资源,在发展中实现资源互补、优势互促,构建规模适度、特色独具的集洗浴、观光、藏文化于一体的县域特色旅游业。坚持矿产资源绿色开发、环境立矿、生态建矿,按照规模大、层次高、技术新、贡献大的原则,加大矿产业整顿整合力度,健全选矿探矿退出机制,推进矿产资源开发权适度集中,加强和谐矿区建设,实现环保兴县、生态富县、优势强县。

7. 林周县

通过与林周县、林周县工商联以及二家会员企业的实地座谈,调研组认为,林周县发展非公有制经济的优势在于耕地丰富,农业基础好,前景广阔;旅游资源丰富,形成了以热振寺、甘曲为中心的山水风光、生态休闲、宗教文化、民俗风情等多元化的原生态旅游资源。具体而言,林周县北部三乡为高寒牧区,其中旁多乡、唐古乡自然人文旅游资源丰富;南部六乡一镇以农业为主,耕地、林地资源丰富。劣势在于非公有制企业规模小,服务体系不完善,从业人员素质低,品牌意识不强,产品销售不畅。

通过实地调研,结合市委、市政府对林周县的发展定位以及林周县非公有制经济发展实际,调研组认为,林周县应鼓励支持非公有制经济组织立足县域优势,围绕打造拉萨最重要的农业生态示范县、重要的休闲旅游产业基地、重要的矿业生产基地、重要的农产品生产基地,着力发展生态农业、休闲旅游业,有序发展矿产业。围绕将县城打造成拉萨市最重要的农副产品加工集散地、轻工业为主的现代制造业基地、拉萨休闲旅游产业基地和休闲宜居城市,着力发展农副产品加工、城市服务业。引导非公有制经济组织坚持优选、集聚、分离工业发展原则,整合加工业发展优势,挖掘矿产业潜能,提升旅游业发展空间,着力打造以非公有制经济为核心的"一心、三翼、一轴"产业空间结构体系。

8.达孜与达孜工业园区

通过与达孜县、达孜县工商联以及三家会员企业的实地座谈,调研组认为,达孜县发展非公有制经济的优势在于区位优势、交通优势、信息优势和工业园集聚效应,工业发展已经成为达孜县发展的重要平台、招商引资载体、环境优美的产业发展基地和非公有制经济发展基石。劣势在于企业自主创新能力弱,融资能力普遍较低,新签约项目办理开户许可证耗时长,土地征收工作难度大。

通过实地调研,结合市委、市政府对达孜县的发展定位及达孜县非公有制经济发展实际,调研组认为,达孜县及达孜工业园区应该鼓励支持非公有制经济组织着力发展特色农牧产品加工业、新型能源产业,加强市场建设,发展物流产业;力争将园区建成国家级民族文化和手工业基地、矿产品加工基地和新能源生产基地。重点做好:(1)构建创新平台。加强科技创新,打造一流高原生物及藏医药战略性新兴产业基地,集中实施一批市场前景广、技术水平高、产业关联强、带动作用重大的生物技术产业化项目。建设藏中生物食品生产基地,重点抓好绿色食品科研开发,建立绿色食品生物资源种子库,加快推进形成具有国际影响力和竞争力的高原特色绿色食(饮)品精深加工产业群。加强生物制品、保健制品等特色生物产品研发。壮大提升青稞食品产业,实施青稞β葡萄素提炼加工项目,引导青稞产业向生物工程方向发展,打造青稞产品第一品牌,扩大有机食品生产规模和精深加工能力。依托冬虫夏草、红景天、沙棘等特色资源,发展高原保健品,壮大食品产业规模。依托藏缘全国名牌优势,促进产业上下游延伸,推进产业扩张和深度开发,打造青稞产品第一品牌,以饮品为核心培植龙头企业,增强龙头企业带动作用。利用青藏高原特有生物资源,研制开发新藏药和其他具有自主知识产权的藏药和特色生物产品,为藏药产业化发展和新产品开发提供技术保证。全面提升拉萨生物医药产业整体实力、自主创新能力和市场竞争能力。加快新藏药研究进程与产业化,丰富我国医药宝库,促进西藏生物医药产业发展。建立GAP种植基地,实现以生物技术带动种植产业,种植产业带动后续产业的良性循环。(2)促进富民兴业。大力发展藏文化产业,建设最大藏艺文化旅游产业基地——藏艺文博园,围绕吞米岭·藏艺文博园项目,以文化创意产业化为纽带,整合文化资源,集中展现传统工艺、民间艺术,打造西藏特色文化品牌。引导能工巧匠进入园区,参加现代化生产,满足多样化、多层次市场需求;创造条件引导拉萨旅游产品经销企业进驻达孜,鼓励"公司订单+农牧民家庭式生产"模式,促进农牧民在家创业、自主创业,大力开发特色精美旅游工艺产品,重点生产唐卡、金银铜器、泥塑、彩绘、石刻、佛像、藏式家具、藏香等具有浓郁西藏民族文化色彩特色产品,不断提高达孜旅游产品市场占用率,扩大产品知名度。(3)鼓励技术创新,增强核心竞争力,培育新能源制造产业。进一步壮大太阳能光伏发电设备,光暖、风电设备和建筑节能设备生产。引进制氧设备生产项目,扩大水力发电设备生产能力,加快双利环保运用玉米淀粉生物制作环保制品项目的实施。吸引技术、人才、资金等向新能源产业集聚,为产业发展创造良好的环境,推动新能源产业健康有序发展。

9.拉萨市国家级经济技术开发区

通过对拉萨市国家级经济技术开发区的实地座谈,调研组认为,拉萨市国家级经济技术开发区应该依托其发展优势,结合自治区党委政府、市委市政府对拉萨国家级经济技术开发区的发展定位,围绕"一产上水平、二产抓重点、三产大发展"的经济发展战略,继续保持经济较快增长,加强基础设施建设,加快产业建设步伐,不断优化经济结构,提高质量和效益,加快产业升级,提升现代工业整体素质。围绕实现自治区和拉萨市"十二五"时期国民经济和社会发展规划纲要确定的宏伟目标,以"拉萨经济技术开发区以建设特色产品研发生产基地,出口产品生产和加工基地为重点,以发展现代工业、现代物流业为目标、重点发展生物科技、藏医药、出口产品加工,提高技术创新和产业配套能力,建成西藏重要的制造加工和出口基地"为行动指南,鼓励支持非公有制经济组织和经济人士投身加快发展物流业,有效整合物流资源,加强运输物流信息系统工程和物流集散网建设,发挥拉萨核心领头羊作用,为提升西藏产业水平而努力。

调研组认为,拉萨国家级经济技术开发区应该围绕建设促进西藏经济发展和扩大对外开放的结合体,建设优势互补、配套协作的产业集群和产业基地;建成高原特色产业、高附加值产品、高素质人才的承接地和集聚区;努力建设成为推进工业化进程和地区城市化重要力量;建设西藏对外开放窗口、优势产业聚集区、科技创新先导区和集约发展示范区,在构建西藏现代化产业体系中积极发挥主导作用。重点做好:(1)加快支持高新技术、高科技电子信息技术、新材料等的研发,在重点领域取得新突破。通过给企业直接注入先进科学管理理念、先进生产技术、先进生产工艺和专业人才,对传统产品和低附加值产品加工进行改造,延长产业链。(2)运用科学手段,提升藏医药产业水平。开发区将大力推进医学科研机构与藏医药产业合作,结合市场需要,寻找突破口和发展空间。以藏药为先导,加快制药企业整合,努力开发新品种,提高产品技术含量和质量标准,加快藏医药现代化进程。(3)坚持以特色旅游为引领,促进服务业快速发展。对高原自然生态(草原、森林、冰雪)、历史文化、民族风情、口岸等资源进行全方位转换,加强旅游基础设施和相关配套服务建设,积极开发具有文化底蕴和民族特色的旅游产品,加强旅游业区域协作。(4)大力发展本地工业企业和农牧产品加工业,在开发区内建设较大规模的商品交易市场,积极开展边境贸易和对外经贸合作,发展口岸经济,繁荣本地区商贸流通,建成出口加工基地和转口贸易物流中心。(5)充分利用稀缺资源,开发高附加值产品,利用先进科技创造巨大商业价值,使开发区最终成为高水平农牧产品加工基地。(6)积极推进城市化建设,优化开发区布局,完善开发区体系,逐步形成以开发区 A、B 区带动城郊发展,以工促农,区、县互动,协调发展的体制机制,实现人口进区、工业入园、产业集中和要素集聚。(7)大力推动全民创业,把推动全民创业作为加快富民兴区,实现开发区崛起的重大举措,营造百姓创家业、能人创企业、干部创事业的生动局面。鼓励和引导社会资源和创业者进入现代工业领域,开发新产品,开辟新产业,发展现代化农业,引导农民积极调整农业结构,发展多种经营,开辟农村创业新领域。(8)实施优惠政策,促进开发区科技发展。对开发区引入科研机构实行特殊优惠政策,对科研机构研究活动大开绿灯,给予积极配合和帮助,帮助其解决研究过程中遇到的实际问题。

10.会员企业

为了全面反映辖区内非公有制企业发展存在的问题和发展诉求,调研组选择了四川会馆饮食文化有限公司、西藏曼杰拉实业有限公司、西藏坎巴嘎布卫生用品有限公司、西藏同泰集团、拉萨市城关区地毯厂、拉萨青达公司、拉萨运高国际酒店有限公司十多家会员企业,通过分发文字调查表、实地走访、召开座谈会等有效形式,广泛听取了会员企业的发展成就、存在问题及发展展望。调研组认为,"十一五"以来拉萨非公有制企业发展在取得可喜成就的同时,依然存在一些阻碍发展的实际问题,主要包括:(1)拉萨非公有制企业数量虽然很多,但规模普遍不大,除数量较少的一部分规模以上企业外,大部分非公有制企业仍属小微企业,存在资金少、产品单一、管理家族化短期化问题。(2)非公有制企业融资难问题表现出显著的差异性,一般而言,起步阶段的小型、微型非公有制企业一般存在较为严重的融资难问题,而规模较大、发展成熟的非公有制企业则一般不存在资金短缺问题,它们的发展障碍和瓶颈往往在于政策不明确、不稳定带来的经营压力,而政策领域的不确定、不明确更多集中于土地、融资和税收政策等。(3)非公有制企业员工和管理人员的素质普遍不高,对非公有制企业的长远发展造成较大障碍。(4)部分非公有制企业受政策、环境变化影响大,特别是旅游、餐饮、酒店等行业受国家宏观政策变化影响较大。(5)部分民族特色产品缺乏行业标准,使非公有制企业经营无所适从。(6)部分非公有制企业家创新意识不强,开拓精神不够,限制了非公有制企业壮大和非公有制经济行业发展。(7)部分针对非公有制企业的优惠政策在制定执行中存在一定缺陷,使非公有制企业在政策享受上存在缺位、不到位、不公平等问题。(8)本地企业和引进企业在优惠政策上存在不平等、不公平,挫伤了本地企业的积极性和创业心。

二、对策措施

(一)放宽准入

1.放宽投资领域

调研组认为,放宽投资领域就是要废除对非公有制经济各种形式的不合理规定,消除各种隐性壁垒,制定非公有制企业进入特许经营领域具体办法。鼓励非公有制企业参与国有企业改革,鼓励发展非公有资本控股的混合所有制企业,鼓励有条件的私营企业建立现代企业制度。除国家明令禁止的领域外,在经营领域范围和市场准入上实行一视同仁和公平准入,凡允许国有经济组织和涉外经济组织进入的领域行业,坚决取缔一切与国家、自治区和拉萨市非公有制经济投资政策不符的规定,从源头上彻底解决三重门问题。

2. 放宽前置审批

调研组认为,放宽前置审批就是要严格执行自治区党委政府、市委市政府关于非公有制经济组织投资前置审批相关规定,凡是非公有制经济组织开展的投资项目审批,除国家法律、法规和政府规章规定必须办理前置审批许可外,任何部门和个人均不得设置登记注册前置条件。

3. 放宽注册条件

调研组认为,放宽注册条件就是要严格执行自治区党委政府、市委市政府关于非公有制经济组织登记注册相关规定,对注册登记和变更注册登记个体工商户、非公有制企业以及变更注册登记的,实行零成本注册。

4. 放宽出资方式

调研组认为,放宽出资方式就是要严格执行自治区党委政府、市委市政府关于非公有制经济组织出资方式相关规定,除法律、法规规定不得作为出资的财产外,支持非公有制经济组织以实物、知识产权、土地使用权、土地、林地、草场承包权、矿业权等非货币财产作价出资,并可以依法转让。以非货币方式出资的,须经依法设立的资产评估机构评估。

5. 放宽投资资格

调研组认为,放宽投资资格就是要严格执行自治区党委政府、市委市政府关于非公有制经济组织投资资格相关规定,除法律、法规另有规定外,凡投资兴办个体工商户、非公有制企业的个人,无论区内区外,均可凭有效身份证件(含居民身份证、中国护照、户口簿)申请办理登记,任何组织和个人不得无故设限。

(二)加大扶持

1. 加大财政支持力度

调研组认为,加大财政支持力度就是要严格执行国家、自治区及拉萨市关于非公有制经济财政支持相关规定,力争逐步加大对产业改革发展资金、中小企业发展专项资金、中小企业国际市场开拓资金、中小企业品牌推广资金、中小企业科技孵化资金、商贸流通发展资金、外经贸区域协调发展促进资金等财政专项资金投入力度,重点支持藏医药业、高原特色生物产业、高原绿色食(饮)品加工业、特色农畜产品加工业、民族手工业以及现代服务业。进一步发挥好城乡妇女小额担保贷款财政贴息资金、中小企业发展创业资金的带动作用,促进城乡妇女创业和发展中小非公有制经济组织。设立非公有制经济组织创业种子资金,设立非公有制经济发展专项资金。为提高财政扶持资金使用效率和经济效益,择机建立非公有制经济组织财政扶持资金审核领导小组,整合财政扶持资金,统筹安排财政扶持资金使用,建立健全财政扶持资金归口管理体制机制,由统战部门统一协调财政部门、工商联组织共同组织非公有制经济组织扶持项目申报、评估、评审。

2.加大信贷支持力度

调研组认为,加大信贷支持力度就是要严格执行党中央、国务院、人民银行总行、自治区党委政府、市委市政府、人民银行拉萨市分行关于支持非公有制经济发展的金融信贷政策和相关规定,鼓励支持在藏金融机构加大业务创新,在保证信贷安全,规范信贷程序的基础上,适时提供适合拉萨市非公有制经济发展需要的信贷产品和信贷服务。完善银政、银企信息交流和融资对接,加快非公有制经济组织征信体系建设,完善非公有制经济组织信用评级,建立差异化信贷管理办法,完善授信制度,简化审贷程序。适当放宽对非公有制经济组织的授信额度。建立金融机构非公有制经济组织贷款风险补贴和非公有制经济组织贷款担保补助机制,加大对担保机构的奖励、补贴力度,提高非公有制经济组织融资能力。建立健全违约惩罚机制,严厉惩处恶意逃废银行债务等不良行为。

3.落实税收优惠政策

调研组认为,落实税收优惠政策就是要严格执行国家、自治区和拉萨市关于非公有制经济税收优惠的相关规定,在国家法律、法规赋予的权限范围内,优化纳税服务,降低纳税成本,提高纳税人满意度和对税收法律法规的遵从度。

4.拓宽企业融资渠道

调研组认为,拓宽企业融资渠道就是要严格执行自治区党委政府、市委市政府关于非公有制经济拓宽融资相关规定,鼓励支持规模大、品质优、信誉好的非公有制企业改制上市,支持上市非公有制企业扩展再融资。建立非公有制企业上市后备库。支持产业基金、风险投资基金参与到非公有制企业特色优势资源开发中来。培育规范产权交易市场。鼓励支持非公有制企业以信托、租赁、股权、知识产权、企业联户担保等方式筹集资金。率先探索建立适合拉萨市非公有制经济组织发展需要的中小金融机构,逐步实现对非公有制经济组织信贷服务由专业中小金融机构提供。率先探索构建符合"中国特色、西藏特点"要求的普惠金融体系,积极引援,探索发展拉萨市小额贷款公司、社区银行,使普惠金融光辉普照到拉萨非公有制经济组织。规范民间借贷,严厉打击地下钱庄和高利贷,从源头上解决非公有制经济组织融资难问题。

5.保障规范土地供给

调研组认为,保障规范土地供给就是要严格执行自治区党委政府、市委市政府关于非公有制经济土地供给相关规定,强化土地总体规划和年度土地利用管理,统筹安排非公有制经济项目用地,适当增加非公有制经济组织在各类开发区、产业园区用地指标,保障重点非公有制建设项目用地需要。对符合国家、自治区及拉萨市发展产业政策、用地节约、生产集约、环保低碳的加工工业项目实行优惠地价,切实降低用地成本。积极鼓励非公有制经济组织参与到土地整理、复垦中来,逐步建立健全土地资源循环利用体制机制,提高土地利用效率和使用效益。

(三)优化服务

1.提供高效政府服务

调研组认为,提供高效政府服务就是要严格执行自治区党委政府、市委市政府关于简政放权的相关规定,加快推进政务公开、规范审批、简化程序,缩短办事时限,提高办事效率。完善非公有制经济组织投诉调查快速处理体制机制,将非公有制经济组织土地供应、水电气使用、信息、物流、运输等领域均纳入快速处理体系,加大对非公有制经济组织的支持力度。

2.构建社会服务体系

调研组认为,构建社会服务体系就是要严格执行自治区党委政府、市委市政府关于构建社会服务体系的相关规定,积极培育面向非公有制经济的技术信息咨询、产权交易、项目申报、人才交流、职业介绍等中介服务机构,健全非公有制经济社会服务体系。引导成立各类非公有制经济组织行业协会(商会),充分发挥行业协会(商会)的桥梁纽带作用,构建和谐政企、社企沟通平台。

3.强化规划引导作用

调研组认为,强化规划引导作用就是要严格执行将非公有制经济发展纳入拉萨中长期发展规划和产业布局的相关规定,在拉萨专项规划、年度计划中,切实安排落实好非公有制经济建设项目。市规划部门要依据产业政策导向和市场需求,定期向社会推介一批有利于结构调整、发展潜力好、适合非公有制经济建设的项目,吸引民间社会资本进入。

4.加强自主创业服务

调研组认为,加强自主创业服务就是要严格执行自治区党委政府、市委市政府关于加强自主创业的相关规定,充分发挥非公有制经济吸纳就业能力强的作用。鼓励支持退伍军人、高校毕业生创办非公有制经济组织,鼓励支持建立各类创业服务机构,为有创业需求的人员和初创期的非公有制经济组织提供信息、技术、资金、人才、场地、市场等配套服务。

5.大力开展从业培训

调研组认为,大力开展从业培训就是要严格执行自治区党委政府、市委市政府关于加强业务培训相关规定,将非公有制经济人士培训工作纳入拉萨人才培训计划,创新培训方式,形成政府引导、社会参与和企业推进相结合的非公有制经济组织培训体制机制,确保非公有制经济组织管理人员在职称评定上与国有企业享受同等待遇,依托社会教育资源,创新培训方式,强化政策引导,切实为非公有制经济组织提供法律法规、产业政策、经营管理、职业技能、技术应用等方面的培训服务。

6.加强科技创新服务

调研组认为,加强科技创新服务就是要严格执行自治区党委政府、市委市政府关于加强科技创新的相关规定,健全适合非公有制经济发展的科技服务平台,推进非公有制经济组织研发、生产、经营、管理信息化建设。大力培育技术市场,加快技术转让。鼓励支持各类人才为非公有制企业提供技术服务,支持非公有制经济组织与社会专门联合开展各类科技攻关,切实保护非公有制经济组织知识产权。

7.引导支持开拓市场

调研组认为,引导支持开拓市场就是要鼓励支持引导非公有制经济组织开展产业、项目、技术、经贸对接,实现互惠互利、合作经营、共同发展。大力推进招商引资、经贸合作,做好与对口援藏省市沟通联系,打造非公有制经济智力、项目、技术、资金对口援助平台。通过实施走出去、请进来战略,开拓国内外市场。鼓励支持非公有制经济组织利用自主品牌、知识产权,开拓国际市场,不断提高产品竞争力和附加值。建立健全规范的拉萨境外投资工作协调体制机制,完善境外投资促进和保护,为非公有制经济走向世界创造条件。引导和推动非公有制经济组织采用国际标准融入跨国公司供应链,建立现代化营销体系和营销网络。

8.推动实施品牌战略

调研组认为,推动实施品牌战略就是要加强商标注册指导,引导非公有制经济组织树立品牌意识,开发具有自主知识产权和地方特色的名牌产品。引导非公有制企业加强质量管理,鼓励支持非公有制企业依法获得产品、服务和管理体系认证。

(四)保障权益

1.依法保护企业合法权益

调研组认为,依法保护企业合法权益就是严格要求任何单位和个人不得侵犯非公有制经济组织合法财产,不得改变非公有制经济组织财产权属关系,不得干预非公有制经济组织合法生产经营活动。涉及非公有制经济组织合法权益的行政复议、投诉,有关部门要及时受理、公平对待、限时答复。

2.切实保障职工合法权益

调研组认为,依法保护企业合法权益就是要切实加强对非公有制经济组织维护职工合法权益的监督指导。严格执行国家、自治区和拉萨市劳动用工一系列法律、规定。完善非公有制企业与职工签订规范的劳动合同的制度,依法保障职工合法权益,引导非公有制经济组织建立规范的工资支付和增长体制机制。加强劳动保护和职业病防治,加强非公有制经济组织安全生产,保障女职工合法权益,禁止使用童工。规范非公有制经济组织参加社会保险行为,依法保障职工享受基本的养老、工伤、生育、失业、医疗等社会保险权。

3.加强代表人士政治安排

调研组认为,加强代表人士政治安排就是要切实提高非公有制经济代表人士的政治地位,加强对非公有制经济代表人士的政治安排,积极推荐政治觉悟高、社会贡献大的非公有制经济代表人士成为各级党代表、人大代表、政协委员、工商联执委、劳动模范、优秀共产党员、优秀社会主义事业建设者,逐步建立健全非公有制经济代表人士政治上脱颖而出的体制机制。建立健全非公有制经济组织和优秀企业家表彰奖励制度,加大优秀非公有制经济代表人士宣传推广,营造鼓励非公有制经济发展、支持非公有制经济代表人士成长、促进非公有制经济代表人士成才的社会氛围。

(五)转型发展

1. 推动重组联合

调研组认为,推动重组联合就是要切实鼓励引导非公有制经济组织以资产、资源、品牌、技术和管理为基础参与产权市场,通过债务重组、股权收购、资产收购、企业兼并等有限方式开展联合,发展特色突出、市场竞争力强的非公有制经济集团。规范重组审批程序,对于合并前取得的前置许可,在有效期内新合并企业可继续使用。

2. 优化转型升级

调研组认为,优化转型升级就是要切实鼓励非公有制经济组织优化结构,引导民间资本在节能减排、节水降耗、环境保护以及资源综合开发等新兴产业领域加大投资,扶持应用型高新技术,改造提升传统产业,使非公有制经济组织在参与拉萨发展方式转型中实现自身转型升级。

3. 加快集聚发展

调研组认为,加快集聚发展就是要积极探索与周边省区和援藏省市共建产业园区工作,鼓励支持非公有制资本参与到承接产业转移建设中来,引导非公有制经济组织向国家级、自治区级、县级经济技术开发区、产业园区集中集聚,鼓励非公有制经济组织在产业园区和开发区建设或租赁标准厂房,推动设施标准化建设。

4. 提高综合实力

调研组认为,提高综合实力就是要积极探索建立以非公有制经济组织为主体的技术创新平台,促进先进、适用、成熟技术引进和产业化运用。建立非公有制经济组织技术改造和创新促进机构,引导非公有制经济组织参与重大科技项目和关键生产技术攻关,支持非公有制经济组织建立技术研发中心,引导高等院校、科研机构和非公有制经济组织开展产学研联合,对非公有制经济发展提供技术支持。利用应用计算机技术、自动控制技术、信息网络技术,加快对藏药、建材、食品、服装、矿产、矿泉水、种养殖、民族手工艺品等传统产业技术改造,在保持传统优势前提下,促进传统产业技术升级和创新发展。

(六)提高素质

1. 模范执行政策法规

调研组认为,模范执行政策法规就是要积极鼓励引导非公有制经济组织严格按照国家宏观调控和自治区、拉萨市产业发展政策开展经营活动,模范执行各项技术标准,自觉遵守环境保护、土地规划、财税金融、质量检验、节能减排、安全生产等有关规定,合法经营、诚实守信。

2. 规范企业经营活动

调研组认为,规范企业经营活动就是要积极鼓励引导非公有制经济组织建立规范产权制度、财务制度、劳动制度,强化内部控制,加强生产管理、质量管理和营销管理。

3. 完善企业组织制度

调研组认为,完善企业组织制度就是要积极鼓励引导非公有制经济组织依据现代企业制度要求,逐步建立健全法人治理结构,探索建立职工董事监事制度,推进制度创新、治理创新,切实提升管理效率和管理档次。鼓励引导非公有制经济组织建立工会组织,健全工会活动,提高工会作用。鼓励引导非公有制经济组织完善民主管理制度,实行厂务公开,健全劳动争议调解体制,预防和及时化解企业内部劳动纠纷。健全工资集体协商制度,构建和谐劳动关系。

4. 提高经营管理水平

调研组认为,提高经营管理水平就是要积极鼓励引导非公有制经济代表人士更加自觉深入地学习掌握国家法律法规和各项方针政策,增强法制观念、公德意识,提高自身素质。鼓励引导非公有制经济组织积极参与社会公益性活动,增强社会责任感。切实解决非公有制经济组织引进人才户籍管理、档案管理、职称评定、子女入学入托问题,鼓励引导各类人才到非公有制经济组织中创业就业。

5. 推进两个文明建设

调研组认为,推进两个文明建设就是要切实加快对非公有制经济组织精神文明建设工作,制定符合非公有制经济组织特点的精神文明单位创建办法,健全非公有制经济组织社会责任评价标准,挖掘非公有制经济组织企业文化建设积极因素,培育先进的非公有制经济组织的企业文化。

参考文献

[1]白涛.西藏农牧区的改革[M].拉萨:西藏人民出版社,2005.

[2]牛治富,李宏,多布杰.西藏那曲地区传统畜牧业提升改造研究[M].北京:中共中央党校出版社,2008.

[3]杜莉,土多旺久,多布杰.西藏发展县域经济与农牧民增收问题的研究[M].拉萨:西藏人民出版社,2006.

[4]罗绒战堆.西藏农村经济发展研究[M].北京:中国藏学出版社,2006.

[5]狄方耀,张志恒.西藏经济学导论[M].拉萨:西藏人民出版社,2010.

[6]黄健英.西部民族地区大开发的新思维[M].北京:民族出版社,2003.

[7]洛桑·灵智多杰.青藏高原环境与发展概论[M].北京:中国藏学出版社,1996.

[8]周炜,孙勇.中国西藏农村安居工程报告(2006)[M].北京:中国藏学出版社,2008.

[9]吴英杰,多吉泽仁,白玛朗杰.中国西藏发展报告(2008)[M].拉萨:西藏人民出版社,2009.

[10]陈爱东.构建西藏特色优势产业体系的财政支持研究[M].北京:光明日报出版社,2012.

[11]杨西平,张志恒.西藏农牧特色产业发展:事实与战略[M].厦门:厦门大学出版社,2013.

[12]赵书虹,尹松波.旅游伦理学概论[M].天津:南开大学出版社,2008.

[13]杨维军.青藏高原生态旅游可持续发展模式探究[M].北京:中国藏学出版社,2007.

[14]张维迎.企业理论与中国企业改革[M].北京:北京大学出版社,1999.

后　　记

　　本研究得到了西藏特色经济发展与产业转型研究创新团队建设项目及西藏民族学院西藏社会经济与文化发展研究基地的共同支持。西藏民族学院西藏社会经济与文化发展研究基地是国家民委2011年正式确定的首批部委级人文社会科学重点研究基地,2011年3月正式通过国家民委建设立项,2011年7月正式挂牌,下设西藏经济发展研究中心、西藏宗教与社会问题研究中心、西藏历史文化研究中心等三个研究中心。西藏特色经济发展与产业转型研究创新团队是由西藏自治区教育厅资助,西藏民族学院领导,援助西藏民族学院的兄弟院校共同支持,西藏民族学院各相关学院和处室协同建设,立足西藏经济社会发展实际,以深入贯彻落实党的十八大、十八届二中、三中全会精神,以教育部关于地方高等院校服务地方经济社会发展有关指示精神为己任,以西藏特色经济发展与产业转型为研究重点的西藏自治区级创新型社会科学研究团队,于2013年10月成立。这两大研究平台始终高举中国特色社会主义伟大旗帜,以邓小平理论、"三个代表"重要思想和科学发展观为指导,坚持以项目促科研、以教学推科研、以科研促教学、以教研强队伍,全面夯实科研基础,全面提升科研实力,全面提高科研成果转化,在实现科研服务西藏经济跨越式发展和社会长治久安的基础上,促进团队全面发展、均衡发展和持续发展。秉承"立足特色、服务西藏;提升素质、共铸未来;教学立身、科研为本;全面参与、共同发展"基本原则,为推动西藏特色经济发展问题研究做出了积极贡献。

　　本研究是顺应西藏自治区特色经济发展壮大理论与实践需要开展的,在借鉴特色经济发展前沿成果的基础上,对西藏特色经济发展特殊性进行了理论探讨,使用规范与实证分析方法研究了西藏特色经济特殊规律,为建立完善西藏特色经济发展促进体制机制,提供理论依据和有益尝试。我们希望通过本研究服务于符合"中国特色、西藏特点"要求的西藏特色经济发展之路以及"一产上水平、二产抓重点、三产大发展"的发展战略,服务于改善农牧民生产生活条件、增加农牧民收入的首要任务,服务于小康西藏、平安西藏、和谐西藏建设。

在本书写作过程中还得到了厦门大学出版社、西藏民族学院科研处、西藏民族学院财经学院以及西藏自治区有关部门的大力支持,在此一并表示诚挚谢意。

张志恒、杨西平同志对本书提出了撰写提纲,并与尹雯、李金前同志一起完成统稿、修订工作,最后由王娜同志完成校对。本书各章节分工为,导论:张志恒、杨西平;第一章:杨西平、汪朋;第二章:陈春霞、张志恒;第三章:张志恒、尹雯;第四章:张志恒、李金前;第五章:张志恒、尹雯;第六章:张志恒、王娜。由于西藏特色经济发展问题尚处于探索阶段,加之作者能力有限,资料不足,本书难免存在欠缺,敬请广大读者批评指正。

作者

2015 年 1 月

图书在版编目(CIP)数据

西藏特色经济发展问题研究/张志恒,杨西平,尹雯著.—厦门:厦门大学出版社,2015.7
(西藏民族学院经管学术文库)
ISBN 978-7-5615-5530-9

Ⅰ.①西… Ⅱ.①张… ②杨… ③尹… Ⅲ.①区域经济发展－研究－西藏 Ⅳ.①F127.75

中国版本图书馆 CIP 数据核字(2015)第 095190 号

责任编辑　许红兵
封面设计　李夏凌
责任校对　卢维滨
责任印制　吴晓平

官方合作网络销售商：

厦门大学出版社出版发行

(地址:厦门市软件园二期望海路 39 号　邮编:361008)
总 编 办 电 话:0592-2182177　传真:0592-2181406
营销中心电话:0592-2184458　传真:0592-2181365
网址:http://www.xmupress.com
邮箱:xmup@xmupress.com
厦门大嘉美印刷有限公司印刷
2015 年 7 月第 1 版　2015 年 7 月第 1 次印刷
开本:720×1000　1/16　印张:12.75　插页:2
字数:250 千字
定价:35.00 元
本书如有印装质量问题请直接寄承印厂调换